黄金宇 著

# FTA进程中
# 日本农业议题谈判模式研究

Research on Negotiation Models Pertaining to
Japanese Agricultural Issues during FTA Process

中国财经出版传媒集团
经济科学出版社
Economic Science Press

图书在版编目（CIP）数据

FTA 进程中日本农业议题谈判模式研究/黄金宇著

. --北京：经济科学出版社，2021.11

ISBN 978 - 7 - 5218 - 3120 - 7

Ⅰ. ①F…  Ⅱ. ①黄…  Ⅲ. ①农产品贸易 - 国际贸易 - 贸易谈判 - 研究 - 日本  Ⅳ. ①F753. 136. 52

中国版本图书馆 CIP 数据核字（2021）第 248663 号

责任编辑：杨　洋　卢玥丞
责任校对：蒋子明
责任印制：王世伟

**FTA 进程中日本农业议题谈判模式研究**

黄金宇　著

经济科学出版社出版、发行　新华书店经销

社址：北京市海淀区阜成路甲 28 号　邮编：100142

总编部电话：010 - 88191217　发行部电话：010 - 88191522

网址：www. esp. com. cn

电子邮箱：esp@ esp. com. cn

天猫网店：经济科学出版社旗舰店

网址：http: //jjkxcbs. tmall. com

北京季蜂印刷有限公司印装

710 × 1000　16 开　15.75 印张　240000 字

2022 年 8 月第 1 版　2022 年 8 月第 1 次印刷

ISBN 978 - 7 - 5218 - 3120 - 7　定价：59.00 元

# 前 言

　　本书是国家社会科学基金重大项目"构建人类命运共同体进程中国际经贸规则重构博弈与中国的战略选择"（19ZDA053）、"推动我国经济高质量发展与构建中国特色社会主义经济学学科体系研究"（18ZDA036）；辽宁省教育厅智库项目"辽宁特色自由贸易港政策和制度建设的体系研究"（LZK202001）、"国际经贸规则新变化与辽宁自贸试验区的政策选择"（LZK202002）的阶段性研究成果。

　　长期以来，日本一直是国际贸易多边体制的支持者，最近十多年来日本明显加快了签署 FTA 的步伐。截至 2020 年 11 月区域全面经济伙伴关系协定（RCEP）的签署，日本已经完成了 19 个自由贸易协定（FTA），另有 7 个 FTA 正在谈判，其中日本—哥伦比亚 FTA 实质性达成一致，日本—土耳其 FTA 和中日韩 FTA 正加紧谈判。虽然日本与海合会和韩国的谈判陷入停滞之中，但日本—欧盟 FTA 的签订使日本从落后的状态迅速成为东亚地区的"排头兵"，与韩国并肩领跑。

　　在 FTA 谈判中，农业议题是非常重要和敏感的领域。农业是立国之本，是国民经济的基础，因此世界各国普遍对农产品贸易进行保护。随着 FTA 在全球贸易自由化浪潮中逐渐占据主导地位，特别是在面对日本巨大且贸易保护水平很高的农产品市场时，FTA 谈判将会变得更加激烈。在国际贸易自由化大潮中，日本的农业保护政策面临着巨大考验，在不断加强的保护中日益衰落的日本农业已经无力经受自由化的冲击。日本 FTA 谈判在两难的困境下取得了显著效果，既推动了本国 FTA 谈判进程，又较好地保护了农产品市场，因此有必要对其农业议题谈判模式进行研究。

本书以日本 FTA 进程中的农业议题谈判模式为研究对象，在总结国内外研究现状的基础上，分析了博弈论与国际贸易谈判、国家利益理论与农业保护、国际政治经济学理论与农业贸易政策制定等相关理论，建立了签署或不签署 FTA 的"囚徒困境"模型，并从国际政治学和国际经济学角度分析了保护农业与自由贸易之间的摩擦与矛盾，从国际政治经济学角度建立了双层博弈模型分析了农业贸易政策的制定过程。进一步梳理了日本 FTA 战略的发展历程、主要特点和影响因素，运用"双层博弈"模型总结了日本农业议题的五种主要谈判模式的建立、构成、探索、实现和复制推广，分析了五种模式产生的历史根源和经济、外交、政治等方面的现实根源。在对谈判效果进行定性和定量分析的基础上，利用"引力模型"分析了日本 2006~2015 年 10 年间的农业进出口贸易相关数据，形成了日本农业议题谈判灵活运用关税手段，通过设置复杂的关税减免模式既保护了本国农业又推动了 FTA 进展的经验。

最后，本书从有利于世界经济的增长、推动世界贸易自由化的角度，提出了中国在 FTA 进程中农业议题谈判以及推动 RCEP 早日生效和中日韩尽早签署 FTA 的建议。中国应借鉴日本 FTA 进程中农业议题谈判模式，既保证谈判结果有利于中国农业稳定发展目标的实现，又有利于扩大中国农产品出口，进而提升受贸易保护主义和新冠肺炎疫情冲击而重创的市场信心、提升受新冠肺炎疫情影响的区域经济以及全球经济颓废形势，推动区域经贸关系和世界贸易经济的持续稳定健康发展。

由于笔者研究能力和水平有限，本书的观点和论证有待进一步提高，疏漏和不足之处请读者批评指正。

# 目　录

*Contents*

# 第 **1** 章

# 绪　论

## 1.1　研究背景和意义

　　2018 年以来美国频频高举贸易保护主义大旗，与中国、欧盟、加拿大、墨西哥、日本、韩国、印度的贸易摩擦不断升级。据经济合作与发展组织（OECD）预计，如果美国提高关税引起对象国反制措施，最终导致全球贸易成本上涨达到 10% 的话，全球贸易量会减少 6%；美国著名智库布鲁金斯学会的一项研究认为，如果全球爆发严重贸易战，关税增加40%，那么 20 世纪 30 年代的大萧条将再次重现①。当今经济全球化和区域一体化已经成为时代主流，美国的这种行为无疑造成了贸易自由化进程的严重阻碍。

　　美国发动贸易战看起来是经贸领域争端，实际上包含着经济主导权、规则制定权的争夺，经济的背后还隐含着政治、军事、外交等诸多因素，显示了国际贸易在当今国际关系上占有着重要地位。在国际贸易自由化进程中，自由贸易协定（Free Trade Agreement，FTA）作为最常见的一种形式，在政治、安全、外交等方面也发挥着越来越重要的联系纽带和沟通作用。尤其是自 20 世纪 90 年代以来，以 FTA 为代表的自由贸易形式从欧美开始席卷全球，在东亚地区，韩国走在了前列。21 世纪初，日本开始了追赶的脚步，克服、化解甚至利用了自身农业议题方面的弱势，使得在区域

---

① 人民日报评论员. 美国贸易霸凌主义贻害全球［N］. 人民日报，2018 - 07 - 07：03.

贸易自由化方面进展非常显著。截至2020年11月，日本FTA覆盖了50多个国家和地区，几乎与韩国并肩。

本书以日本FTA进程中的农业议题谈判模式为研究对象，运用国际政治经济学的贸易研究理论分析了日本农产品贸易保护政策，并对日本的谈判效果进行了实证分析，最后结合中国实际对中国未来进行的FTA谈判提出建议。

## 1.1.1 选题背景

国际贸易以双方自愿、互利共赢为基础，而且国际贸易也不仅仅是以顺差作为唯一目标。在这一前提下，和平与发展成为世界局势的主旋律，各国各地区对贸易自由化需求强烈，世界各国纷纷加入或建立FTA。

### 1. 全球 FTA 的迅速发展

主流经济学理论认为，经济全球化为世界经济增长提供了强劲动力，促进了商品和资本的全球流动。同时，国际贸易自由化也是科技进步及生产力发展的要求和结果，成为不可阻挡的时代潮流。冷战结束之后，世界安全形势总体上走向缓和与稳定，和平与发展成为世界主旋律，许多国家把经济安全提升到了战略高度。世界各国广泛建立了市场经济机制，同时国际金融快速发展、国际上协调机制和能力不断增强都促进了经济全球化的进一步发展。

经济全球化的过程主要有多边主义和区域主义两条路径。半个多世纪以来，区域经济一体化日益成为国际贸易自由化的主角，世界贸易组织（WTO）体制下的多边主义进展却逐渐变得冷却。具体而言，区域经济一体化发展经历了三个高峰。第一个高峰是在20世纪70年代，由欧洲经济共同体推动；第二个高峰出现在20世纪90年代初，由北美自由贸易协定成功签署推动；第三个高峰体现在自21世纪初以来双边自由贸易协定数量急剧增加。根据世界贸易组织（以下简称"世贸组织"）的统计，截至2018年7月，世贸组织通告的各种自由贸易协定数量已经达到673个，其中 459 个为已生效的协定，其中仅包含货物贸易的 FTA 个数达到了 289 个，而关税同盟仅有 40 个（见表 1 – 1）。从时间上看，2008 ~ 2009 年 FTA 的发展达到高峰，当年生效的 FTA 个数分别为 28 个和 34 个，而当年向 WTO 通报已签署的分别为 27 个和 21 个。

表 1 – 1 　　　　　　　　　向 WTO 通报的 FTA 数量演进进程 　　　　　　单位：个

| 时间 | 总数量 | 已生效数量 | 货物协议数量 | 服务协议数量 | 新加入协议数量 |
|---|---|---|---|---|---|
| 1950 年以前 | 1 | 1 | 0 | 0 | 0 |
| 1951 ~ 1960 年 | 5 | 3 | 2 | 1 | 0 |
| 1961 ~ 1970 年 | 21 | 17 | 1 | 0 | 1 |
| 1971 ~ 1980 年 | 46 | 24 | 9 | 0 | 1 |
| 1981 ~ 1990 年 | 14 | 3 | 7 | 1 | 2 |
| 1991 ~ 2000 年 | 182 | 138 | 59 | 6 | 4 |
| 2001 ~ 2010 年 | 254 | 145 | 130 | 79 | 6 |
| 2011 ~ 2018 年 | 150 | 128 | 81 | 58 | 11 |
| 合计 | 673 | 459 | 289 | 145 | 25 |

资料来源：世界贸易组织数据库（Regional Trade Agreements Information System，WTO）。

由表 1 – 1 可以看出，受金融危机的影响，全球 FTA 发展势头有所减慢，但仍然是占据了全球贸易自由化进程的主导形式。

风起云涌的 FTA 与 WTO 多边谈判陷入僵局形成了鲜明对比。同样是为了实现自由贸易，关贸总协定自 1947 年组织了多个回合的谈判，工业制成品平均关税大幅度下降，到东京回合（1973 ~ 1979 年）结束已经从 30% ~ 40% 下降到 4.7%，到乌拉圭回合（1986 ~ 1994 年）结束时，发达国家工业制成品平均关税水平降为 3.6%[1][2]。然而在农产品方面却无法实

---

[1]　余敏友. 论关贸总协定的历史地位与作用 [J]. 武大国际法评论，2003（7）：1 – 31.

[2]　GATT 的八轮多边贸易谈判 [J]. 农村金融研究，2000（3）：5 – 6.

现，因为农业贸易不仅涉及一国的经济利益，更重要的是，还涉及政治利益、国家稳定等重大问题。因此，世界各国特别是主要发达国家将农业贸易自由化排除在外。直到 1994 年"乌拉圭回合"才最终达成了《农业协定》，对进口准入、出口补贴和国内支持做了削减。虽然自由化程度有限，但其朝着自由化方向迈出了非常重要的一步，毕竟农业议题被摆到了谈判桌上。为了进一步降低农产品贸易保护程度，WTO 于 2000 年开始了多哈回合农业谈判，但谈判进行得异常艰难，至今仍无法达成协议。谈判也由日欧美之间的较量演变成多个利益集团的较量，各个国家为了共同的利益组成了许多集团，如凯恩斯集团代表农业出口大国，G20 集团代表发展中国家，G10 集团代表农产品净进口国，G33 集团代表要求得到特殊保障国家，G90 集团代表最不发达国家，以及棉花四国集团、非洲集团①，等等，使谈判的难度大大增加。

在贸易自由化已经成为大势所趋的今天，以保护本国利益为由阻碍农产品贸易自由化将对世界经济造成严重威胁。因此，在全球化遭遇挫折的时候，如何通过 FTA 推动贸易自由化谈判，特别是关于农业议题的谈判显得愈发重要，将成为世界各国无法回避的问题。

## 2. 日本 FTA 的奋起直追

日本长期以来一直是多边贸易体制的支持者，但最近几年来日本由"全球主义"向"区域主义"转变，明显加快了签署 FTA 的步伐。截至 2020 年 11 月，日本已经完成了 19 个 FTA 的签署，还有 7 个 FTA 正在谈判和研究之中，其中与东盟的服务投资协议、与哥伦比亚实质性达成一致，与土耳其和中日韩正加紧谈判，只有与海合会和韩国的谈判陷入停滞之中。可以看出，日本 FTA 在起步较晚的情况下迅速发展，成绩令人瞩目，但与墨西哥、智利、秘鲁、欧盟、哥伦比亚甚至韩国等国家相比，在数量上还处于比较落后的状态。

---

① 周跃雪. WTO 多边贸易体制下成员谈判集团制度与中国的策略［J］. 社会科学研究，2014（5）：86 - 90.

与多哈回合谈判相比较，日本已经在 FTA 谈判的立场中做出了较大的让步，但仍然强调"农业多功能性"并希望对方予以理解。日本提出本国农业处于国际竞争力的低端，粮食自给率严重不足，如果开放农业市场将面临毁灭性的打击。

实际上，日本的农业问题早已不只是经济问题，除了维护国内政治选票的需要之外，还面临着由粮食缺乏导致的国家安全问题。因此，从 20 世纪70 年代开始，日本农业保护政策的政治意义已经远远大于经济意义。在与其他国家进行 FTA 谈判时农业议题大多成为最棘手的问题，高度的农业保护政策危害了日本企业在他国市场的出口竞争力，甚至政府投资、企业投标都受到了明显的限制。但是从目前的结果来看，日本显然克服了这个困难。虽然有的谈判旷日持久，但大部分还是达成了一致，有的是用工商业利益、投资、技术等条件作为交换，有的是设置了较长的缓冲期，还有的达到了外交、军事、安全等方面的目的。

总体来说，日本 FTA 战略经过多年来的发展日臻完善，在农业议题谈判上也摸索出了一些典型模式，取得了比较好的效果和经验，也得到了国内利益集团的认可，较好地保护了本国的农业利益。那么，一些疑问由此产生：在 FTA 进程中日本是如何进行的农业议题谈判？效果如何？农业议题谈判阻碍了日本 FTA 进程吗？日本的 FTA 进程真的落后了吗？日本农业保护政策是如何演变的？达到目的了吗？

### 1.1.2  研究意义

随着 FTA 在全球贸易自由化浪潮中逐渐占据主导地位，关于农业议题的争论会不可避免，尤其是面对日本这样巨大的农业贸易市场，谈判将会变得更加激烈。此外，日本是中国农产品最重要的出口目标国家，中国如何研判日本的谈判模式，以及中国面临着耕地少、农业竞争力弱等与日本类似的特点，能否从日本的谈判模式中取得经验借鉴，将"一带一路"倡议继续发扬光大，正是本书的实践意义所在。在理论方面，日本的 FTA 实践丰富了国际贸易谈判理论、农业贸易保护理论、双层博弈理论的研究，为本书提供了极好的研究案例。

## 1. 理论意义

在日本的FTA谈判中，农业议题往往是最大的焦点，甚至某种程度上决定着谈判成败，因此对于日本FTA农业议题谈判的研究具有丰富的理论意义。目前，国内外学者对FTA谈判进行了不同层面的研究，但研究基本上都集中在FTA对各国福利影响、贸易利益分配以及FTA可行性测算、贸易政策转变等方面；也有学者针对中国、日本、韩国、美国等进行国别的FTA战略研究，但主题主要是经济效应、国家利益、国家战略等方面；也有个别学者研究了多哈回合的农业议题谈判。

本书从日本FTA的农业议题谈判模式着手研究，力求丰富FTA理论框架，扩展FTA研究内容，也有助于推动FTA战略研究领域更加全面。

第一，有助于丰富经济外交的理论框架和体系。在国际关系方面，本书从国际政治经济学视角出发分析了农业贸易政策的制定，从双层博弈理论角度分析了农业议题谈判过程，希望能为更深层次的计量分析提供一些依据。国际上在这个方面的理论研究也取得了较大突破，格罗斯曼和赫尔普曼将利益集团的政治影响引入政策形成的内生机制中。本书的理论分析将表明，日本的农业议题谈判除了面对欧美等国家要求开放市场因素的压力，还要面对来自国内农业利益集团要求保护农业利益的政治压力，但各个因素对日本农产品贸易保护政策有多大的影响、未来又将开放到何种程度还需要进行进一步计量分析。

第二，本书除了将税率作为贸易政策的描述变量外，还在理论分析中引入了政治、历史、文化、外交、军事、国家安全等作为离散型的政策变量，使理论更加接近现实，能更好地解释日本农业贸易保护政策的演变。同样，如何对这些变量进行计量分析将是今后需要投入更大力量的研究方向。

此外，本书从国际政治经济学的角度突破了地理学意义上的"东亚"

的范围。国内外多数学者如程伟和刘洪钟[①]等（2005），包括联合国亚太经社理事会和世界银行都认可东亚包括东北亚及东南亚，即中国、日本、韩国、朝鲜、蒙古国和东盟10国。本书出于研究需要及叙述的方便，考虑到政治、经济、军事、外交等层面与区域外国家澳大利亚、新西兰、印度等交往较多，将"东亚"的范围从目前较为流行的15个经济体进一步扩大到包含澳大利亚、新西兰、印度等国家。

### 2. 现实意义

农业是国民经济的基础，更是立国之本。世界各国通常为农业提供不同程度的国内支持和国际贸易保护。日本在20世纪初就出台了一系列农业保护政策，以确保日本的经济发展。此后，根据国内外形势的变化，对农业保护政策进行了一些调整。当前国际贸易自由化大潮中，日本的农业保护政策又面临着巨大考验，在不断地保护中日益衰落的日本农业已经无力经受自由化的冲击。在这种情况下，日本FTA农业议题谈判实际上很好地保护了本国农业，对其谈判模式进行研究可以为中国农业发展提供可借鉴的现实意义。

2003年以来中国粮食生产逐年稳步增长，2006年达到4.5亿吨，2011年达到5亿吨，2019年达到6.6亿吨。但国际贸易数据显示，一方面粮食产量连年丰收，另一方面粮食进口量不断增加。2019年全年粮食进口量达到1.1亿吨。按照进口粮占比计算，我国每5公斤粮食里就有1公斤来自国外。从贸易额来看，2009年农产品贸易收支逆差129亿美元，2010年达到了231亿美元，将近翻了一番，虽然2017年逆差略有回落，但农产品进口的占比持续增加，从5.2%上升到6.8%（见图1-1及表1-2）。根据农业农村部的预测，中国粮食缺口1亿吨以上将持续到2020年。

---

① 程伟. 经济全球化与经济转轨互动研究 [M]. 北京：商务印书馆，2005：355.

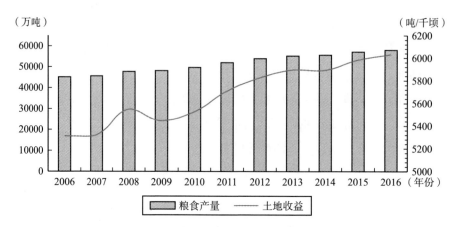

图1-1 中国粮食产量及土地收益情况

资料来源：陈锡文谈农村改革：要将产权制度改革放在第一重要位置 [EB/OL]. 央广网，2015-11-04.

造成中国粮食大规模进口的原因并不是国内自给率不足。目前国家粮库储备粮早已超过需求量，但在市场上流通的很多都是从国外进口的粮食。国务院发展研究中心农村经济部研究表明，这种现象主要是由国内外粮食市场的巨大价格差异导致的。近几年来，国际市场粮食价格下降，从2012年起，中国国内粮食价格高于国际市场，三大主粮——稻谷、小麦、玉米国产价格总体上高于国际市场30%～50%。2015年上半年，大米、小麦、玉米等主粮价格均超过国际市场的50%，使得国产粮食被迫进入粮库，进口粮食进入市场。2018年国内小麦价格相比国际市场每吨高出400元左右。[①]

另外，中国的耕地面积受工业化和城市化的影响在1987～2003年间以每年40万公顷的速度减少。中国土地的单位收益虽逐年增加，但与农业强国还是存在一定差距。这些数据表明中国虽是粮食生产大国但不是农业生产强国，随着城市占用越来越多的农业用地，城市化导致越来越多的人离

---

① 主要依据：方必和，曹丽丽. 我国城市化进程中的土地利用问题及其应对措施的研究 [J]. 经济研究导刊，2010（8）：68-70计算得出；郭丽英，王道龙，王介勇. 中国沿海地区耕地变化及其成因分析 [J]. 中国农业资源与区划，2012，33（1）：6-10；在计算了1996～2005年的数据也有类似结论。

开农田。中国正成为农产品的净进口国（见表1-2）。

表1-2 　　　　　　　　　　中国农产品进出口情况 　　　　　　　　　单位：亿美元

| 年度 | 总出口 | 农产品出口 | 占比（%） | 总进口 | 农产品进口 | 占比（%） | 总收支 | 农产品收支 |
|------|--------|------------|-----------|--------|------------|-----------|--------|------------|
| 2009 | 12016 | 392 | 3.3 | 10059 | 521 | 5.2 | 1957 | -129 |
| 2010 | 15777 | 488 | 3.1 | 13962 | 719 | 5.2 | 1815 | -231 |
| 2011 | 18983 | 601 | 3.2 | 17434 | 939 | 5.4 | 1549 | -338 |
| 2014 | 23422 | 713 | 3.0 | 19592 | 1214 | 6.2 | 3830 | -501 |
| 2017 | 22633 | 751 | 3.3 | 18437 | 1246 | 6.8 | 4196 | -495 |

资料来源：笔者根据国家统计局、商务部对外贸易司相关统计数据整理计算得出。

中国自加入世贸组织以来，国内农产品市场基本实现自由化，农产品进口量大幅增加，已成为世界农产品市场最开放的国家之一。农产品市场自由化对我国农业生产产生了一定程度的影响，特别是大豆已基本上依赖进口。未来中国农产品需求量会不断增加，因此应当进行适度的贸易保护，但在这方面我国还没有足够的经验。日本一样存在着耕地少、人口多、农业生产脆弱等现实国情，但由于进行了适当的农业保护，使日本在工业立国、贸易立国的同时，农业仍发挥着国民经济基础地位的重要作用。因此，研究日本农业保护政策的演变和发展方向，借鉴日本农业保护政策的成功经验，可以为中国制定农业保护政策提供参考。

在FTA进程中，中国起步早于日本，签署的数量与日本不相上下，但还缺乏与欧盟、美国等大型经济体的谈判经验。而在FTA谈判中，农业议题又是非常重要和敏感的领域，日本在这方面积累了非常丰富的经验。因此有必要对日本FTA农业议题谈判模式进行研究，学习日本农业议题谈判的战略战术，汲取经验教训，化不利因素为有利因素，从而有针对性地准备谈判方式，在将来与他国进行谈判时为我所用，比如中国—加拿大谈判、中国—哥伦比亚谈判等FTA谈判。随着中国经济体量的不断增大，在未来利用经济手段达到外交目的保护政治经济安全也是可以预见的一项任务。因此，借鉴日本经验，特别是其在参与 TPP 谈判时积累的经验，将对中国有所帮助，甚至未来也不排除中国—欧盟、中国—美国等 FTA 谈判的可能。

中国和日本是在本区域内具有深远影响力的两个重要国家，两国关系对双方来说也都是非常重要的双边关系，中日互为重要的贸易伙伴国。两国同属东亚地区，地理位置邻近，历史上交流比较多，文化、饮食习惯相近，对发展双边贸易具备很多先天优势因素，加上双方贸易互补性较强，日本一直是中国最重要的农产品出口市场。日本是中国农产品出口的最大对象国，在日本农产品进口来源国里排名第二。因此，日本农产品国际贸易政策的调整将直接影响中国的农产品出口。在目前的中日韩 FTA 谈判中，中日双方就农业议题展开直接交锋，且非常有必要研究日本的农业议题谈判模式，确定采取何种战略战术才能在谈判中争取有利地位，既保证谈判结果有利于中国农业发展目标的实现，又有利于扩大中国农产品出口；同时将促进国内农业产业结构调整，加快农业供给侧结构性改革。从这一点来说，研究日本农业议题谈判模式具有重要的现实意义。

## 1.2 国内外研究评述

20 世纪 90 年代，世界贸易组织多哈回合谈判受挫。世界各国兴起了缔结 FTA 热潮，日本对此一直不太热衷，有的学者甚至持否定态度。直到 21 世纪初，日本才开始加入签署 FTA 的洪流中，虽有农业贸易保护政策等各种羁绊因素，但仍取得了显著进展。本书正是在这一背景下对日本 FTA 进程中农业议题的谈判模式展开研究，因此关注的重点在于日本 FTA 的进程及日本 FTA 进程中的农业贸易问题。

学者们的争论集中在 FTA 是否阻碍了 WTO 框架下的多边贸易自由化。美国哥伦比亚大学学者贾格迪什·巴格瓦蒂（Jagdish Bhagwati, 2004）首先提出了这个关键的核心问题，即：区域贸易自由化到底是对全球贸易自由化产生阻碍作用的"绊脚石"还是起到了促进作用的"垫脚石"？巴格瓦蒂认为，目前一发不可收的 FTA 就像一只混乱的"意大利面碗"给全球多边贸易自由化带来了很大的破坏，其实自由贸易协定并不"自由"，在对伙伴国是自由贸易的时候对其他国家来说则是伤害，是与采取了保护主义措施一样的伤害①。哥伦比亚大学另一名学者阿尔温德·帕纳格里亚（Arvind Panagariya，1999）也认为，FTA 将会阻碍全球化，甚至会使全球贸易自由化破产②。著名的国际贸易学者、美国普林斯顿大学保罗·克鲁格曼（Paul Krugman，1996）也持同样的观点。他认为区域自由贸易协定阻碍了全球化，因为缔约国获益后失去了参与全球化的动力，最终使全球多边贸易体制破裂③。国内复旦大学学者贺平（2013）具体归纳了区域主义阻碍全球主义的一些表现，他证明了国内政治因素使决策更倾向于区域主义而不是全球主义，美欧强国在新议题方面容易得到区域主义单独谈判时缔约方的妥协而在全球主义却无法推进④。此外，蔡鹏鸿⑤（2003）、亚帕德雷和塔约里⑥（Iapadre and Tajoli，2014）等也认为区域经济一体化是经济全球化的障碍，应坚决予以摒弃。

当然也有学者持相反态度。他们认为 FTA 并没有阻碍反而会通过更多的 FTA 促进全球主义。理查德·鲍德温（Richard Baldwin，1993）认为，一个 FTA 形成后会促使非缔约国加入或形成另一个 FTA，使 FTA 继续扩大，进而产生"多米诺骨牌效应"，并最终实现全球贸易自由化⑦。美国学者约翰·凯南和雷蒙德·雷兹曼（John Kennan and Raymond Riezman，

---

① ［美］贾格迪什·巴格沃蒂著 . 今日自由贸易 ［M］. 海闻译 . 北京：中国人民大学出版社，2004：108 - 115.

② Arvind Panagariya. The Regionalism Debate：An Overview ［J］. The World Economy，1999，22（4）：455 - 476.

③ Paul Krugman. Regionalism Versus Multilateralism：Analytical Notes ［A］. Jaime de Melol Arvind Panagariya. New Dimensions in Regional Integration ［C］. Cambridge：Cambridge University Press，1996：58 - 79.

④ 贺平 . 贸易政治学研究 ［M］. 上海：上海人民出版社，2013：464 - 465.

⑤ 蔡鹏鸿 . 亚太次区域经济合作及上海参与的若干问题探讨 ［J］. 社会科学，2003（1）：31 - 36.

⑥ P L Iapadre，L Tajoli. Emerging countries and trade regionalization. A network analysis ［J］. Journal of Policy Modeling，2014（36）：S89 - S110.

⑦ Richard E. Baldwin. A Domino Theory of Regionalism ［J］. NBER Working Paper，1993：4465.

1990）认为建立 FTA 后会提高资源配置效率，还会降低关税①。巴西学者伊曼纽尔·奥尔内拉斯（Emanuel Ornelas，2005）认为，FTA 关税下降会增加全球贸易，减少利益集团对贸易政策的作用，有利于全球化进程②。廉晓梅（2003）、黄宁和鄮佩（2015）、加利亚别洛夫和阿卜杜林（Galiakberov and Abdullin，2014）等学者认为 FTA 是全球化的驱动力，因此现阶段应大力推进 FTA③。

除了这两种截然相反的观点之外，还有些学者采取了折中的态度。孙平（2001）、郑学党（2017）等认为 FTA 与全球化是对立统一关系，二者相互阻碍和相互促进作用皆不可忽视，FTA 是在全球化受挫后蓬勃发展的，全球化是 FTA 所追求的高级目标④。陆利香（2012）、于津平（2012）等认为随着单边贸易主义抬头、多边合作受阻，应更理性对待 FTA 和全球化的关系，而不是非此即彼，应互相增加包容性并通过区域化的贸易合作来推动全球经济增长⑤。

### 1.2.1　日本 FTA 进程研究

日本经过十几年的观望终于放弃了坚持多年的全球主义，实现了 FTA

① John Kennan, Raymond Riezman. Optimal Tariff Equilibria with Customs Unions ［J］. The Canadian Journal of Economics, 1990, 23（1）：70 – 83.

② Emanuel Ornelas. Endogenous Free Trade Agreements and the Multilateral Trading System ［J］. Journal of International Economics, 2005, 67（2）：471 – 497.

③ 廉晓梅. 论区域经济一体化对经济全球化的促进作用 ［J］. 东北亚论坛, 2003（5）：17 – 21.

黄宁, 鄮佩. 经济区域化与全球化发展及其关系分析 ［J］. 经济问题探索, 2015（9）：133 – 138.

Galiakberov A, Abdullin A. Theory and practice of regional integration based on the EurAsEC model（Russian point of view）［J］. Journal of Eurasian Studies, 2014, 5（2）：116 – 121.

④ 孙平. 经济全球化与区域经济一体化 ［J］. 经济评论, 2001（4）：118 – 121.

郑学党, 华晓红, 庄芮. 亚太区域经济一体化与两岸共同参与策略选择 ［J］. 宁夏社会科学, 2017（2）：122 – 126.

⑤ 陆利香. 包容性增长视域下的中国—东盟区域经济一体化 ［J］. 学术论坛, 2012, 35（8）：183 – 188.

于津平. 国际贸易新格局与全球贸易治理 ［J］. 南开学报（哲学社会科学版）, 2012（1）：70 – 76.

从无到有，是什么原因推动的这一变化？日本在 FTA 战略发展过程中的优势和劣势是什么？有哪些因素会影响日本 FTA 的进程？

## 1. 日本推进 FTA 的原因研究

正如前文所述，区域化的双边主义与全球化的多边主义之间的争论旷日持久，到目前也仍然没能有定论。但目前所能看到的现实是多边主义下的贸易谈判收效甚微，迟迟无法达成一致，而 FTA 却像燎原的野火一样在争议中席卷全球，它已成为当今世界贸易发展的主流并不断加强。2018 年 7 月，日本—欧盟 FTA 签署，同时签署的还有战略伙伴关系协定（SPA）；仅仅几天之后，美国—欧盟 FTA 的动议也摆到了特朗普的桌面上。

许多专家学者都论述过，也许 FTA 并不是实现贸易自由化的最优路径，但各国出于贸易的需要纷纷选择了 FTA，日本当然也不例外。金明善和王厚双[①]（1997）早在 20 多年前就认识到，日本在亚太区域经济合作中实行地区主义将会有更大的活动空间或回旋余地。

促使日本做出改变的原因，按照理查德·鲍德温的理论，一个国家为了建设或加入 FTA 调整国际贸易政策主要受到两方面的压力：一方面来自国内利益集团；另一方面是贸易伙伴国发生贸易转移效应。一部分日本学者也认为原因是来自外部和内部的双重影响。关泽洋一[②]（Sekizawa Yoi-chi，2008）认为外部的政治经济事件会促使日本推进 FTA。富景筠[③]（2011）认为在外部条件变化下国内利益集团的博弈是日本 FTA 政策变化的原因。金浩燮[④]（2001）认为日本开始积极推行 FTA 的外部因素是亚洲金融危机。

① 金明善，王厚双. 日本对亚太区域经济合作的基本政策 [J]. 太平洋学报，1997（1）：90－96.
② [日] 关泽洋一著. 日本的 FTA 政策：政治过程分析 [M]. 东京：东京大学社会科学研究所，2008.
③ 富景筠. 日本自贸区政策的演变：基于利益集团动态博弈的视角 [J]. 国际经济评论，2011（4）：149－160.
④ [韩] 金浩燮著. 亚洲金融危机后日本的地区主义：韩日自由贸易协定的视角 [J]. 韩国政治学会报，2001（1）：253－267.

但这种简单地划分内、外两种因素过于笼统，且由于世界各国之间的交流越来越多，国外的因素也可能通过国内发生作用，因此笔者认为从经济、政治等方面的因素来看可能会更清晰一些。

从经济方面的因素来看，日本许多学者在进行 FTA 研究时都曾有过估算，发现不签署 FTA 会由于贸易转移效应造成日本产业界的巨大经济损失，因此建议积极推进 FTA 建设。中国学者王厚双和孙丽①（2017）证实了 20 世纪 90 年代初日本未加入 FTA 给企业在国际竞争中带来的不利地位促使日本迅速调整 FTA 政策，从小到大、从近到远，逐步推进亚太地区经济一体化。日本以东亚为核心，以东盟为基础，进而向南亚、南太平洋扩张整合为一体，构筑日本主导的亚太区域经济一体化。刘昌黎②（2003）、宋志勇和李伟③（2017）等认为，日本看到东盟国家经济发展的巨大潜力和东盟对 FTA 的积极态度并考虑日本与东盟之间密切的经济关系，促使日本在推进 FTA 战略时首先与东盟国家缔结 FTA。曾霞④（2014）对日本与新加坡、墨西哥、马来西亚、智利、泰国和印度尼西亚的自由贸易协定战略进行了经济效应分析，认为日本 FTA 的贸易创造效应是显而易见的，且与日本的地理距离越近，贸易创造效应就越明显。古小松⑤（2005）认为日本与东盟和中国的国际贸易是亚洲金融危机后的经济恢复主要动力之一，因此东亚尤其是中日韩和东盟应加强区域合作，推进东亚 FTA 建设。

从政治方面的因素来看，日本多年来一直支持全球化，转向地区主义的原因与美国、中国等政治因素密不可分。范思聪⑥（2016）考察了这个转变过程，认为日本无论是重视地区合作还是跨地区合作都有着战略考

① 王厚双，孙丽. 战后日本参与全球经济治理的经验研究 [J]. 日本学刊，2017（1）：92 – 118.

② 刘昌黎. 日本与东盟自由贸易的进展评析 [J]. 当代亚太，2003（4）：30 – 38.

③ 宋志勇，李伟. 论中国自贸区发展战略中的日本因素 [J]. 国际经济合作，2017（12）：24 – 28.

④ 曾霞. 日本 FTA 战略研究 [D]. 南开大学学位论文，2014：103 – 133.

⑤ 古小松. 东亚合作：从"10 + 1"到"10 + 3"——中国与东亚自由贸易区 [J]. 东南亚纵横，2005（7）：1 – 11.

⑥ 范思聪. 日本"自由贸易协定战略"的无奈转变：过程与战略动机分析 [J]. 现代国际关系，2016（6）：21 – 27.

量。周喆和王孝松① （2013） 认为政治是重要的因素，他们从国际政治经济学视角出发考察了国家间的利益冲突，研究了中美日贸易摩擦的政治动因，发现美国担心"中国崛起"会威胁到自身的霸主地位，于是拉拢日本以提升安全战略高度，特别是对中国进行"遏制"。王厚双和孙丽② （2017） 做了进一步的研究，认为美国对东亚经济一体化的政策十分清晰，就是防止中国或日本主导挑战美国在东亚地区的根本利益。赵放③ （2010） 的研究结论更为直接，他认为日本 FTA 战略的一个不可示人的动机就是为了掌握东亚合作主导权和遏制中国的崛起，因此更多考虑了美国因素的安全保障、超越东亚的价值取向和以自我为中心的主导权问题。

也有一些学者对其他方面的因素进行了研究。于潇④ （2007） 认为，WTO 框架下的贸易自由化举步艰难，欧美加快推进 FTA 战略的实施，东盟、中国积极展开 FTA。日本意识到被边缘化的危险，因而迅速转变 FTA 战略。任婷⑤ （2011） 认为日本积极参与东亚 FTA 的原因主要有改变落后的局面、推动结构改革和市场开放、与中国争夺主导权和国内舆论的压力。赵莉⑥ （2013） 认为除了经济因素外，日本积极与东盟签订 FTA 的原因是出于能源安全战略和地缘政治因素的考虑，利用东盟的支持提高其在国际社会的地位从而牵制中国在亚太地区的发展。

总之，日本为了避免在 FTA 浪潮中陷入被动，迫于经济、政治、外交、安全等方面的压力实现了从全球主义向地区主义的转变，经历了否定观望、主动参与、积极推动的过程。平力群⑦ （2014） 认为 FTA 是日本保

① 周喆，王孝松. 大国间经济冲突的政治动因探究——基于美日、美中贸易摩擦的比较分析 [J]. 政治经济学评论，2013，4 (1)：142 - 160.

② 王厚双，孙丽. 战后日本参与全球经济治理的经验研究 [J]. 日本学刊，2017 (1)：92 - 118.

③ 赵放. 日本 FTA 战略的困惑 [J]. 当代亚太，2010 (1)：46 - 56.

④ 于潇. 从日本 FTA 战略看东北亚地区经济一体化的发展趋势 [J]. 现代日本经济，2007 (5)：15 - 19.

⑤ 任婷. 日本农业保护与东亚贸易自由化 [D]. 东北财经大学学位论文，2011：24 - 25.

⑥ 赵莉. 日本与东盟自由贸易协定研究 [D]. 西南政法大学学位论文，2013：10.

⑦ 平立群. 日本调整 FTA 战略的动因——基于保护与支持产业发展的视角 [J]. 现代日本经济，2014 (3)：41 - 51.

证国家安全和获取经济利益的一个政策性工具，通过这个工具可以保护国内弱质产业、降低出口成本。陈友骏[①]（2017）研究了日本 FTA 战略的演变过程，认为日本 FTA 的渐进路径较为务实，表现出强烈的现实主义和功利主义色彩。

### 2. 日本推进 FTA 的进程研究

日本在确定了 FTA 战略之后按照由近及远、先小后大的原则迅速推进 FTA，政府部门多次出台了指导性文件，取得了一系列重要成果，但在推进过程中并不顺利。国内外许多学者展开了对日本 FTA 进程整体的研究，结论主要集中在特点、进展、制约因素及具体 FTA 的谈判建议等方面。如神门善久[②]（Godo - Yoshihisa，2013）认为农产品成为日本贸易自由化进程的一道障碍，许多国家对日本农产品的高关税表示不满。刘昌黎[③]（2009）认为，日本过于注重与中国争夺主导权导致 FTA 推进较慢，过于注重保护农业导致自由化水平偏低，从而使日本的 FTA 处于相对落后的状态。李俊久[④]（2009）认为日本已经逐步发展起一套完整的、明确的 FTA 战略，但对农业的过度保护是日本难以缔结高质量 FTA 的一大制约因素。朴英爱和金香兰[⑤]（2017）按时间顺序梳理了日本 FTA 战略的发展历程，详细分析了日本从以东亚为战略核心到以亚太为战略重心的转变。浦田秀次郎[⑥]（Shujiro Urata，2011）总结了日本缔结 FTA 的动因、特点和进展情况。他认为日本 FTA 的特点是在东盟内部扩展 FTA、在中南美洲积极推行 FTA、与资源丰富的国家缔结 FTA，也特别提到了日本需要减少例外商品数量，开放农产品市场。有学者将牵制中国作为日本 FTA 的一个特点。赵

---

① 陈友骏. 日本亚太区域经济合作战略研究 [J]. 日本学刊, 2017 (2)：82 - 101.

② ［日］神门善久著. 日本现代农业新论 [M]. 董光哲等译. 上海：文汇出版社, 2013：72 - 75.

③ 刘昌黎. 日本 FTA/EPA 的新进展、问题及其对策 [J]. 日本学刊, 2009 (4)：56 - 68.

④ 李俊久. 日本 FTA 战略论析 [J]. 当代亚太, 2009 (2)：110 - 128.

⑤ 朴英爱，金香兰. 美国退出 TPP 对日本 FTA 战略的影响及其走势分析 [J]. 现代日本经济, 2017 (4)：32 - 45.

⑥ ［日］浦田秀次郎著. 日本的 FTA 战略 [J]. 海外事情, 2011, 59 (9)：16 - 30.

放①（2010）认为日本拒绝与中国签订 FTA 而只接受中日韩 FTA，且倡导包括澳大利亚、新西兰和印度在内的"10＋6"模式，都是为了牵制中国。安江和王厚双②（2010）认为，日本将中国视为东亚区域经济一体化中的主要竞争对手，将孤立中国、牵制中国作为出发点之一。王琳③（2014）梳理了东亚地区一些国家的 FTA 战略，发现日本将价值观一致、具有政治安全战略价值作为标准提出，呈现了日本 FTA 战略浓厚的政治色彩。

此外，更多的学者对日本近 20 年来的具体 FTA 进行了分析研究，涌现了一些长期从事该领域研究的专家，如张蕴岭、姜跃春、刘昌黎、王厚双、盛斌、沈铭辉、陈淑梅、李勤昌、李明权、施锦芳等；从文献类型上看，期刊论文居多，但著作和学位论文论述得更加具体；从文献内容上来看，关于日本—东盟、跨太平洋伙伴协议（TPP）、区域全面经济伙伴关系协定（RCEP）、中日韩 FTA 数量明显增多。随着日本 FTA 进程的发展，相信日本—欧盟以及日欧美之间的文献会越来越多。为了叙述的简便，本书将从 TPP（含 CPTPP）、RCEP、中日韩 FTA 等方面展开。

最近几年 TPP 吸引了世界的目光，许多研究日本经济的学者表现出了浓厚的兴趣，研究主要从动因、制约因素、影响等方面展开。张蕴岭④（2017）认为日本重视 TPP 是考虑重要的区域经济战略利益，加入 TPP 既可以推动经济国内改革，又可以在亚太和东亚区域经济制度构建中占据主动地位，特别是力图在 RCEP 中引入 TPP 的标准。姜跃春⑤（2010）认为，日本加入 TPP 的主要目的是促进日本经济振兴，"纠正"对中美两国的外交关系，限制中国在地区合作进程的影响力，从而争夺 FTA 的主导权。沈

① 赵放. 日本 FTA 战略的困惑 [J]. 当代亚太，2010（1）：46－56.
② 安江，王厚双. 日本的东亚合作战略调整及其对中日经贸合作的影响 [J]. 日本研究，2010（3）：7－12.
③ 王琳. 东亚各方的自贸区战略与中国的选择 [J]. 国际经济合作，2014（10）：24－29.
④ 张蕴岭. 日本的亚太与东亚区域经济战略解析 [J]. 日本学刊，2017（3）：1－11.
⑤ 姜跃春. 日本参加"跨太平洋战略经济伙伴协定"谈判的主要考虑及其影响 [J]. 国际展望，2012（1）：26－33，47.

铭辉①（2014）在广谱视角下研究了 TPP 的经济收益和政治博弈，认为日本参加中日韩 FTA 和 TPP 的经济收益差异不大，日本顶着巨大的农业压力加入 TPP，仅用经济因素是很难解释清楚的，虽然目前无法计量日本的政治意图，但"非经济"因素能提供更完美的解释。刘晨阳②（2012）、高兰③（2011）从内部和外部两个层次分析了日本加入 TPP 的动机，内部主要是工业产品出口的压力，外部主要是配合美国"重返亚太"战略，主导亚太经济秩序并牵制东亚一体化进程遏制中国。

学者们对农产品市场开放问题是日本加入 TPP 的主要制约因素这一判断非常一致。此外，学者们认为日本部分国民和利益集团的反对也是重要的制约因素。朴英爱和金香兰④（2014）认为日本以农林水产业为代表的特殊利益集团的阻力较大，农业改革的实施难度非常大。

目前有部分学者研究了美国退出 TPP 之后日本的策略。如张敬伟⑤（2018）认为日本对全面与进步跨太平洋伙伴关系协定（CPTPP）的热衷，具有十足的象征意义和实质内涵。首先，CPTPP 毕竟保留了 TPP 协议 95% 的内容，依然是水平最高的自贸协定；其次，CPTPP 给日本提供了主导亚太经贸规则制定权的机会，让日本成为新首领继续与中国"一带一路"倡议相抗衡。朴英爱和金香兰⑥（2017）持类似观点，她们引用了一位日本教授的估算，证明了 CPTPP 与 TPP 对日本 GDP 的影响只少了 0.26 个百分点。但孙玥⑦（2018）对此持否定观点，她认为日本表面上实现了构建以日本为主导的亚太跨区域经济合作组织的目标，但实际上一是 CPTPP 规模小、标准低，无法与 TPP 相比；二是 CPTPP 成员间存在矛盾，日本恐怕难以协调和引领，因此 CPTPP 的未来充满变数。

① 沈铭辉. 经济收益与政治博弈：跨太平洋伙伴关系协定的广谱视角 [J]. 中国社会科学院研究生院学报，2014（6）：126-136.

② 刘晨阳. 日本参与 TPP 的政治经济分析 [J]. 亚太经济，2012（4）：22-26.

③ 高兰. 日本 TPP 战略的发展特征及其影响 [J]. 世界经济研究，2011（6）：75-80.

④ 朴英爱，金香兰. 日本 FTA 政策变化及评价 [J]. 现代日本经济，2014（5）：23-33.

⑤ 张敬伟. 从 TPP 到 CPTPP，日本变烂摊子为经贸利器？[J]. 中国外资，2018（4）：37.

⑥ 朴英爱，金香兰. 美国退出 TPP 对日本 FTA 战略的影响及其走势分析 [J]. 现代日本经济，2017（4）：32-45.

⑦ 孙玥. TPP 到 CPTPP：背景、影响及中国的对策 [J]. 商业文化，2017（33）：29-33.

关于 RCEP 的研究是另外一个热点。在全球多边贸易谈判难以取得进展、WTO 多哈回合谈判多年陷于僵局的背景下，陆昌①（2015）认为在多边贸易框架发展受阻、东盟意图主导亚太合作机制、减缓美国"重返亚太"战略压力等现实条件下，RCEP 有其产生的必然性。贺平和沈陈②（2013）认为 RCEP 不仅是解决当前亚太地区经济合作问题的新思路，也是本地区既有自由贸易协定的延伸和发展。东盟此前分别签署了 5 个"10＋1"，因此 RCEP 遵循并进一步突出了"东盟方式"的核心地位。他们总结了 RCEP 谈判的历程，认为 RCEP 采取了渐进路径，同时对不发达国家给予特殊政策。但在如何调和 RCEP 与 5 个"10＋1"之间的巨大差异及如何克服东盟内部发展水平差距悬殊方面面临着困难。竺彩华和冯兴艳③（2015）认为 RCEP 谈判的产生及推进的根本原因和基础是会给成员方带来巨大的经济收益，同时 RCEP 有助于平衡其他巨型 FTA 谈判给本地区带来的竞争压力，并使东亚保持在亚太地区的重要经济地位。郑昭阳和孟猛④（2017）利用 GTAP 模型证明了前面的观点，他们比较了同时参与 RCEP 和 TPP 的东亚国家经济效果，发现 RCEP 的商品贸易自由化可以带来更大的利益，而 TPP 并不是最佳选择。沈铭辉⑤（2010）详细分析了东盟、日本、韩国、印度、澳大利亚等国家对亚洲经济一体化的态度，他认为日本在 RCEP 谈判中在规制、标准、管理等经济层面有足够的空间发挥主导作用。同时他也论证了美国等区域外大国对亚洲经济一体化的影响不容忽视。

关于中日韩 FTA 的研究也是一个非常热门的领域，学者们从收益、路径、障碍、前景等几个方面进行了有益的探讨。

---

① 陆昌. RCEP 框架下中印农产品贸易潜力研究 [D]. 山东财经大学学位论文，2015：11－13.

② 贺平，沈陈. RCEP 与中国的亚太 FTA 战略 [J]. 国际问题研究，2013（3）：44－57.

③ 竺彩华，冯兴艳. 世界经济体系演进与巨型 FTA 谈判 [J]. 外交评论，2015（3）：46－71.

④ 郑昭阳，孟猛. 亚太自由贸易区的经济效应分析 [J]. 国际经济合作，2017（7）：28－33.

⑤ 沈铭辉. 亚洲经济一体化：基于多国 FTA 战略角度 [J]. 当代亚太，2010（4）：45－71.

　　徐梅①（2012）考察了中日韩自由贸易区的进展，指出中日韩自由贸易区不仅将促进三个国家本身巨量的经贸增长，而且将极大地促进东亚区域经济一体化。牛岛俊一郎和阿部一知②（Toshiichiro niushima and Kazutomo Abe，2003）、金泰相③（Taesang Kim，2009）、方庆亮④（2013）、岳中权⑤（2013）也持同样的观点。方庆亮还认为，由于三国政治经济和历史的巨大差异，中日韩自由贸易区的建立将是一个长期过程。岳中权重点分析了中日韩 FTA 谈判过程中存在的诸多经济性障碍因素和非经济性障碍因素。陈时波⑥（2014）从日本的角度考察了中日韩 FTA 和 TPP，认为中日韩 FTA 给日本带来的经济利益会远远大于 TPP，但在非经济收益方面，考虑到政治外交日美同盟因素，认为加入 TPP 对日本更为有利。

　　邝梅⑦（2015）从东亚地区 FTA 的影响因素出发，指出中日韩是本地区最大的三个经济体且互为主要的贸易伙伴，她认为中日韩 FTA 将使三国受益，且大于任意两国之间的双边 FTA。然而政治问题、领土争端及美国因素令中日韩 FTA 进展缓慢，阻碍了谈判进程。刘静烨⑧（2015）还指出了日本对中国经济实力提升将影响其安全的疑虑，日本担心中日韩 FTA 会影响政治问题的解决。上述因素使外部环境趋向不利。杨源源和于津平⑨（2018）认为在区域一体化发展程度方面亚洲明显落后于欧美，亚洲一体化发展缓慢的主要原因在于中日韩三大主要经济体之间很难达成有效的

---

　　① 徐梅．中日韩 FTA 的进展、影响及前景探析［J］．日本学刊，2012（5）：109－124.
　　② ［日］牛岛俊一郎，阿部一知著．受益三国——中日韩之间经济一体化与直接投资［J］．国际贸易，2003（1）：20－23.
　　③ 金泰相．东北亚区域经济合作前景与中日关系刍议［J］．现代日本经济，1990（3）：35－38.
　　④ 方庆亮．中日韩建立 FTA 面临的问题、可行性及政策分析［D］．东北财经大学学位论文，2013：45.
　　⑤ 岳中权．中日韩自由贸易区建设的障碍因素分析［D］．吉林大学学位论文，2013.
　　⑥ 陈时波．日本区域经济合作战略研究——TPP 和中日韩 FTA 的对比分析［D］．厦门大学学位论文，2014：32.
　　⑦ 邝梅．东亚 FTA 格局与中国的战略选择［J］．东北亚论坛，2015（1）：21－29.
　　⑧ 刘静烨．相对收益与国家间博弈：政治竞争关系与东亚区域贸易协定［D］．外交学院学位论文，2015：110.
　　⑨ 杨源源，于津平．中日韩 FTA 战略差异比较与区域经济合作前景［J］．亚太经济，2018（1）：34－42.

共识。

刘重力和盛玮①（2008）详细分析了三个国家对待中日韩 FTA 的态度，认为由于追求目标的差异，导致对象选择、谈判速度的差异，造成了对中日韩 FTA 认识的巨大差异。刘向丽和王厚双②（2013）认为虽然非经济因素影响巨大，但最终还是取决于经济因素，因此应提升三国间贸易依存度，减少对美国的依赖，加强金融合作，减少对美元的依赖。王皓和许佳③（2016）认可前面提及的经济、政治、美国等阻碍因素，他们认为破解这一难题的传统途径是加强经济合作。但问题是，在政治问题未解决时推进中日韩 FTA 谈判将会产生新的政治问题。对此，于玲玲和白福生④（2016）认为日本对 FTA 的利益诉求是多重的，既包括经济利益也包括政治和安全利益，因此日本应首先整合自己的利益诉求，这是实现中日韩 FTA 的关键。王厚双和齐朝顺⑤（2015）认为，也许不能在短时间内促进三国的政治互信和合作，因此中韩 FTA 是实现中日韩 FTA 的突破口。韩国前总理韩升洙⑥（2015）持同样的观点，并认为中韩 FTA 已成为对日本经济界的激励，将推动三边 FTA 进程。

也有学者将 TPP、RCEP、中日韩 FTA 进行了比较，如江川晓夫（Akio Egawa，2013）分析了 TPP、RCEP、中日韩 FTA、日本—欧盟 FTA 等自由贸易协定谈判造成的链式反应，他测算中日韩 FTA 将使日本 GDP 上升 0.3 个百分点，RCEP 将上升 0.2 个百分点，TPP 使日本 GDP 上升 0.66 个百分点。

①　刘重力，盛玮. 中日韩 FTA 战略比较研究 [J]. 东北亚论坛，2008（17）：54 - 60.

②　刘向丽，王厚双. 中日韩的三大经济瓶颈及发展趋势探讨 [J]. 亚太经济，2013（1）：8 - 12.

③　王皓，许佳. 中日韩 FTA 建设与东北亚区域合作——基于中日韩三国自贸区战略的分析 [J]. 亚太经济，2016（4）：3 - 8.

④　于玲玲，白福生. 利益诉求整合是推进中日韩 FTA 进程的关键 [J]. 东北亚学刊，2016（4）：18 - 23.

⑤　王厚双，齐朝顺. 中韩 FTA 的经济政治影响分析 [J]. 东北亚研究论丛，2015（1）：43 - 64.

⑥　[韩] 韩升洙著. 21 世纪的东北亚与韩中关系 [J]. 韩国研究论丛，2015（1）：3 - 11.

总之，日本的 FTA 战略启动较晚，苏杭和李智星①（2017）认为日本的 FTA 战略大幅落后于欧美，甚至晚于韩国、新加坡等亚洲新兴国家，其中一个重要的原因是农业议题，农产品贸易成为了日本 FTA 谈判中的最大障碍。因此，接下来需要梳理日本农业议题谈判。

## 1.2.2　日本 FTA 农业贸易问题研究

日本在推动 FTA 战略的进程中关于农产品国际贸易是否要进行保护的问题在国内形成了两大阵营，无休止的争吵拖累了 FTA 的步伐。那么到底是什么原因让日本顶着自由化大趋势的压力对农业进行保护呢？日本的农业贸易政策存在哪些问题？影响农业议题谈判的因素有哪些？日本农业议题谈判要达到什么样的目标和效果？

按照国际贸易理论，全球自由贸易会加大出口企业的收益，会提高资源配置效率，提高国民福利水平，但同时也会给国内的弱势产业带来冲击。正是基于这样的原因，支持或反对自由贸易的争论从各自的视角出发从未停止过。对于农业贸易来说，相比其他行业领域，反对自由贸易的声音更占上风。世界各国出于确保农业的基础地位选择了农业保护政策，对国外农产品进口设置较高的关税壁垒，对国内农业生产采取补贴和农产品支持价格。世界各国政策手段多种多样，只是或明或暗不同程度而已。鲁茉莉②（2002）研究了世界农业政策的变革，分析了农产品自由贸易的动力和阻力，认为一直到 20 世纪 90 年代初期农产品都处于自由贸易例外的行列，与工业品对比非常鲜明，这种情况一直持续到乌拉圭回合《农业协定》的签字为止。这无疑是一个重大进步，但遗憾的是其仍停留在理论上，农业贸易保护事实上仍大行其道，甚至令多哈回合遭遇重大挫折。

联合国粮食及农业组织对农产品的定义有广义和狭义两大类型。广义的农产品包括：农业中的粮食和经济作物、动物产品、林业和水产品；从

---

① 苏杭，李智星. 日本"进攻型农业"政策的实施及启示［J］. 现代日本经济，2017（2）：12－20.

② 鲁茉莉. 农产品贸易自由化与世界农业政策变革［D］. 复旦大学学位论文，2002：8.

狭义上讲，不包括林产品以及植物中的胶汁和纤维等。

世界贸易组织乌拉圭回合签署的《农业协定》根据 HS 分类标准定义了农产品，即：HS01－24 章的产品去除鱼类及鱼产品加上 HS29－53 章中的蛋白类物质、改性淀粉、胶、羊毛、生皮、生丝等部分农产品。HS 即"协调商品名称和编码体系"是由世界海关组织设计多用途的分类法。HS 采用六位编码将所有国际贸易商品分为 22 类 99 章。

在中国农产品贸易研究文献中，多数学者将农产品范围确定为 WTO 框架下的农产品加上鱼类产品。国内外许多学者也大量使用这种定义，如李明权（2010）将农产品定义为 WTO《农业协定》约束的农产品加上水产品[1]，即包括 HS01－24 章的所有产品和 HS29－53 章的部分农产品。但是也有例外，如司伟（2012）所采用的农产品是指联合国商品贸易统计数据库 SITC 第 0 类食品及活动物，第 1 类饮料及烟草，第 2 类第 21 章生皮及生毛皮、第 22 章油籽及含油果实、第 26 章纺织品和第 29 章其他动植物原料，第 4 类动植物油、脂及蜡[2]。SITC 是"标准国际贸易分类法"的英文缩写，这种分类方法是联合国推荐经济分析采用的贸易分类方法，包括 10 类产品。

由于我国国家统计局和海关采用前述 HS "协调商品名称和编码体系"分类法，因此本书中涉及中国农产品按照此分类标准即 HS01－HS24 章加上 HS29－53 章中的部分产品。涉及日本农产品按照日本农林水产省的统计原则，即联合国粮农组织（FAO）的广义标准：粮食和经济作物、动物产品、林业以及水产品。涉及其他国家的农产品则按照资料来源所属国家或地区的统计原则。

在日本，农业保护历史悠久，也是受保护最全面、最彻底的产业。王华巍[3]（2005）对此进行了论证，指出日本农业保护程度在发达国家中水

① 李明权，韩春花．韩国已签署 FTA 中的农产品贸易规则分析 [J]．东北亚论坛，2010，19（4）：53－60．

② 司伟．FTA 背景下中国与潜在自由贸易伙伴国家间农产品贸易关系 [R]．博士后出站报告，中国农业科学研究院，2012：38－39．

③ 王华巍．世界主要发达国家农业政策的比较研究 [D]．吉林大学学位论文，2005：184．

平最高，无论是价格支持、生产补贴、进口限制都处于世界前列，远高于欧美国家。

### 1. 农业贸易保护的原因研究

速水佑次郎[①]（Hayami Yujiro，1993）通过探究经济与政治之间的关系，围绕农业不同发展阶段要解决"食品问题""贫困问题""结构调整问题"等为本书提供了日本农业保护政策的原因。田代洋一[②]（Tashiro Youyi，2010）在其著作中就"粮食安全应该依靠谁"评论了完全对立的两种观点，其中铃木宣弘持粮食安全应以国内生产为中心实施农产品贸易保护的观点，本间正义基于日本农业现状持粮食安全可以依靠海外供给的观点。吴章勋[③]（2015）认为日本农业高度保护政策背后包含着自然环境、历史原因、经济、政治因素等多维度的原因。王应贵[④]（2015）总结了日本农业的现实困境，耕种面积和农户收入不断下降、劳动力流失且老龄化现象严重、经营规模偏小、粮食自给率偏低是日本农业当前的现实。云杰[⑤]（2010）认为日本实施农业保护政策的原因是包括日本历史文化、政治并结合农业的实际情况，但其中影响最大的是日本涉农各利益群体。黄河[⑥]（2011）从国际政治经济学的角度研究了国际贸易的发展，发现贸易保护主义从未间断，他认为贸易政策是由政治和市场决定的，这是不同利益集团与决策者博弈的结果。李勤昌[⑦]（2009）对比了美国、欧盟、WTO

---

① ［日］速水佑次郎著．日本农业保护政策探［M］．朱钢，蔡昉译．北京：中国物价出版社，1993：15.

② ［日］田代洋一著．日本的形象与农业［M］．杨秀平等译．北京：中国农业出版社，2010：39.

③ 吴章勋．日本强化农业保护的原因透视——兼论我国农业保护的逻辑起点［J］．农村经济与科技，2015，26（9）：230-233.

④ 王应贵．当代日本农业发展困境、政策扶持与效果评析［J］．现代日本经济，2015（3）：51-60.

⑤ 云杰．日本FTA/EPA谈判中农产品贸易自由化策略分析［D］．东北财经大学学位论文，2010：37.

⑥ 黄河．国际政治经济学视野中的国际贸易［J］．中共天津市委党校学报，2011（3）：45-52.

⑦ 李勤昌．农产品贸易保护制度的政治经济学分析［D］．东北财经大学学位论文，2009：84.

框架下的农产品国际贸易制度，他认为一个国家农产品贸易是自由化还是保护性取决于该国农产品是否具有比较优势。此外，粮食安全、社会稳定、经济结构等也是政府考虑保护农业的因素。另外，农产品贸易保护的程度大于工业产品，强大的农业利益集团是重要因素。章志萍和贡献[①]（2010）认为日本农业一方面需要通过"保护"实现粮食自给率的提高，另一方面需要通过"自由贸易"补充农产品不足实现进口来源的稳定性和多样性。因此需要对重点农产品进行大力保护同时逐步放开自由贸易，而达成双边 FTA 显然有利于实现这个目标。

## 2. 农业贸易政策制定的研究

目前，关于自贸协定的研究主要集中在不同的贸易政策将如何影响各国的经济发展、贸易增长乃至国民福利等方面，但关于如何制定现实中的贸易政策和国际贸易规则的文献则很少。理论上，一旦确定了贸易政策和规则而其他条件保持不变的条件下，国际贸易对经济影响的范围和程度就基本确定了。李明权和韩春花[②]（2006）总结了日本农业贸易政策的三种观点：一是多数农业经济学家支持的保护派；二是以本间正义、小笠原裕等主张的自由派；三是速水佑次郎等提出的折中派，他们既反对过度的保护也反对完全自由化，他们认为不同的农产品应该实行不同的贸易政策。而按照政治学的理论，一个国家有义务运用贸易政策维护国家利益，包括公平贸易、国家安全、外交需要等。

韩喜平和李二柱[③]（2005）梳理了从明治维新时期到他们成文之时的日本农业保护政策演变、内容和效果，总结了一些特点。李明权和韩春花

---

① 章志萍，贡献. 日本的 FTA/EPA 战略对实现其农业利益的有效性分析 [J]. 亚太经济，2010（4）：37–42.

② 李明权，韩春花. 日本关于 FTA 与农业问题的立场与措施 [J]. 现代日本经济，2006（4）：39–43.

③ 韩喜平，李二柱. 日本农业保护政策的演变及启示 [J]. 现代日本经济，2005（4）：55–59.

（2009①，2015②）通过对日本已生效 FTA 进行了实证分析，发现日本农产品市场不仅开放度很低，且对敏感品几乎都做了例外处理。李燕妮等③（2015）分析了日本农业保护政策制定的背景和内容，并对实施效果进行了评价，认为日本农业保护政策虽然保障了农产品安全，促进了农产品市场稳定，但也给国家财政造成了沉重的负担，引发国际贸易失衡，经常引起国际贸易摩擦。

自从格罗斯曼和赫尔普曼将利益集团作为内生变量引入国际贸易政策研究中后，关于贸易政策制定的影响因素更多的文献指向了利益集团。格罗斯曼和赫尔普曼④（Grossman and Helpman，1995）认为，国内利益集团是推动国家自贸协定的主要力量，他们用政治献金⑤、游说、结盟等手段给决策者施加压力。顾振华⑥（2015）指出，贸易政策会受到来自国内利益集团的影响，而且这种影响是长期的、隐性的。曾霞（2014）认为日本 FTA 战略的推进过程是不同利益集团博弈的过程，利益集团发挥了不可忽视的作用。蔡亮⑦（2012）指出日本农业协同组合作为最主要的农业利益集团，与部分政府官员及国会议员紧密结合组成了"铁三角"，积聚了可以左右政策的强大实力。李勤昌和石雪⑧（2014）在全面论述日本农业保护政策的基础上，认为农业利益集团影响了农业政策的方向并充分体现了他们的意志利益，这是日本长期实行农业保护政策的根本原因，且短期不

---

① 李明权，韩春花．日本已生效 EPA 中农产品开放度分析［J］．日本学刊，2009（6）：70 - 81．

② 李明权．日本 FTA 进程落后于韩国的原因探析——基于农业保护的政治经济学视角［J］．日本学刊，2015（4）：117 - 137．

③ 李燕妮，王东杰，李哲敏．日本农业保护政策及其实施效果分析［J］．农业展望，2015（10）：29 - 32．

④ Grossman and Helpman. The Politics of Free Trade Agreements［J］. American Economic Review，1995（85）：667 - 690．

⑤ 格罗斯曼，赫尔普曼．利益集团与贸易政策［M］．李增刚，译．北京：中国人民大学出版社，2005：132 - 152．

⑥ 顾振华．利益集团与贸易政策［D］．上海大学学位论文，2015：61．

⑦ 蔡亮．试析农业利益集团对日本政治的影响——兼论"农协"在反 TPP 活动中的政治影响力［J］．日本学刊，2012（5）：81 - 94．

⑧ 李勤昌，石雪．日本强化农业保护的经济与政治原因［J］．现代日本经济，2014（2）：48 - 58．

会发生根本性改变。

齐洪华[①]（2013）、陈仁安[②]（2018）分别梳理了日本农产品贸易保护政策变迁和日本农协的发展与改革历程，认为日本农产品贸易高度保护的趋势短期内不会改变，除非打破农协、农林族议员、行政官员之间的利益联盟，全面改革农协体制削弱其影响力，彻底改革目前的选举制度。谢剑锋[③]（2014）认为日本的农业政策必须与国家利益相一致，因此从长期来看日本终将开放农产品国际贸易市场，应尽快实施农业改革提高国际竞争力。

### 3. 农业议题谈判的影响因素及目标

按照罗伯特·普特南的"双层博弈"理论，一国的农业国际贸易政策首先要经过国际层次上的"博弈"，这就是谈判的过程。许多学者针对日本农业议题谈判进行了研究，比较集中地体现在谈判的影响因素及谈判的效果方面。

孔庆峰和杨亚男[④]（2011）利用双层互动进化博弈模型，分析了WTO多边贸易体制下支持贸易保护和反对贸易保护两方的谈判行为。他们发现农业议题谈判进展艰难不仅出于经济原因，而且出于更加复杂的政治原因。他们建立的双层互动进化博弈模型显示，农业谈判的均衡结果受到国际和国内因素的影响，且有越来越多的国家坚持对抗策略，因此农业议题谈判困难重重甚至最终陷入僵局。邹建业[⑤]（2009）以日本与东盟各国的FTA为例，分析了日本农业利益集团各方的表现，认为他们的看法发生了改变是FTA取得突破的原因，所以日本利益集团严重影响着FTA的进程。

---

① 齐洪华. 日本农产品贸易保护的政治经济学研究 [D]. 辽宁大学学位论文，2013：36.
② 陈仁安. 日本农协改革新动向观察 [J]. 世界农业，2018（1）：53 – 59.
③ 谢剑锋. 日本农民利益增长与农业衰退研究 [D]. 辽宁大学学位论文，2014：100.
④ 孔庆峰，杨亚男. 多边贸易体制中农业谈判的政治经济学分析——基于双层互动进化博弈模型 [J]. 国际贸易问题，2011（6）：21 – 34.
⑤ 邹建业. 日本与东南亚国家EPA取得突破进展的原因——从农业保护的角度 [D]. 北京大学学位论文，2009：38.

王琦和田志宏①（2013）以美国、欧盟、印度和日本为例，分析了农业利益集团对农产品关税政策的影响，认为日本的农业协会在政府决策过程中话语权举足轻重，谈判桌上的立场直接受到农协的制约。此外，代表产业界的日本经济团体联合会设立农政部门开展农业政策研究，积极主张贸易自由化，他们的建议也具有强大的影响力。

关于日本FTA农业议题谈判的效果，王厚双②（2016）以日本签订的FTA为研究对象，全面考虑了国内外政治、经济、军事、外交安全等方面诉求，认为日本农业议题谈判模式独具特色且灵活多变，实现了保护日本农业核心利益的目的，也使日本最大限度地摆脱了FTA落后的境地。云杰③（2010）认为日本在双边FTA谈判中积极面对农业议题这个最大的障碍，尽管谈判过程很艰苦甚至不惜使用非经济手段，但最终还是基本达到了保护农业的目的。

关于日本农业议题谈判的未来，李明权④（2018）以TPP对农业的潜在影响为对象，认为日本向世界做出了一个开放的姿态。他详细描述了日本国内各界的争论：有人认为略有影响，有人认为影响巨大，也有人认为完全没有影响，但都认为日本农业的未来将十分严峻。张宁⑤（2007）分析了农业议题谈判在多边体制下陷入困境的原因，认为是正常的现象。然而，自由化是大势所趋，各国将在未来继续展开谈判。刘洋和李燕玉⑥（2016）也认为贸易自由化不可逆转，日本应该顺势进行农业改革。

综上所述，目前对日本农业贸易保护方面的研究，存在以下不足。

（1）日本的农业贸易保护有经济原因，也有很多政治原因，而目前文

---

① 王琦，田志宏. 农业利益集团对农产品关税政策的影响——基于美国、欧盟、印度和日本的案例分析［J］. 经济研究参考，2013（65）：71 - 74.

② 王厚双. 日本FTA农业议题谈判模式研究［J］. 日本学刊，2016（1）：112 - 133.

③ 云杰. 日本FTA/EPA谈判中农产品贸易自由化策略分析［D］. 东北财经大学学位论文，2010：37.

④ 李明权. 安倍政府的农业改革评析——基于TPP框架的视角［J］. 日本学刊，2018（1）：46 - 65.

⑤ 张宁. 农业支持与保护的国别比较及世界农产品谈判的走势分析［D］. 沈阳工业大学学位论文，2007：80.

⑥ 刘洋，李燕玉. 日本TPP谈判中的农业问题研究［J］. 世界农业，2016（3）：76 - 81.

献研究视角比较片面，没有全面考虑日本政治、经济、军事、外交、国家安全等多方面的因素，还不能全面揭示日本 FTA 战略深层次的原因。

（2）缺乏对日本农产品贸易保护政策形成、政策变迁、政策效果的系统深入研究。在日本 FTA 进展迅猛之时，尤其是日本—欧盟 FTA 已经签署，日本彻底摆脱了 FTA 落后的局面。最近几年来学界更偏好对单个或几个 FTA 的收益进行计量比较，缺乏对日本 FTA 战略更新的、整体的、系统的研究，更没有从谈判模式入手的深入研究，这方面的文献尚属空白。

## 1.3 　主要内容与研究方法

从 20 世纪末日本对 FTA 展开研究开始，到现在经过二十多年的发展，其取得了非常显著的进步。基于日本在农业议题上的谈判模式，本书研究了日本自由贸易协定的进展和日本农业保护政策的演变，通过日本已经签署的 19 个 FTA 和正在谈判中的 7 个 FTA 总结了五种谈判模式：完全排除农业议题的谈判模式、保护最敏感产品的谈判模式、利益交换的谈判模式、"外交优先"的谈判模式、全盘考量国家利益的谈判模式，并对这五种模式的效果进行了分析。最后希望能对中国 FTA 农业议题谈判及 RCEP 和中日韩 FTA 起到参考作用。

### 1.3.1　主要内容

本书分为 7 章论述。

第 1 章是绪论。说明本书的研究意义和目的，并提出本书需要解决的问题、研究方法和主要内容，对国内外文献进行梳理和简要评价。

第 2 章是 FTA 进程中日本农业议题谈判模式的理论基础。本章分析博弈论与国际贸易谈判、国家利益理论与农业保护、国际政治经济学理论与农业贸易政策的制定等相关理论，构成 FTA 进程中日本农业议题谈判模式研究的理论基础。在博弈论与国际贸易谈判之间建立 FTA 签署或不签署的

"囚徒困境"模型，分析国际政治学关于"国家利益至上"理论要求保护农业贸易与国际主流经济学、要求建立自由贸易体系之间的摩擦与矛盾，同时也重温经济学层面自由贸易与贸易保护的纷争。农业既承担着国家安全稳定的义务，同时作为一个经济部门面对着自由贸易与贸易保护的摇摆，因此从国际政治经济学角度建立了双层博弈模型分析农业贸易政策的制定。

第3章是日本FTA战略的发展、特点及影响因素。梳理日本FTA的签订过程，总结日本FTA的立足东亚精选谈判对象、迅速扩张由双边EPA向巨型FTA转变、先易后难采取EPA形式取代FTA、提高标准力争主导规则、维护安全力保战略资源稳定进口五个主要特点，并从历史文化传统、国内政治决策体制之间的分歧、国际上的美日同盟以及日本农业现状等方面对日本FTA进程的主要影响因素进行分析。

第4章是FTA进程中日本农业议题谈判模式分析。本章归纳日本二十年来在外务省、经产省、农水省等纲领性文件指导下，在FTA具体谈判实践中的五种谈判模式，即：完全排除农业议题的谈判模式、保护最敏感产品的谈判模式、利益交换的谈判模式、"外交优先"的谈判模式、全盘考量国家利益的谈判模式。在双层博弈模型基础上，分析上述模式的建立、"赢集"的构成、模式的探索碰撞与实现、模式的复制与推广。

第5章是FTA进程中日本农业议题谈判模式的根源分析。日本悠久的农业保护政策构成了农业议题谈判模式的历史根源，通过分析日本农业保护政策对全球化、区域化两个阶段的演变过程，以及中国、日本、韩国与东盟的三个FTA农产品贸易降税模式的横向比较，直观地说明日本农业保护政策；总结日本在贸易自由化进程中的农业保护政策特点及其对农业议题谈判模式的影响；分析发现农业经济持续走低、依赖外交保障粮食安全、国内外利益集团博弈等经济、外交、政治因素是迫使日本实施农业贸易保护政策的原因，也构成了日本农业议题谈判模式的现实根源。

第6章是FTA进程中日本农业议题谈判的效果和实证分析。在建立谈判效果评价标准的基础上，对日本农业议题谈判模式的效果进行分析，发现日本的农业贸易保护政策若做出较大让步将面临巨大的农业经济损失和政治风险，因此遵循着尽量不做让步、尽量保护农业核心利益、尽力争取到政治、经济、外交、战略安全等方面利益最大化的思路，日本农业议题谈判模式最终使日本摆脱了在世界 FTA 浪潮中的被动局面。实证方面通过建立一个贸易引力模型，使用 Stata 软件 12.0 版本对日本与美国、加拿大、欧盟、澳大利亚、新西兰、中国、韩国、东盟、泰国、印度尼西亚、印度、墨西哥等 12 个国家或地区在 2006～2015 年十年间的农产品贸易数据，实证分析关税、人口规模、贸易距离、人均 GDP、实际 GDP 增长率、农产品生产总额、汇率、物价增长率、是否为同盟国、FTA 是否生效这 10 项对日本农产品贸易额和对日本农产品进口额的影响，证明出关税、是否为同盟国、FTA 是否生效、人口规模、贸易距离、实际汇率这 6 项与日本农产品贸易额显著相关；另外，日本农产品进口额与关税、FTA 是否生效、是否为同盟国及其与关税的交互项、贸易距离、实际汇率、贸易国国内物价水平显著相关，并基本服从假设。在分析中将具体讨论关税税率的复杂影响，既对进口价格、数量产生影响，又对进口、出口产生影响，尤其是与 FTA 是否生效交互产生影响。分析将着重探讨农业议题尤其是关税谈判在 FTA 进程中起重大决定性作用，日本通过复杂的关税减免模式既能保护本国农业又推进了 FTA 取得了良好效果，也积累了比较丰富的谈判经验。

第 7 章是 FTA 进程中日本农业议题谈判模式对中国的启示。以上述研究成果为基础，总结中国 FTA 进展现状和中国农业贸易保护现状，力求比较详尽地提出中国在农业贸易保护及农业议题谈判方面的建议，同时就推动 RCEP 进程提出清晰准确地了解各方态度、支持东盟的主导和核心地位、RCEP 早日生效更有利、农业议题谈判增加前瞻性四点建议；就推动中日韩 FTA 谈判进程提出从战略高度认清日韩态度、权衡敏感领域利弊做出最佳方案、清除区域外部阻碍因素、加强磋商建立政治互信四点建议。

## 1.3.2 研究方法

对于任何一项研究，都离不开研究对象和研究方法，正确和适当的方法才能得出正确的结论。本书以辩证唯物主义方法为统领，马克思曾经指出在对社会经济现象进行分析的时候，"既不能用显微镜，也不能用化学试剂。二者都必须用抽象力来代替。①"这里的抽象是指运用逻辑进行理论分析，而逻辑的起点与形成必须依靠历史，马克思主义国际贸易理论首先把理论与历史融合为一体，从历史中形成逻辑并反映在国际贸易理论上。

本书具体采用了如下的研究方法。

（1）文献研究与历史分析法：通过查阅和学习大量理论著作和学术论文，了解日本农业贸易保护政策演变和 FTA 的发展历程，对相关理论进行梳理后初步形成本书的研究基础，掌握日本 FTA 的历史进程和发展思路，为后续谈判模式的理论分析与归纳提供论据。

（2）文本研究与比较分析法：本书的研究对象是日本 FTA 的农业议题谈判模式，以日本已签署和在谈的 26 个 FTA 为基础，研究目前能公开查阅到的协议文本，并以农产品降税模式为主要分析对象进行横向与纵向的比较分析，总结归纳日本 FTA 的特点和影响因素，为日本 FTA 的农业议题谈判模式研究奠定基础。

（3）实证研究与定量分析法：本书使用大量的日本农业历史数据并与世界主要发达国家做对比，定量地说明日本农业经济的历史和现状，同时以此为依据评估日本 FTA 进程的效果。此外，采用贸易引力模型分析处理大量面板数据，并对日本农产品贸易的主要影响因素进行实证分析，为本书的研究提供实证支持。

（4）国际政治经济学研究与博弈分析法：日本的农业保护政策受到国内外的政治、经济、外交等多重因素和利益集团的影响，因此在进行重大的政策调整时，必须要考虑相关国家及国内利益方的反应，这时各种博弈均通过谈判表现出来。本书运用"囚徒困境"模型认为应从非合作博弈走向合作博弈，在国际政治经济学理论指导下建立了双层博弈框架分析谈判双方"赢集"的构成，并从国际政治、经济交织互动的角度，全盘考虑了日本的整体国家利益，会收获比较满意的效果。

---

① ［德］马克思著. 资本论（第一卷）［M］. 北京：人民出版社，1975.

## 1.4　创新之处与不足

### 1.4.1　创新之处

（1）对日本 FTA 农业议题谈判模式做了归纳。目前文献中绝大多数是对日本与某一个经济体的 FTA 所产生的贸易效应进行研究，在农业保护领域绝大多数是从农业保护政策特点、效果、困境等方面入手，也有文献对日本 FTA 战略进行了综合论述，主要集中在动机、制约因素等方面。本书创新性地抓住农业议题谈判模式这一关键点，综合了日本所有的 FTA，总结归纳出了五种模式，深入探讨了日本如何利用农业议题谈判在 FTA 进程中保护农业利益。

（2）在国际政治经济学框架下，首次用双层博弈分析思路深入分析日本 FTA 农业议题的谈判过程，构成了谈判双方的"赢集"，从政治、经济、外交等角度论述了双方对"赢集"争夺的博弈过程，并分析了每个模式的复制推广过程。

（3）基于日本外务省、经产省、农水省等部门指导 FTA 谈判的纲领性文件，建立了谈判效果评价的标准，对上述五种谈判模式的效果进行了更加全面地评价，形成了日本农业议题的让步逻辑。

（4）将关税及贸易对象国的国内物价增长率引入贸易引力模型，发现关税与农产品进口额负相关，但对农产品贸易总额的影响是复杂的。对象国国内物价增长率对日本农产品贸易总额影响不显著。

### 1.4.2　不足之处

（1）本书关于日本农业议题谈判模式的研究涉及国际关系、国际贸易及国际政治经济学等多个学科，囿于本人学识及掌握的资料有限，只能从公开的文件、协议、声明和公告中寻找研究数据，对日本国际关系决策方面十分复杂的因素缺乏深度把握，一些研究限于表面、一些研究是事后反推，可能会影响研究的客观性。

（2）关于双层博弈理论的模型，目前国际上也仅限于理论层面的研究。对一些影响国际贸易谈判的因素如何进入双层博弈模型尚有分歧，比如一些"公共利益"集团关于人权、环境、反腐败等，以及以"公共利益"的名义谋取部门利益的集团，由于太过复杂本书未涉及。由于笔者自身知识结构不足，对博弈缺乏更深入的定量研究，略有遗憾。在今后的研究中，希望在拥有更多数据的条件下，努力克服缺陷补足短板，争取得出量化结论。这些都是未来研究中的努力方向。

# 第 ❷ 章

# FTA 进程中日本农业
# 议题谈判模式的理论基础

科学研究离不开理论的指导，本书关于 FTA 进程中日本农业议题谈判模式研究也不例外。在过往的理论体系中，直接对 FTA 农业议题谈判模式进行研究的理论少之又少，但对于本书所涉及的理论却非常丰富，主要有博弈论与国际贸易谈判、国家利益理论与农业保护、国际政治经济学理论与农业贸易政策制定。

在本章中，将对上述理论——进行简要梳理与整合，以便从理论上构成 FTA 进程中日本农业议题谈判模式的研究基础。但由于博弈论的博大精深、国家利益理论的丰富内涵和国际政治理论的磅礴，本书实在难以全面述及，本章仅选择了国家作为政治、经济和博弈行为的主体，而未涉及更微观的国际贸易企业。必要时会将影响国家决策的利益集团作为主体，因为有时候利益集团对国家的贸易政策决定起到决定性作用。例如，哪个利益集团占主导地位，国家就会制定出代表该集团利益的国际贸易政策，并在国际贸易谈判的博弈中极力保护这个集团的利益。

## 2.1 博弈论与国际贸易谈判

### 2.1.1 博弈论

博弈论现在已经成为一个非常热门的学问，广泛应用于政治、军事、外交、甚至企业管理、自然科学等诸多领域，特别是在经济学领域中几乎渗透到所有研究范畴内。关于博弈论的著作、论文也浩如烟海，仅诺贝尔经济学奖一项就已经授予十位以上的博弈论研究者。因此本章节仅能对博弈论作简单介绍。

几乎所有的博弈论著作都会写到"博弈就是游戏"，但实际上远非那么简单。博弈论是使用数学工具来研究争夺利益的双方如何制定最优策略的一门理论，也可以说博弈论主要是研究相互作用的决策主体，如何进行决策以及如何达到均衡。按照范如国（2011）的定义：博弈是指一些个人、团队或其他组织面对一定的环境条件，在一定的约束条件下依靠所掌握的信息，同时或先后，一次或多次，从各自可能的行为或策略集合中进行选择并实施，各自从中取得相应结果或收益的过程。所以，所谓"游戏"只不过是非常通俗且形象的说法。另外需要明确的是，博弈论既不是数学的分支也不是经济学的分支，数学只是博弈论的工具，经济学是博弈论应用的一个领域，这使博弈论成为了经济学研究的工具。

1944年由美国学者冯·诺依曼和摩根斯坦撰写的《博弈论与经济行为》一书，标志着现代博弈理论的初步形成。他们研究了一种有约束力协议条件下的博弈，由此出发建立了标准型、扩展型和合作型的博弈模型，因而他们的理论被称为合作型博弈论。到了20世纪50年代，合作博弈论发展到"讨价还价"模型，达到了合作博弈论顶峰。随后，研究者将集体理性假设放松为个体理性，进入了同时决策的非合作博弈研究。

美国学者纳什的论文《N人博弈中的均衡点》（1950）和《非合作博弈》（1951）介绍了合作博弈与非合作博弈的区别，提出了"纳什均衡"理论，奠定了以纳什均衡为核心的非合作博弈论的理论基础，也成为现代主流博弈论的开端。20世纪60年代后，德国学者泽尔腾研究了其他条件不变的非同时博弈纳什均衡问题，提出了"精炼纳什均衡"。美国学者海萨尼研究了不完全信息条件下的非合作博弈，80年代后期关于不完全信息条件下动态博弈研究的文章发表。至此，博弈论理论建构完整形成。正是由于非合作博弈假设比较符合现实，能更流畅地解释各种经济、政治问题，应用也更加广泛，他们三人也因此获得了诺贝尔经济学奖。

但在 21 世纪，合作博弈又卷土重来，2005 年诺贝尔经济学奖授予美国学者谢林和以色列学者奥曼，他们在合作博弈领域提出的"交互决策理论"给解决合作或冲突这一古老问题提供了最佳途径。近二三十年以来，国外许多学者在多个领域用博弈论研究经济学理论问题，比如放弃了"完全理性"假设，从更加贴近现实的"有限理性"假设出发，进化博弈思想将博弈论引入新制度经济学中；更多关注国际政治谈判过程中的双层博弈理论；研究如何通过制度上的设计来避免利益损失的协调博弈，这些新研究的出现使博弈论成为经济学研究的最前沿。

由于博弈论的研究者众多，研究方向各不相同，因此而形成的博弈论理论就异常丰富多彩。主要的分类首先是合作博弈和非合作博弈，如果能形成一个"有约束力的协议"就是合作博弈，反之则是非合作博弈。这是根据博弈主体的理性和基本行为逻辑划分的，对于合作博弈，强调的是集体理性、效率、公正、公平，虽然目前不是博弈论研究的主流方向，但对于区域经济一体化的国际贸易合作却具有重要意义。由于协调与合作的失败在博弈时经常出现，不断损害着效率，因此从个体理性到集体理性、从竞争理性到合作理性已经成为摆脱低效率均衡的必然选择，非合作博弈走向合作博弈既符合经济理性又符合集体理性。这时，博弈主体在策略选择时有可能达到"双赢"的均衡，即在自己获得收益时，其他博弈主体也会获得收益。

除了上述合作和非合作博弈、静态和动态博弈、完全信息和不完全信息博弈之外，博弈还可以分为单人博弈、双人博弈和多人博弈；有限策略博弈和无限策略博弈；"零和博弈"和"非零和博弈"。

无论如何分类，博弈过程都是由要素以及要素之间的运动组成的。张维迎[①]（1997）认为，"博弈应包括参与人、行动、信息、战略、效用（支付）、结果和均衡"7 个方面，其中，参与人、战略和支付是必不可少的要素，参与人、行动和结果统称为"博弈规则"，博弈的目的是"使用

---

① 张维迎. 博弈论与信息经济学［M］. 上海：上海人民出版社，1997：46.

博弈规则预测均衡";谢识予①（2002）认为博弈包括"博弈方数量、策略的内容和数量、得益的特征、博弈过程的特征、信息结构和博弈方的行为逻辑特征等几个方面";刘光溪②（2006）将博弈过程分为6个要素，即博弈主体、博弈规则、博弈策略、博弈信息、博弈得益、博弈结果，同时强调了最主要的核心要素是博弈主体、博弈规则和博弈信息，"博弈主体依据博弈信息按照博弈规则追逐自己的得益，最终得到博弈的结果"。陈泰锋③（2006）认为须包括博弈方、行动、策略、目标函数、博弈结果和均衡。范如国④（2011）将其分为八个方面：博弈方（参与人，即主体）、行为、信息、策略、次序、收益、结果、均衡，并认为这八个方面在博弈进行前必须首先设定。本书认为，一个完整的博弈过程至少应该包括博弈主体、博弈策略、博弈收益和博弈均衡四个方面，至于行为、信息、次序都可以看作是策略或策略的准备，而博弈规则作为信息的一部分是保证博弈主体利益最大化所应掌握的前提，属于策略范畴，而范如国所谓的结果分别被包含在策略和收益内，被选择的结果则属于博弈均衡。

　　总之，博弈论自开创之日起，就与经济学研究不可分割，他们都基于"理性的经济人"这一假设，而博弈论在经济学领域运用得最为成功，几次诺贝尔奖也都是数学与经济学的联合。与其他工具相比，博弈论使经济学突破了传统的微观市场完全竞争假设，更好地处理了现实中常见的非均衡问题，解释了寡头垄断，还更有力地在不完全信息、不完全竞争条件下使个人理性和集体理性趋向一致。此外，博弈论在复杂的建模过程中为市场竞争主体之间解决复杂的相互作用提供了可复制的模板，利于各方找到最优解。博弈论与经济学的结合形成了经济博弈理论，可以用来解释分析现实中存在着的行为主体之间竞争、合作、依赖等相互影响、相互制约关系的诸多问题，如国际贸易问题。博弈论还强化和拓宽了经济学研究的深

---

① 谢识予. 经济博弈论［M］. 上海：复旦大学出版社，2002：21.
② 刘光溪. 共赢性博弈论——多边贸易体制的国际政治经济学分析［D］. 复旦大学学位论文，2006：95.
③ 陈泰锋. 世界贸易体制的博弈论［D］. 对外经济贸易大学学位论文，2006：28.
④ 范如国. 博弈论［M］. 武汉：武汉大学出版社，2011：4.

度和广度，使委托—代理制、激励理论、制度设计等研究更加得心应手。最重要的是，博弈论研究为经济学带来了策略选择等思维方式，尤其是在国际贸易谈判时。

## 2.1.2　国际贸易谈判理论

无论是个人、组织还是国家，也无论是日常生活、经济还是政治都离不开谈判。国际关系上谈判取代战争成为解决争端的最基本手段。研究国际谈判模式、影响因素的谈判理论已经发展到了一个较高的层次，是外交实践中非常重要的理论支柱。

谈判的定义也众说纷纭，一般可以理解为谈判者提出合作战略、各自的要求和条件、建议和反建议，在相互做出让步之后达成一致的一系列活动[1]。中国学者鲁毅[2]（2000）等认为谈判是"人们对于有争议的问题交换意见，为了取得妥协而相互磋商的一种行为。……国家间的谈判即为外交谈判。"根据上述定义，谈判的目的是为达成一致，因此谈判的过程可以看作是合作博弈，但结果可能是成功也可能是破裂。无论结果如何，谈判理论离不开四点：一是主动寻求谈判是追求公平、提高效率的最佳途径；二是现实中有各种阻碍谈判进行的因素；三是必须克服阻碍因素；四是此过程中最佳方案是当事人自愿合作[3]。国际谈判的结果往往表现为一份记载互相承诺权利和义务的协议或者共同确定了某种制度。谈判离不开人的因素。各国谈判主体通常是国家元首、政府首脑、外交机构和政府涉外经济机构，谈判博弈由该团体的"代理人"进行[4]。赋予权力给谈判代表，至少需要谈判代表具备一定的随机决断能力。这就要求谈判主体要选择合适的谈判代表，并希望他们在决策时充分全面考虑问题以实现预期的

---

① ［奥］维克托·克里蒙克著. 国际谈判——分析、方法和问题［M］. 屈李坤等译. 北京：华夏出版社，2004：38.

② 鲁毅，等. 外交学概论［M］. 北京：世界知识出版社，2000：173.

③ 魏建. 谈判理论：法经济学的核心理论［J］. 兰州大学学报（社会科学版），1999，27（4）：42–49.

④ 张学斌. 经济外交［M］. 北京：北京大学出版社，2003：13–16.

目的，但实际上谈判代表的权力很小。

根据上述定义，本书还发现国际谈判都具备参与者共同的利益、交换意见也就是讨价还价的过程、相互妥协后联合决策三个特点，这是与博弈要素相类似之处。首先是参与者有共同利益又有利益冲突，共同利益是谈判的基础，利益冲突则是谈判的焦点。其次是任何谈判都需要交换意见，提出建议与反建议，这是谈判的核心。最后是任何谈判都需要双方认可而不是单边采取行动。

关于谈判的过程，目前有两种模式。一种是建立于博弈论基础之上的传统议价模式，另一种是问题解决模式。传统的议价模式遵循现实主义的观点，即谈判各方都希望通过谈判来最大化自己的利益，不惜手段来实现这个目标①。在20世纪80年代，美国学者阿纳托尔·拉波波特将"争论"引入国际谈判理论，使以讨价还价为核心的传统议价模式向以"争论"为基础的问题解决模式转变，并逐渐占据国际谈判理论的主导地位。讨价还价的特点是参与者只坚持最大化自身利益，而问题解决模式追求帕累托最优并且不希望一方处于明显的劣势。

美国学者特伦斯·霍普曼认为这两种模式"都抓住了谈判的一些关键方面，但每个方面都只是整个过程的一部分"②，以下四种情况应当首先考虑使用问题解决模式：缺乏谈判空间；涉及多项复杂又相互依存的议程；多个参与者彼此交错且偏好各不相同；涉及强烈的情绪或情况高度紧张且缺乏基本需求和根本利益。

无论国际谈判如何进行都是现实世界的反映，而不是存在于模型之中，因此必然会遇到各种各样的阻碍。最典型的当属参与者的国内利益集团的政治博弈影响、参与者的整体实力、参与者的国内文化因素、国际局势因素等。这些影响因素都会影响谈判的成功或破裂。

在国际贸易谈判中，关于上述谈判的动因、结果、模式和影响因素都体现得淋漓尽致。特伦斯·霍普曼总结出的三种谈判方法也一一被运用到

①② 文婕. 国际谈判过程理论初探［J］. 贵州师范大学学报（社会科学版），2004（5）：63-68.

国际贸易谈判中去。当谈判在某些重要环节受到阻碍时，将议程分解为几个部分，先就没有争议的部分取得一致，争议部分搁置；涉及多项议题的谈判，可以将这些议题进行关联，损益互补，从而达成一致；这两种办法都不可行时，可以暂时跳出谈判，谋求其他领域的利益，如从经济领域转向军事领域或外交领域等。

在国际贸易过程中，可谓是须臾也离不开谈判。无论是确定规则和程序，降低贸易壁垒或者解决贸易摩擦，还是建立新的贸易机制，从关税及贸易总协定（GATT）到WTO的全球化多边贸易体制，从双边FTA到区域内多边FTA都离不开谈判。

应该说，由于学科范围及学科内部研究重点的不同，关于国际贸易谈判的理论非常之多，尤其是基于各种国际关系学派、基于各种国际政治经济学理论和基于博弈论的各种观点都非常丰富。但所有谈判都包括谈判主体及其经济实力对比、所采用的谈判策略、国际政治经济环境等基本要素。本章节内容基于静态的结构主义理论略作简单介绍。这种谈判理论受国际政治学结构现实主义的影响，贴近现实易于理解，也便于联系国际政治经济学和博弈论分析。它从静态的角度审视国际贸易谈判，将谈判置于国际框架下，强调国际政治、经济环境及谈判各方的关系，把这种关系转换成利益问题，寻求获胜的路径。

静态的结构主义理论以国家构成的世界经济体系为逻辑起点，用剩余价值理论分析国家之间的经济关系，发现经济全球化与政治本土化尖锐对立，决定了当今世界国际贸易问题政治化的趋势，使国际贸易谈判更加必要。在这种情况下，谈判必然会受到内部和外部的影响。在各个谈判参与者国家内部，综合实力会有天壤之别，有经济体量的"大国"和"小国"，有发达国家、发展中国家还有落后国家，他们对土地、资本、原材料、技术、市场的控制能力也差别巨大。这种差异造成了参与者影响谈判方向的能力差异。当对同一个贸易问题谈判时，强国处处具有比较优势，无论是"威胁"还是"利诱"，一个强大的国家都可以把握谈判的主动权，使谈判按照它们的意志进行并得到满足自己意愿的结果。在外部，国际政治和经济环境会影响谈判，良好、宽松的国际局势能够促成谈判结果公平达成，对时局及国际关系的把握考验着参与者的谈判能力。这种能力影响谈判过程和结果还体现在谈判策略的选择，策略能把外部环境顺利转换为利益问题，当 B 国对 A 国的策略做出应对时，A 国如何选择策略会影响谈判结果，博弈论对此有许多论述。此外，谈判能力还表现在使议题建立关联的能力。议题关联是参与者为了保护自身利益的方法，参与者把看起来不相关的两个或多个议题与正在谈判的议题进行关联，可以实现损益互补或共赢，消除对方的不满情绪。例如，日本抛出的"农业多功能性"将农业保护政策与环境、观光等联系在一起。议题关联有助于解决国际争端并创造合作机会，有助于转变参与者的谈判议程进而实现双赢局面①。当然，在两个或多个参与者进行两个或更多议题相互关联的谈判时，可能会出现网状复杂局面，因此议题关联极大地考验谈判能力。

结构主义理论也对国际贸易谈判做了动态研究，主要表现为与博弈论的结合。他们认为贸易谈判是参与者关于制定国际贸易规则的博弈。在这种分析框架下，参与者之间的谈判变成了策略选择的博弈。作为博弈主体要尽可能精确的估算对手的各种策略分布概率，而且还要恰当的估算对手策略对自己的影响。动态博弈论使参与者更加关注谈判过程②。

此外，在当前的国际贸易谈判中，全球主义的多边谈判与区域主义的双边谈判也略有不同。简而言之，多边谈判高度正规化，双边谈判更加灵活。多边谈判参与者多，往往需要在特定的规则下建立一个大型平台如世界贸易组织（WTO），参与者立场难以协调，因此，最终的机制更多的是大家都能接受的妥协方案。而双边 FTA 显然更加灵活，更容易找到符合各自利益的最优方案。多边谈判的复杂性高于双边谈判，因此，在以大量参与者为特征的谈判模式中，通常会接受折中而不是最佳方案，因为妥协方案反映了最大多数的谈判者可以接受的最低共同点。对小国家来说，由于综合实力、谈判能力及对国际局势的把握都处于弱势，因此，在贸易自由化进程中更愿意参与使自己得到必要保护的多边谈判；而经济体量大国为

---

① 周舟．国际谈判中的议题联系 ［J］．东南亚研究，2010（1）：64－69.

② 刘光溪．共赢性博弈论—多边贸易体制的国际政治经济学分析 ［D］．复旦大学学位论文，2006：125.

了追求较高的自由化水平会利用自身优势而达成双边协定。

总之，世界贸易自由化没有终点，无论是全球主义还是区域主义，不断提高自由化水平是总体趋势。国际贸易谈判正发挥着越来越重要的作用，尤其是自由化的新形式、新议题层出不穷，因此在国际贸易自由化向纵深迈进时，谈判理论也将会不断创新。

### 2.1.3 博弈论与国际贸易谈判的联系

当前世界经济发展的两大主要驱动机制是世界经济全球化和区域经济一体化。除了生产国际化，经济全球化最重要的表现就是以 WTO 为核心的贸易自由化。最近一些年以来，以 FTA 为代表的区域一体化在多边贸易体制遇到挫折和困难后波澜壮阔，更受关注之处也还在于国际贸易自由化，只不过是在区域内实现贸易自由化。无论是 WTO 还是 FTA，国际贸易谈判都发挥了不可替代的作用。前文述及谈判离不开博弈，博弈论是分析谈判的基本理论工具，其在国际谈判领域的运用越来越广泛，两者的理论融合也更加紧密。博弈论不仅可以解释谈判如何成功，还可以解释谈判模式的作用及影响因素。英国学者伯纳德·霍克曼和迈克尔·考斯泰基[1]（1999）认为谈判可以借助博弈论进行有益的观察和分析。自 20 世纪 80 年代之后，各种国际贸易谈判也为博弈论提供了广阔舞台，博弈论研究热潮再次掀起，使博弈论也得到了发展和创新。在博弈论框架下，影响因素不仅包括信息不对称、交易成本、集体行动等问题，还包括国内国际的政治军事外交安全等诸多因素。在帮助参与者选择对他们有益策略的同时，也可以深入了解对手的相对收益。

一些学者从实证角度进行了丰富的论证。刘冰[2]（2010）用"囚徒困境"和子博弈完美纳什均衡进行了静态博弈和动态博弈分析，证明了国际

① ［英］伯纳德·霍克曼，迈克尔·考斯泰基著. 世界贸易体制的政治经济学［M］. 刘平等译. 北京：法律出版社，1999：21–22.

② 刘冰. 博弈论视野下的贸易保护主义——以中美贸易关系为例［J］. 九江学院学报（哲学社会科学版），2010，29（3）：73–76.

贸易最佳选择是合作而不是对抗。赵西英和张艳霞①（2010）的研究也得出相同结论，他们运用博弈论对贸易保护主义的损益进行分析，认为合作性博弈是适合国际贸易最有效的手段。段力宇②（2010）分析了贸易保护主义的必然性并认为完全消除新的贸易保护主义是不现实的。邓晓馨③（2013）研究了国际、国内等多个利益主体的协调博弈对贸易政策的影响，认为合作的效率高于非合作。其他许多学者也从博弈论角度分析了诸多典型FTA的可行性、背景、路径、战略、收益、影响因素、发展趋势，也有学者对协议文本进行了分析、比较，还有学者针对具体的领域展开分析。这些文献相对一致的立足点是积极促进区域经济一体化，特别是以研究TPP、RCEP和中日韩FTA的文献居多。

诸多文献得出的国际贸易合作结论也是符合实际的。在多哈回合遇到阻力并暂时无法推进的情况下，双边FTA或区域内的自由贸易协定应运而生。各国市场机制的完善、生产力的提高、国际金融的进步，以及和平与发展成为时代主旋律，都要求各国提高贸易自由化的水平，因此以FTA为代表的区域经济一体化已成为当前国际合作的首选。

西方经济学理论关于自由贸易的安排主要是关税同盟和自由贸易区。主流国际贸易理论认为，区域经济一体化有助于国际贸易的自由化，从而有利于各个国家或地区的经济发展。根据公共选择理论，自由贸易体系是一种国际公共产品，必然会导致"囚徒困境"博弈。也就是说尽管在理论上自由贸易要比贸易保护更有利，每个国家或地区理应进行自由贸易。然而，实际上各国受到利益集团的影响往往实行不同程度的贸易保护，并坚持在国际贸易谈判中维持贸易保护政策。这一点在国际农产品贸易中尤为突出。

本书构造一个非常简略的"囚徒困境"模型作一个简要的说明。需要

① 赵西英，张艳霞. 金融危机下我国面临的贸易保护博弈及对策 [J]. 中国商贸，2010（6）：170 – 172.

② 段力宇. 新型贸易保护主义的博弈论分析及对策研究 [J]. 黑龙江对外经贸，2010（7）：25 – 27，41.

③ 邓晓馨. 博弈论视角下多主体国际贸易摩擦协调机制效应分析 [J]. 中国证券期货，2013（6）：206 – 208.

指出的是本模型只是对"贸易保护战略"占优的证明，并不是完整的学术论证，因此假设条件及论证过程都很简陋。假设 A、B 两个国家以实现本国利益最大化为目标，两个国家在贸易自由化问题上进行谈判，选择的策略有自由贸易和贸易保护，而表现出来的结果是签署或不签署协议。还假设两国在决策时没有信息约束，两国博弈可以多期重复。假设他们对谈判结果的收益如下：如果两国都选择签署，两国面临的收益为（20，20），如果两国都选择不签署，收益为（-10，-10），如果 A 国选择不签署 B 国选择签署，则收益为（30，-15），反之如果 A 国选择签署 B 国选择不签署，则收益为（-15，30）。括号内前一个数字表示 A 国收益，后一个数字表示 B 国收益，收益为正表示获利，为负表示损失，但数字只是假设与实际收益无关。A、B 两国组成的"囚徒困境"博弈支付矩阵如图 2-1 所示。

B国

| | | 签署 | 不签署 |
|---|---|---|---|
| A国 | 签署 | （20，20） | （-15，30） |
| | 不签署 | （30，-15） | （-10，-10） |

**图 2-1　A、B 两国"囚徒困境"支付矩阵示意**

假设两国都有充分的自由，不被胁迫地来决定是否签署协议，如果 A 国选择签署，B 国的占优策略是不签署，因为它可以获取更多的收益；如果 A 国选择不签署，B 国的占优策略还是不签署。换句话说，无论 A 国的决定如何，B 国的占优策略都是不签署。反过来 A 国也是如此。因此，两国的策略组合（不签署，不签署）是唯一的占优策略均衡，而对双方更有好处的（签署，签署）在当前条件下则无法实现。这个结果与"囚徒困境"是完全一致的，即使两国发生多次重复博弈，最终的选择仍是（不签署，不签署）。这是一种典型的非合作博弈情况，显然没有达到帕累托最优。

按照博弈论理论，占优策略均衡能反映出参与者的最佳偏好，因此具有极强的稳定性，所以根据占优策略均衡能预测出最佳的博弈结果。在应用于国际贸易谈判时，首先应判断每个参与者是否都有占优策略、博弈中是否存在占优策略均衡。因为有的纳什均衡不是占优策略均衡，纳什均衡只是要求参与者在对方策略给定时最优就可以，并不一定是自身的最佳策略。这也解释了对于一个追求利益最大化的国家不可能独自执行贸易自由化政策。

在上面A、B两国的例子中，在非合作博弈情况下双方都未实现帕累托最优，个体的理性选择造成了集体的无理性。按照博弈论理论，如果双方要想达到最理想的（签署，签署）状态，必须通过承诺即有约束力的协议来完成，而这个过程就是谈判。由此，本书在博弈论和国际贸易谈判之间建立了一种联系，关于这种联系的文献也比较多，简单陈述如下。

假设双方不是背靠背而是坐在一张谈判桌上共谋，形成了动态博弈过程。如果A国做出承诺，只要B国选择签署协定也一定会选择签署。B国首先会判断承诺是否可信，如果A国只是口头的承诺那么B国可能仍然会选择不签署。如果A国主动拿出了具有法律意义的协议文本来邀请B国签署，假设国际法和国际公约完备，违背公约会遭受损失，B国会信任A国的承诺从而选择签署。这样，双方的策略组合是（签署，签署）从而实现了帕累托最优，A、B两国都获得了自由贸易的收益，破解了"囚徒困境"，变成了"合作博弈"，形成了双赢局面。

前面说过，这个模型是一个非常简化的两国模型。在现实中，尤其是在区域贸易自由化谈判中，参与者数目远远多于两个，但并不影响上述结论。

要知道谈判是一种博弈，"囚徒困境"可以通过谈判—承诺来破解。但国际贸易谈判除了双方直接博弈外还涉及国内利益集团的影响，也包括国内法律程序的批准，这就是双层博弈。美国学者罗伯特·普特南最早提出了这个概念，但目前并无计量方面的实证研究。双层博弈理论认为，在国际贸易谈判过程中参与者既要与其他国家谈判，同时还要与国内相关机构博弈。如果在国际层次上不能达成一致则谈判破裂；如果谈判虽达成一致但在国内层次上不能被批准，则谈判依然无效。有学者将双层博弈扩展到三层博弈，适用于一国与某个组织或集团谈判，如孙德刚[①]（2008）认为双层博弈在结盟外交领域缺乏普遍解释力并提出了三层博弈模式，认为结盟国家除了在对内与对外两个层次博弈外，还在联盟框架内与盟友运用互访、承诺、协定和援助等方法博弈。

本章节梳理了博弈论理论、国际贸易谈判理论，并结合当前全球贸易自由化和区域经济一体化论述了博弈论与国际贸易谈判之间的联系，随着国际贸易自由化逐渐加深，谈判理论与博弈论的结合运用将会更加紧密，也将会不断得到创新与发展。

## 2.2　国家利益理论与农业保护

农产品议题一直以来都是自由贸易协定谈判的重点和难点。世界各国的经济发展不均衡，农产品市场开放水平差别很大，且农业对每个国家都具有举足轻重的地位，因此每一次农产品贸易谈判都进行得十分艰难。各国在缔结 FTA 前都会从国家整体利益出发进行专门研究，当然也会从农产品贸易的角度评估签署 FTA 的影响。

### 2.2.1　国家利益理论

国家利益是一个高度抽象和复杂的概念。一般而言，国家利益可以分为安全利益、政治利益、经济利益和文化利益。安全利益包括军事安全、政治安全、经济安全等，与一个国家的生存相关，是国家利益的根本保障，也是国家利益的最重要的方面。没有国家安全利益的保证，其他利益就是无本之木。经济利益是国家利益的基础，表现为国家的经济水平和经济实力。政治利益是国家利益的核心，主要是指国家的主权、独立、稳定[②]。

① 孙德刚. 结盟外交与国际安全竞争中的"三层博弈"模式 [J]. 国际论坛，2008，10（6）：41－46.

② 高兴伟. 当代中国国家利益观研究 [D]. 辽宁大学学位论文，2012.

第2章　FTA进程中日本农业议题谈判模式的理论基础

关于国家利益的研究是国际政治学的一个主要方面，流派众多，研究角度多种多样且内容非常丰富，本章节主要梳理了马克思主义、新现实主义及新自由主义的国家利益观。

### 1. 马克思主义国家利益观

马克思主义经典作家并没有关于国家利益理论的专门论述，但从其国家学说中仍可以发现一些基本观点，认为国家利益应该包括安全利益、发展利益和国际地位。其中安全利益是国家的首要利益，发展利益对实现安全利益和国际地位具有重要作用[①]。随着马克思主义的发展，国家利益已成为包含国家政治利益、国家经济利益和民族文化利益在内的整体利益，其中经济利益是一个民族和国家存在的前提和基础[②]。没有经济利益国家就无法生存，就更不用说国与国之间的交往了。

作为马克思主义中国化的最新成果，习近平新时代中国特色社会主义思想开辟了马克思主义理论发展的新境界，创新了 21 世纪的马克思主义。习近平的国家利益观是一种全面、整体、系统的国家利益理论，包括主权、安全、发展利益。习近平总书记对国家利益观强调总体国家安全，以政治安全为根本，以经济安全为基础，以军事、文化、社会安全为保障，以促进国际安全为依托。习近平总书记关于国际间、国家与全球利益关系的国家利益观，为维护世界和平与发展，构建合作共赢的国际关系提供了理论指南。[③]

### 2. 新现实主义国家利益观

新现实主义是国际关系理论中的一个重要流派，它从现实主义发展演变而来。现实主义起源于 20 世纪三四十年代，最有影响力的代表是美国学者汉斯·摩根索，他最早阐释了国家利益观，认为国家利益是一个国家各

---

① 庞仁芝. 马克思主义国家学说的一个重要范畴：国家利益 [J]. 科学社会主义，1992，3：71-74.

② 马克思恩格斯选集（第 3 卷）[M]. 北京：人民出版社，1995：776.

③ 习近平. 坚持总体国家安全观　走中国特色国家安全道路 [N]. 人民日报，2014-04-16.

种政治利益的综合产物，是决定国家行为的最基本的因素，因此在国际政治中起着重要的决定性的作用。摩根索提出了以权力来判定国家利益的思想，他认为国家权力越大则能实现的国家利益就越大。

新现实主义的主要代表是美国学者肯尼斯·华尔兹和罗伯特·吉尔平。华尔兹运用古典经济学的微观理论把国际体系看作是一个市场经济，在强调国际政治发挥作用的同时，将政治、经济结合起来实现国家利益。吉尔平指出，国家安全始终是国家最关心的利益，但与此同时经济安全的重要性也在不断增加。关于权力，他从政治经济学角度分析，权力不再专指政治、军事领域，经济活动中也一样存在着权力。吉尔平还发展了"霸权稳定论"，这是由美国自由派经济学家查尔斯·金德尔伯格首先提出的，其作为一个专有名词是由罗伯特·基欧汉于1980年创造的。吉尔平形成了"霸权稳定论"的现实主义观点。20世纪80年代初他在"霸权稳定论"中运用经济学的成本—收益法来分析国际政治与国际经济两者之间互动对国际关系的影响，证明只有存在一个"霸权"国家在贸易自由、货币稳定和资本流动自由的基础上领导和管理国际经济体制时，才可能存在国际自由经济，这样不仅有利于世界经济体系的稳定，而且有利于国际政治体系的稳定。

美国利用"霸权稳定论"对潜在构成威胁的国家进行遏制，日本利用"霸权稳定论"追随美国，提出了做"政治大国"的战略目标，在国际组织中谋求主导地位，增加对国际事务的发言权，在国际贸易规则的制定中谋求主导地位，在亚太地区谋求主导地位，进而获取霸权地位。

总而言之，新现实主义者把国家安全和经济福利视为最重要的国家利益，除了在实现国家利益的途径上强调权力外还强调了国家的综合国力，这也是确定收益分配的基础。

### 3. 新自由主义国家利益观

20世纪70年代末和80年代出现的新自由主义是另一个重要流派，主要代表是美国学者罗伯特·基欧汉和约瑟夫·奈，其从相互依存的角度研究了国家利益。

　　他们把国家安全和经济利益视为同等重要的国家利益，甚至认为军事威胁在当今世界中的作用已经相对减弱，强调国家应该实现经济利益。他们认为，国家之间是相互影响和相互依存的，同时存在着国家利益方面的冲突，这时需要进行国际合作，但由于国家利益的不完全一致所以必须通过国际制度来实现合作，只有有效的国际制度才能协调国家利益，解决冲突。所谓国际制度包括各种政府间或非政府间组织制定的国际协议、规则等，用制度来调整或协调国家利益时应当考虑的是是否能够获得收益，而不是与其他国家比较收益的大小。

　　新自由主义描述了国际制度对国际关系的重要影响。他们认为国际制度是当今全球相互依存发展条件下影响国际关系的重要因素。首先，国际制度的制定可以减少政府之间的信息不对称和道德风险问题，降低了不确定性因素的发生。它还可以使各国谈判并达成协议的成本更低，降低交易成本并增大合作的可能性。其次，国际制度促进了各个国家之间经济利益关系的改善，其中的报复条款能有效减少不负责任的行为，即通过国际制度合作可以实现国家利益的最大化，而不必利用成本更大的军事暴力或武装冲突，从而为全球合作提供了保障。

　　总之，从自由主义的角度，基欧汉提出了"霸权后合作理论"，认为国际秩序应该通过国际合作而不是霸权来维持，"当共同利益足够重要而其他的条件得到满足时，没有霸权也可以合作。"① 这一点与吉尔平的理论完全不同，新现实主义认为霸权是实现国际政治经济秩序的必要条件，霸权的衰落或缺位必然造成世界政治经济秩序的混乱。

　　综上所述，无论是马克思主义、新现实主义还是新自由主义，对于国家之间最基本的双边关系都认为完全取决于两国的国家利益实现，这个利益同时也是衡量和制定双方战略关系的基本依据，包括 FTA。此外，无论是马克思主义、新现实主义还是新自由主义，对国家利益的论述都离不开经济利益作为基础。没有经济利益保障的国家利益都成为无源之水、无本

---

　　① ［美］罗伯特·基欧汉著. 霸权之后——世界政治经济中的合作与纷争［M］. 苏长和等译. 上海：上海人民出版社，2006.

之木。但毫无疑问的是，不管是安全利益、经济利益还是其他利益都应该服从国家整体利益。而农业作为国家经济的一个部门，其专属的行业利益，无论是通过贸易保护还是贸易自由获得的，有可能与国家整体经济利益不一致。这时，行政主管机构就会强调本部门利益的重要性，但往往会成为国家整体经济利益的阻碍，甚至不利于国家整体利益的实现。

## 2.2.2　关于农业贸易的相关经济学理论

关于农业应该进行自由贸易还是实行贸易保护的争论一直就没有停止过。作为一个基础的、重要的国民经济部门，在进行日本农业贸易保护研究之前，有必要梳理一下贸易自由主义和贸易保护主义的基本理论。

### 1. 自由贸易理论

自由贸易理论的核心思想是主张开放式的贸易，通过自由贸易进行国际分工，发挥比较优势，能够提高资源的使用效率，提高经济福利。自由贸易理论一般可分为古典自由贸易理论、新古典自由贸易理论和新自由贸易理论。

自由贸易理论在与重商主义的辩论中成长起来，主要代表是亚当·斯密和大卫·李嘉图。他们认为各国应当在比较优势基础上开展生产、贸易等活动，从而实现大规模生产，生产效率也高于各自生产，有助于各国从贸易中获益。1776 年，亚当·斯密在其经济学巨著《国富论》中首先提出了"绝对优势"理论。他认为各国之间生产特定商品的绝对成本存在着差异，从而构成了贸易的基础。1817 年，李嘉图出版了《政治经济学及赋税原理》，提出了"比较优势"理论，核心思想是即使一国生产的两种商品都没有绝对优势，这两个国家通过分工在生产成本上获得比较优势并进行贸易仍可以获得利益创造价值。比较优势理论从成本的绝对差异发展到成本的相对差异，解释了落后国家参与国际贸易和分工并获取利益的问题。自由贸易理论以此为武器同重商主义展开争论，并摧毁了重商主义，同时促进了凯恩斯现代重商主义的产生。李嘉图认为应该开放市场进行自由贸易，解除对农业的不恰当保护。虽然亚当·斯密认为，只有确实的、稳定的收入才能够维持政府安全，而土地本身恰好如此，但他反驳了贸易保护的做法，说"重农学派的学说，归根到底，实际上妨害了他们所爱护的产业。"①

新古典自由贸易理论继承了古典自由贸易理论的思想，并将资本的充分流动作为变量引入模型，对比较优势理论进行重新解释，形成了"要素禀赋"理论。该理论将生产要素资源禀赋、生产要素价格差异、生产要素的密集程度和国际贸易量联系在一起，认为生产要素资源的丰裕程度决定了生产成本的差异，生产成本的差异又决定了产品价格的差异，产品价格的绝对差异如果高出运输成本，两国间的贸易就成为可能。新古典自由贸易理论的代表人物是瑞典经济学家俄林，他认为各国生产要素禀赋丰裕程度的差异决定了生产中使用要素比例的差异，资本存量充足的国家资本要素价格相对便宜，大量资本的使用形成资本密集型产品；劳动储备丰富的国家劳动要素价格相对便宜，大量劳动要素的使用形成劳动密集型产品。只要一个国家专注于生产一种商品，就必然会有比较利益产生。因此，每个国家应该出口那些使用丰富要素生产的商品，以换取另外产品的进口。

新古典贸易理论在对古典贸易理论进行解释时，设定了一些重要假设，如国际间不存在生产要素的直接流动，而国际贸易是能够实现要素间接流动的唯一途径，不考虑规模经济因素，只包含两个国家、两种生产要素和两种商品等。这些假设与经济现实不符，在解释当今国际贸易问题时遇到困难，促使贸易经济学者提出了一些建立在规模经济、不完全竞争、新技术的传播、产品多样化等不同条件的新的贸易思想，形成了"新贸易理论"。

但实际上，无论是古典还是新古典抑或是新贸易理论，自由贸易的主张对现实的解释都存在着一定的局限性。首先是忽略了贸易背后的政治问题；其次是理论本身假设的前提在现实中是很难实现的。尽管如此，从近现代以来，自由贸易理论得到了人们越来越多的认可和采纳，成为了国际

---

① ［英］亚当·斯密著. 国民财富的性质和原因的研究［M］. 郭大力，王亚南译. 北京：商务印书馆，1974.

贸易理论的主流。

　　然而，自由贸易主张在农业贸易领域却遇到了大问题。在理论上，自由贸易关于比较优势、要素禀赋的理论同样适用于农产品贸易，也会提高经济福利水平，对当今农产品贸易政策有着很强的解释力；在实践中各国提出了农业部门的特殊性问题，特别是一些主要发达国家对农产品贸易进行高度的国内支持和贸易保护，在世界农业贸易自由化方面很难取得进展。这一点，最好的证明表现在从关贸总协定到 WTO 的农业协定谈判上。1994 年，拖延了 8 年的乌拉圭回合终于达成了《农业协定》①，该协定削减了市场准入、出口竞争和国内支持三个方面的保护措施，但自由化程度根本无法与工业品相比，保护程度仍然很高。

### 2. 农业保护主义的思想

　　与工业品贸易自由化相比，当今农业领域仍然存在着较高的贸易保护，反映出农产品贸易保护主义的根深蒂固。从贸易保护理论的发展脉络可以看出农业保护思想的理论根源。

　　（1）贸易保护理论的发展。

　　事实上经济学从一起源就非常重视农业。古希腊的哲学家对经济也颇有论述，并且直接影响到了法国重农学派。在 17 世纪中叶，法国古典经济学的先驱布阿吉尔贝尔认为，流通或贸易的过程不能创造财富，财富只能在农业和畜牧业的生产中产生。在 18 世纪 50～70 年代，以魁奈为主要代表的法国重农学派继承了这一思想，认为"农产品数量与价格决定了社会财富的多寡"，他们把数量安全和价格安全作为农业安全的核心。比重农学派更早提出要进行贸易保护的是重商主义。早期的重商主义主张减少购买，禁止货币输出，反对商品输入；晚期的重商主义强调多卖，实施奖励出口和限制进口，强调保持贸易顺差。

　　此后，新古典贸易保护主义的代表，美国学者汉密尔顿提出自由贸

---

　　① 《农业协定》是一个谈判结果文本，一般称为 WTO《农业协定》，或称 WTO《马拉圭回合农业协定》。

不能作为一项长期的国家政策，国家首先要实现稳定和生存并在此经济基础上实现持续发展。汉密尔顿保护性关税政策的国家利益观念至少体现为政治和经济两个方面。另一位著名的代表人物德国学者李斯特则认为亚当·斯密关于"贸易自由"学说的局限性太大，甚至认为这是"店老板的观点"，是"孤陋、偏执"①。李斯特虽然竭力反对对谷物与其他农产品征收保护关税②，但这不代表他支持自由贸易是源于他提出的"幼稚产业保护"理论。他认为，除非农业处于初步发展阶段，否则农业不需要保护，而且实施保护政策的时间上限是 30 年，如果 30 年过去了该产业都没有得以发展，那么政府就不应该再持续扶持下去了。

幼稚产业保护可以说是影响最深远、理论基础最坚实的贸易保护理论，直到今天，甚至在倡导全球贸易自由化的 WTO 体系中也得到了一定的地位。

幼稚产业保护论实质上是受到重商主义思想的启发，最早由亚历山大·汉密尔顿提出，被美籍德国经济学家弗·李斯特发展。该理论提出的目的是为当时处在工业化起步阶段的美国和德国实行工业品贸易保护提供理论依据，幼稚产业保护论提出了一系列边境保护和国内支持的政策主张，后来被大多数后发型国家所效仿，直到今天仍对多数国家的贸易政策发挥着影响作用。李斯特在其名著《政治经济学的国民体系》一书中详细阐述了贸易保护思想，并把贸易政策上升到国家利益层面。他认为，自由贸易理论只考虑交换价值而忽略了国家的精神和政治利益，忽略了国家的长远利益和国家的生产力。他认为，财富的生产能力比财富本身要重要许多倍。为了抵御外来竞争、促进国内生产力成长，经济落后国家就应实行保护贸易政策。由此可见，李斯特的贸易保护理论具有强烈的国家利益观念，可称为"国家贸易保护理论"。

此后，具有国家利益性质的贸易保护理论越来越受到欢迎，如主张政府干预贸易的超贸易保护主义、以战略贸易理论为基础的新贸易保护主义

---

①② ［德］弗里德里希·李斯特著. 政治经济学的国民体系［M］. 陈万煦译. 北京：商务印书馆，1961.

理论等。新贸易保护主义理论更加关注国家利益，主要代表人物有斯朋塞、克鲁格曼、迪克西特等。他们指出，由于国家利益的存在，各国实行贸易保护的活动从未中断过。新贸易保护主义理论从竞争角度研究国际贸易问题，在模型中加入了寡头垄断，打破了比较优势理论框架。然而，作为其贸易保护工具的战略性贸易政策也被指责为是在"以邻为壑"。

在现实世界中即使像美国这样号称自由贸易的国家，自由贸易也不是唯一选择，甚至面临着两难选择，在贸易自由和贸易保护的两端来回摇摆。经济学研究认为，贸易保护也可能给一个国家带来利益，尤其是在农业部门。

（2）农业保护理论。

世界上关于对农业贸易进行保护的理论主要是农业的特殊性理论，包括农业的基础性、弱质性、多功能性。

农业是国民经济的基础，农业在社会经济中的基础地位和不可替代的作用是毋庸置疑的。首先，农业对经济增长有四大贡献：产品、市场、要素和外汇。初级产品的出口能带动和支持国家经济的迅速增长，农业劳动生产率的提高促进工业部门独立。其次，农产品是人类生存的基础。农业生产保证了粮食安全和国家安全，"无农不稳"是真实写照。根据国家安全理论，一些与国家安全有关的重要战略物资必须以本国生产为主，不能依靠进口，这些重要商品包括粮食。根据这一理论，各国要实现国家安全稳定，普遍把农产品的自给自足和建立食品供应保障体系放在最重要的位置，采取各种措施支持农业生产、保护农产品贸易。

农业是一个需要国家大力扶持的弱势产业。按照非均衡理论，国民经济并不是平衡发展的，恰恰是那些出现越早的产业获得的比较利益就越低，而较晚出现的产业反而比较利益就越高。农业、畜牧业、渔业作为人类最早出现的产业部门决定了其比较利益必然低下。具体表现在：第一，农业生产受自然条件约束面临着巨大的自然风险，产量具有很大的不确定性；第二，农产品的生产周期长，且不能像工业生产那样及时根据市场的需求做出反应，因而又面临较大的市场风险，价格弹性非常小，投资回报率低，政府必须予以扶持和保护，这与李斯特的保护幼稚产业理论相一致。

农业的多功能性理论是日本在 20 世纪 90 年代初提出来的，提出的背景是为了避免开放农产品国际贸易市场并以此作为 FTA 谈判的工具。这个理论虽然得到了韩国、欧盟等的支持，但也受到诸多指责。该理论认为：除了生产功能外农业还具有生态、旅游、稳定等经济、社会和环境方面的功能，不仅要考虑经济效益，还要考虑农业的多重功能来强化农业的基础地位，并制定新世纪的农业发展战略，对农业实施贸易保护，确保农业的可持续发展。

此外，由于土地具有不可转移的自然属性，也要求政府要考虑土地利用率及农民的生存问题，对农业进行保护。

总之，农业作为国家整体利益的一部分，作为一国经济最重要的组成部分，无论是国家利益理论还是传统的抑或新兴的贸易经济理论，无论是"霸权稳定论"还是"后霸权合作论"，无论是自由贸易理论还是贸易保护理论，都是一项非常重要的研究内容。而农业贸易政策的制定将体现政策制定者追求国家利益最大化、追求经济福利最大化的最优策略。但是如果从国际政治经济学的角度来看，制定农业贸易政策则就又是另一番场景了。农业贸易政策历来都是国际政治与国际经济、国内政治各派别之间以及自由贸易和保护贸易等诸多因素相互博弈、相互妥协的结果，通常会出现"囚徒困境"的情况。

## 2.3 国际政治经济学理论与农业贸易政策的制定

农业是一个经济部门，农业产业利益是国家经济利益的一部分，理论上应该从属于国家利益，但由于农业的特殊性及考虑农民在一国中的政治地位，因此还要从国际政治经济学角度来分析农业国际贸易政策的制定过程。

### 2.3.1 国际政治经济学理论

政治和贸易是国际关系中永恒的主题。今天，贸易与政治更是全球化过程中紧密联系的两个方面。一方面，"如何贸易"是利益集团博弈的结果；另一方面，"和谁贸易"则更多地被赋予了政治意图。

在国际政治学关于国家整体利益的理论中，各个流派基本都认为国家的安全和稳定要高于经济利益。肯尼斯·华尔兹、罗伯特·吉尔平等新现实主义者强调首先是国家安全。以罗伯特·基欧汉和约瑟夫·奈为代表的新自由主义者强调合作。结合经济学关于自由贸易与贸易保护的纷争，特别是关于农业保护的思想，清晰地显现了农业既承担着国家安全稳定的义务，同时作为一个经济部门又面对着自由贸易与贸易保护的摇摆，因此农业贸易政策的制定是多方力量的平衡。但这些理论，无论是新古典理论还是新贸易理论对解释现实贸易中的国家干预显得有些苍白。

国际政治经济学理论打破了政治学与经济学的分裂状态，英国学者苏珊·斯特兰奇的研究指出，贸易不仅由市场和供求决定，还严重依赖安全，是"一部分经济谈判、一部分政治谈判错综复杂地交织在一起的结果"①。这些谈判涉及各国在安全利益、商业利益上的利益交换，涉及贸易各方获取资金和技术的机会不平等，涉及国内不同利益集团对开放市场的政治磋商，也涉及公司在获得可靠的有利可图的供应来源上的决策。贸易涉及国内与国际两个层次的多个行为体，涉及政治、经济、社会和安全因素的互动交叉。因此，在这个十分复杂的讨价还价过程中，经济分析是无论如何都不可能与政治分析分开的。

现在，政治学与经济学的藩篱被打破。国际政治经济学学者更广泛地开展研究，政治学与经济学互相融合、互相借鉴。经济学学者开始用政治学理论和视角研究问题，加入了"权力""民主"等变量；政治学学者开始利用经济模型、"公共选择"理论研究政治决策和政治利益分配等问题。随着经济的发展，国际贸易不断扩大，在推动经济全球化带动经济增长的同时也带来了利益集团之间、各个国家或地区之间利益分配的矛盾，甚至影响全球政治、经济、外交、安全的格局。但这种融合也不是没有分歧

---

① ［英］苏珊·斯特兰奇著. 国家与市场（第二版）［M］. 杨宇光等译. 上海：上海人民出版社，2012.

的，目前国际政治经济学有三个主要理论流派，经济民族主义关注的主要行为主体是国家，强调国家的利益和安全，有的学者延续了国际政治学的观点将其称为现实主义国际政治经济学，代表人物是吉尔平；自由主义关注的主要行为体是个人或公司，强调的是合作、制度、组织、秩序，认为全球化是最佳制度，任何限制贸易的措施都是不好的选择，也被称为自由主义国际政治经济学，代表人物是基欧汉；马克思主义关注的主要行为体是阶级或阶层，强调的是均衡和公平，代表人物是马克思。

国际政治经济学的贸易理论是利用国际政治经济学基本理论和方法来研究政治、经济等因素在国际贸易中的相互作用和影响，核心是研究贸易政策制定过程或贸易体制安排中的政治经济利益分配。如贸易如何影响国家利益或权力关系、不同的政治角色或规制如何影响贸易、各利益集团如何博弈影响贸易政策、双多边合作如何形成、规制的谈判与妥协如何博弈与互动，以及与国内因素如何互相影响。国际政治经济学一直认为，贸易政策不是最大化社会福利的产物而是由"政治市场"决定的。在这个市场上，受利益集团掌控的选民是需求方，政治家是供给方，供求的产品是贸易政策。在贸易政策的市场上，有许多不同的利益集团相互斗争，力求施加利己的影响，而政治家更多思考的是政治后果，即经济效率如何、分配效应如何。因此，制定贸易政策的过程是利益集团与政治家之间非常复杂的政治博弈。国际政治经济学的贸易理论解释了这一过程。

具体来说，一个国家在其贸易政策的制定过程中会存在着至少两个代表不同利益的集团，其或者支持或者反对这个政策，谁能说服制定者谁就能获利。瑞士经济学者布鲁诺·弗雷认为利益集团游说、竞选捐款是为了让政策能向自己一方倾斜。政治家的目的是争取获得更多的选票，通常会采纳这些政策。各个部门的官员为了在人群中享有盛誉就会更加依赖利益集团。这些利益集团可能涉及贸易、外交、行业等部门，这与决策者的亲近程度及影响力度不同，加上所代表的选民对其施加的压力不同，使得各个部门游说决策者的动力不同，反映在贸易政策制定过程中就是政治化的趋势显著增强了①。在具体的研究中，关于贸易政策政治经济学分析的著名人物，美国学者吉恩·格罗斯曼和以色列学者埃尔赫南·赫尔普曼指出，政府在国际层面中的行动反映着各自国家的政治局势。此前对贸易关系的研究经常将政府视为一个不受政治压力影响的"善意政府"，但他们发现，政府既会考虑选民的福利，也会考虑更多利益集团的支持。他们指出参选政党有时候会更改立场，原因在于为了获得选票和利益集团的政治献金，从而影响政策的制定。上述研究把政治因素由外生变量变为了内生变量，为本书研究国际贸易政策提供了新思路、开创了新角度、提供了新方法。

此外，当前区域经济自由化大潮中更离不开国际贸易规则的制定。在FTA 谈判桌上所反映出来的国家或地区讨价还价的能力，背后也都是政治经济实力在操纵。这个能力往往由较强大的国家或地区或者是两个强大国家磋商后决定的。赫尔普曼（1995）用国际政治经济学研究方法比较了各种贸易政策，分析了国内政治因素对国际经济关系的影响，探讨了国内利益集团对国际贸易政策的互动博弈和双层博弈作用，很好地解释了 FTA 关税削减谈判。

## 2.3.2 农业贸易政策的制定

在国际政治经济学理论中，吉尔平的经济民族主义理论认为国家安全原则优先于经济利益，强调在一些战略物资方面需要自给自足，这些物资直接关系到战争胜负或涉及基本食物供应，过度依赖外部市场会威胁国家安全。因此，政府即使被迫支持贸易自由，同时也会采取一些保护政策，农业恰是其中的一个重要领域。

在纯粹经济学的研究中，通常都有政治因素外生的基本假设。贸易政策理论研究表明，在不存在市场扭曲等条件下，实施自由贸易政策能提高

---

① 黄河. 国际政治经济学视野中的国际贸易［J］. 中共天津市委党校学报，2011（3）：45－52.

经济效率和福利水平，因此自由贸易是最优选择。当前 WTO 农业谈判以及 FTA 农业议题也是遵循这个思路。尽管乌拉圭回合达成的《农业协定》对各国的农产品贸易保护给予某种程度的约束或限制，但仍然不能令人满意；多哈回合的农业谈判争吵更是激烈，导致至今无法达成一致，反映出众多国家对农产品贸易保护态度的坚决。虽然贸易保护理论对此可以做出部分解释，但许多国家坚持认为农产品贸易一直是个特殊的问题。农业是国家安全和政治经济稳定的基础，他们仍然选择执行高度贸易保护政策。这个选择性悖论是由农产品贸易既涉及经济因素，也涉及政治因素的双重性质决定的。

如果单纯用经济学理论解释则显得有些无奈或略显无力，尽管在很多国家农业从业者占总就业人数的比例都不是太大，甚至农业在国民经济中所占的比重已经很小，但农业利益集团的政治影响力是不容忽视的，甚至还具有很强的政治影响。他们的政治游说往往与政府的农产品政策制定密切关联，并有能力继续保护既得利益。无论是价格支持还是各种补贴，各国政府普遍倾向于对农产品生产和贸易进行干预。在这种情况下，国际政治经济学从政策制定过程中对农业贸易保护政策进行了深入分析。

关于贸易的国际政治经济学理论在古典及新古典贸易理论模型中研究了政治目标、博弈过程、制定机制等政治因素，解释和描述了贸易政策制定后带来的收入分配及福利效应。新古典贸易理论此前分析了贸易带来国家整体利益提高的同时可能会损害某一部分利益集团的利益。作为公共选择理论的主要创始人，美国学者曼瑟尔·奥尔森研究了利益集团的集体行动理论。在他之前的经济学理论认为，如果某一集团成员的共同利益足够大且都了解这个利益，那么集团成员会一致选择这个利益。但奥尔森的研究表明，应该产生的符合集体利益的集体行动并没有产生。恰恰相反，成员的选择往往对集体不利。当集体人数较少时，由于每个成员都能获益，集体行动尚有可能产生；当集体人数增加时，集体行动造成的困难也会增加，而且人数越多困难越大，实现集体最优政策就越困难，甚至会对整体造成比较大的损失，但是对每个成员个人所造成的损失却比较小。也就是会出现有一些政策得不偿失却被最终选择的现象，比如有关农业保护的政策。农民是一个组织得非常好的集体，尤其是在发达国家他们的政治影响力非常大，所以政治家普遍采取高度的农业保护措施。此时，一些农民的利益受到保护，国内其他大多数人的经济福利水平受到损害，这与自由贸易理论的预期相反。奥尔森还认为，经济推动政治，政治控制经济。任何忽略政治的市场理论，或者把经济与政治割裂的思想都具有天生的局限性，是不可靠的。

此外，随着全球贸易自由化的发展，在 WTO 多边体制进展的同时，越来越多的双边或区域性 FTA 涌现出来。国际政治经济学贸易政策理论的研究也逐渐成熟，近些年以来 FTA 受到了学术界较多的关注，但从总体来看，与西方主流经济学进展相比，理论研究还未成规模，体系上也相对零散，实证性研究的解释也存在诸多的争论。在区域经济一体化领域进行国际政治经济学贸易政策研究的代表人物是格罗斯曼和赫尔普曼，他们更多地从实际出发的研究表明，现实的贸易政策既有自由主义也有保护主义的因素，自由贸易促进贸易创造效应，贸易保护则对贸易利益进行分配，争夺利益的过程就是贸易政策制定的过程。格罗斯曼和赫尔普曼认为经济因素决定了 FTA 的基础，而 FTA 能否建立、进展如何取决于政治因素。一般来说，产生贸易创造效应的 FTA 较容易建立，因为使多数利益集团获得利益；至于发生较多贸易转移效应的 FTA 只能让某个利益集团受益，如果该利益集团具有较大的政治影响力，FTA 也能建立。当然，如果贸易转移能使多数利益集团获益，那么也会建立 FTA。所以，政治因素是 FTA 谈判的决定力量。为了减少政治上的阻碍，决策部门会同意将少数具有特殊利益的敏感部门排除在外，对其实行贸易保护政策，比如农业。

总体来说，关于自由贸易与贸易保护的辩论已经持续了数百年，可以说它贯穿于国际贸易理论始终。通过上面的理论分析发现，无论是"保护"还是"自由"，都是各个国家根据自己的国情及经济利益的追求制定的一种贸易战略，所以不存在孰优孰劣，只有是否促进了自己国家整体利益，是否有利于推进国家总体战略的实现。

对于日本来说，处于各个不同的历史时期国家战略利益重心也有所不同，因此适当调整农业保护程度，制定相应的农业贸易政策是必要的。在当今时代 FTA 进程中，完全实现贸易保护是不可能的，脱离开国家整体利益来谈农业贸易的"自由"与"保护"也是不切实际的。因此，下一章将专门论述日本 FTA 战略的发展过程、主要特点及影响因素。

# 第 **3** 章

# 日本 FTA 战略的发展、
# 特点及影响因素

    2020 年 11 月 15 日，在贸易保护主义、单边主义和新冠肺炎疫情给全球经济带来连续冲击背景下，东盟十国和中国、日本、韩国、澳大利亚和新西兰正式签署区域全面经济伙伴关系协定（RCEP），RCEP 历经 8 年谈判，是当今世界上最大的自由贸易协定。2019 年，RCEP 的 15 个成员方区域内总人口达 22.7 亿人，GDP 达 26 万亿美元，出口总额达 5.2 万亿美元，占全球总量约 30%①。这是日本第 19 个 FTA。

    2020 年 10 月 23 日，日本与英国正式签署了第 18 个 FTA。该协定自 2020 年 6 月启动，以日本—欧盟经济伙伴关系协定的内容为基础，仅仅经过 4 个多月的时间就迅速完成。

    2018 年 7 月 17 日，日本与欧盟签署了 FTA。日欧 FTA 是全球最大的自由贸易协定之一，覆盖 6 亿人口、GDP 总量占全球近 1/3、贸易总额约占全球 40%②。日欧联合声明称：欧盟与日本签署经济伙伴协议是世界贸易的一个转折点，是历史性的一步，是对抗贸易保护主义的强有力讯息。

    2018 年 2 月 21 日，日本和其他 10 个亚太国家公布了跨太平洋伙伴关系协定（Trans – Pacific Partnership Agreement，TPP）修订后的最终版本。这项被称为"全面且先进的跨太平洋伙伴关系协定"（Comprehensive and Progressive Agreement for Trans – Pacific Partnership，CPTPP）的新协定，于 3 月 8 日在智利首都圣地亚哥签署。新协定只需缔约的任意 6 国批准即可

---

    ①  资料来源：中国商务部：自由贸易区服务网。

    ②  资料来源：中国商务部：WTO/FTA 咨询网。

生效。目前日本、墨西哥已经完成国内批准程序。日本政府为此做出了极大努力，贸易自由化率首次突破了 90%。它的前身是 2016 年 2 月 4 日美国、日本和其他 10 个亚太国家在新西兰正式签署的 TPP。协议约定两年内各自履行国内批准程序后生效。美国总统特朗普在 2017 年 1 月 20 日正式，上任后第一项法令就是启动退出 TPP 进程。而日本内阁会议抢在特朗普退出之前匆匆批准了 TPP，这是日本的第 16 个 FTA。

## 3.1　日本 FTA 战略的发展历程

自 20 世纪 60 年代开始，日本就不断地推出各种 FTA 构想，并试图主导整个 FTA 进程。1964 年 2 月，日本一桥大学小岛清教授第一次提出了建立"太平洋共同体"的思路，同年 11 月，他又提出建立太平洋自由贸易区的主张，并于 1967 年受日本外务省的委托对"环太平洋共同体"进行可行性调查①。在 20 世纪 70 年代后期，日本国内学术界提出了"跨太平洋战略"的设想。随后，原首相大平正芳提出构建"环太平洋经济圈""环太平洋连带构想"的倡议②。20 世纪 80 年代以后，由于日本经济不断强大，迫切需要扩大自己的经济活动范围，日本政府为了追赶世界区域经济集团化浪潮，提出了组建以日本为核心的区域经济集团"东亚经济圈""环日本海经济圈""东北亚经济圈""东亚共同体"等设想。但实际上这些构想仅停留在口头上或书面报告中。

真正引领日本实现区域经济一体化的是《日本和新加坡新时代经济伙伴关系协定》，这是日本第一个有实质性结果的 FTA，该协定于 2002 年 1 月 13 日签署。随后的十几年时间里日本又签订了 18 个 FTA，涉及了几十个国家和地区。虽然日本 FTA 进程起步较晚却进展神速，大有后来居上的趋势。

---

① 白如纯. 东亚区域合作与日本的政策选择 [J]. 日本研究，2010 (4)：12 – 17.
② 陈友骏. 日本亚太区域经济合作战略研究 [J]. 日本学刊，2017 (2)：82 – 101.

截至 2020 年 11 月，日本先后达成了 19 个 FTA（见表 3 - 1）。

表 3 - 1 日本签订的 FTA 一览

| 序号 | 签约对象 | 开始时间 | 签订时间 | 耗时（个月） |
|---|---|---|---|---|
| 1 | 新加坡 | 2000 年 10 月 | 2002 年 1 月 | 15 |
| 2 | 墨西哥 | 2002 年 11 月 | 2004 年 9 月 | 22 |
| 3 | 马来西亚 | 2004 年 1 月 | 2005 年 12 月 | 23 |
| 4 | 菲律宾 | 2004 年 2 月 | 2006 年 9 月 | 31 |
| 5 | 智利 | 2006 年 2 月 | 2007 年 3 月 | 13 |
| 6 | 泰国 | 2004 年 2 月 | 2007 年 4 月 | 38 |
| 7 | 文莱 | 2006 年 6 月 | 2007 年 6 月 | 12 |
| 8 | 印度尼西亚 | 2005 年 7 月 | 2007 年 8 月 | 25 |
| 9 | 东盟 | 2005 年 4 月 | 2008 年 4 月 | 36 |
| 10 | 越南 | 2006 年 10 月 | 2008 年 12 月 | 26 |
| 11 | 瑞士 | 2007 年 5 月 | 2009 年 2 月 | 21 |
| 12 | 印度 | 2007 年 1 月 | 2011 年 2 月 | 49 |
| 13 | 秘鲁 | 2009 年 5 月 | 2011 年 5 月 | 24 |
| 14 | 澳大利亚 | 2007 年 4 月 | 2014 年 7 月 | 87 |
| 15 | 蒙古国 | 2012 年 6 月 | 2015 年 2 月 | 32 |
| 16 | TPP（CPTPP） | 2013 年 3 月 | 2018 年 3 月 | 60 |
| 17 | 欧盟 | 2013 年 4 月 | 2018 年 7 月 | 63 |
| 18 | 英国 | 2020 年 6 月 | 2020 年 10 月 | 4 |
| 19 | RCEP | 2012 年 11 月 | 2020 年 11 月 | 96 |

资料来源：笔者根据日本外务省资料整理得出。

由表 3 - 1 可以看出，日本在 21 世纪明显加快了 FTA 谈判和签署进程，此前没有签订任何一个 FTA。但在 21 世纪特别是在前 10 年里迅速启动 FTA 战略，并完成了 11 个 FTA 的签署工作，尤其是在 2007 年一年时间里就签订了 4 个 FTA，且启动了 3 个新的 FTA。除了进展快之外，日本的 FTA 覆盖面也比较广，从南美洲到北美洲，从欧洲到大洋洲，从东北亚到南亚、东南亚。但日本 FTA 也面临着谈判变得更加艰难，历时更长的问题。从 3 - 1 表可以看出，2007 年以前签订的 8 个 FTA 平均耗时 22.38 个月，之后的 11 个 FTA 平均耗时 45.27 个月，是之前的 2.02 倍，可见谈判难度也在逐渐加大，这也说明日本采取了先易后难的谈判策略。特别是日本与澳大利亚之间的谈判历时 87 个月之久，谈判之艰难可见一斑。

值得一提的是 TPP 的谈判。与历次 FTA 谈判一样日本国内争吵不断，但由于 TPP 经济规模大、加入标准高，付出代价大，使国内各方的争吵尤为激烈。对是否要加入 TPP 谈判，各党内部均有重要人物赞成或者反对，尤其是经济产业界和农业界从各自的利益出发，对立十分严重。从 2010 年10 月日本着手研究加入 TPP 开始，经过了两年半时间的国内争论和国际斡旋，2013 年 3 月 15 日日本首相安倍晋三宣布正式加入 TPP 谈判。这其间日本内阁已经经历了菅直人、野田佳彦、安倍晋三三任首相。2013 年 7 月日本参加了 18 个小组中的 6 个小组磋商，2013 年 8 月首次参加全程谈判，2015 年 10 月 5 日达成协定，2016 年 11 月日本国会批准了 TPP 协定，2017 年1 月美国宣布退出，TPP 搁浅面临进退两难的境地。经过剩余 11 国的艰苦努力，2018 年 2 月日本、澳大利亚、新西兰、新加坡、智利、秘鲁、加拿大、墨西哥、文莱、马来西亚、越南等 11 国公布协定最终版本（CPTPP）。

除了上述已经签署的 19 个 FTA 之外，日本还有 7 个 FTA 尚在谈判之中，其中既有已经取得实效的日本—哥伦比亚 EPA，也有以前搁浅最近又提出加快合作进程的日本—加拿大 EPA，当然也有由于各种因素谈了十余年之久仍难以推进的日韩 FTA 谈判（见表 3 -2）。

表 3 -2　　　　　　　　日本正在谈判中的 FTA 一览

| 序号 | 谈判对象 | 开始时间 | 进展阶段 | 现状 |
|---|---|---|---|---|
| 1 | 东盟（服务与投资） | 2010 年 10 月 | 实质性结论 | 2013 年 12 月，达成实质性共识 |
| 2 | 哥伦比亚 | 2012 年 12 月 | 谈判中 | 2017 年 12 月，税收协定达成原则上一致，待经过国内批准程序后签订；2015 年 9 月，第 13 轮谈判在货物贸易和原产地规则取得进展 |

| 序号 | 谈判对象 | 开始时间 | 进展阶段 | 现状 |
|---|---|---|---|---|
| 3 | 中日韩 | 2013 年 3 月 | 谈判中 | 2019 年 11 月，第 16 轮谈判，基于 RCEP 成就之上就市场准入规则及程序展开会谈 |
| 4 | 土耳其 | 2014 年 12 月 | 谈判中 | 2019 年 10 月，进行第 17 轮谈判，就相关市场准入规则及程序会谈 |
| 5 | 海湾国家联合会（GCC） | 2006 年 9 月 | 暂停 | 2007 年 1 月进行第 2 轮谈判后暂停至今。2009 年 5 月，进行了第四轮闭会期间的工作会谈，涉及货物贸易、服务贸易、原产地规则、海关程序、投资和争议解决机制等内容 |
| 6 | 韩国 | 2003 年 12 月 | 暂停 | 2004 年 11 月，举行第 6 轮会谈，双方就如何推进关税削减谈判进一步交换意见。原定于 2005 年 1 月的第 7 轮会谈一直搁置。2008 年 6 月，两国进行了为恢复谈判创造有利环境的会议，但由于领土主权问题至今搁浅 |
| 7 | 加拿大 | 2012 年 11 月 | 暂停 | 2014 年 11 月，举行了第 7 轮谈判，在服务贸易、投资、知识产权、能源、矿产、食品等领域进行了富有成效的讨论。但由于农业议题分歧过大，导致谈判搁置。不过，2018 年是日加建交 90 周年，双方表示要进一步加强合作 |

资料来源：笔者根据日本外务省资料整理得出。

由表 3－2 可以看出，日本 FTA 进展后劲十足。目前仍在紧张谈判的至少有 3 个，其中日本—土耳其 FTA 已经进行了 17 轮的谈判，值得关注的中日韩 FTA 已经进行了 16 轮谈判，各方领导人多次表示希望尽早结束谈判。

此外，还可以看出日本在谈判中极力维护本国利益，特别是涉及农业议题的重大核心利益时日本不惜暂停谈判，比如日本—加拿大 EPA。在 RCEP 谈判中，尽管各方领导人多次一致要求推进，但在实际谈判中由于成员方众多，各方的利益出发点不同，形成了一个巨大的"意大利面碗"效应，而关于 RCEP 到底是应该达成一个高标准的 FTA 还是应该尽快签订的分歧，使谈判多次设定最终期限，仍以耗时 8 年、印度暂时退出为代价才最终达成一致。

## 3.2  日本 FTA 战略的主要特点

日本的 FTA 战略启动较晚，但在推进速度上却很快，取得了十分显著的进步。日本的 FTA 战略有效地帮助日本企业开拓了海外市场，保障了日本的经济发展，某些领域也促进了日本国内的经济改革。日本的 FTA 战略总体上也在按照 2002 年 10 月日本外务省发布的《日本的 FTA 战略》有序推进，基本达到了辐射全球的目的。从宏观上看，日本的自贸协定对 FTA 有了进一步的扩展，除了货物贸易和关税削减外还涉及服务贸易、知识产权、政府采购、电子商务等更广阔的一揽子经济合作。此外，除了贸易考虑外，还考虑到政治、军事、外交、国防安全甚至地区领导权等多重因素。

总体来看，日本目前的 26 个 FTA 在对象选择、谈判策略、目标意图等方面存在着一些特点，分别论述如下。

### 3.2.1  立足东亚，精选谈判对象

从目前日本已经签订和正在谈判的 26 个 FTA 中可以明显地看出，除了墨西哥、智利、瑞士、秘鲁等之外，基本上都位于东亚或者泛东亚范围内。日本 FTA 是以东亚地区作为重要的战略中心，并通过 CPTPP 及 RCEP 辐射全球。自 20 世纪以来，日本敏锐地看到东亚一些国家现行的关税水平比较高，认识到必须通过建立 FTA 来进一步推动日本与他们的经贸合作关系。日本也充分认识到了东亚地区对日本经济振兴所蕴含的巨大能量，日本由此准备采取更积极的经济合作政策，由区域自由贸易协定的保守态度向积极态度转变，以摆脱其在全球 FTA 浪潮中的落后局面。

在 FTA 的具体操作上，日本于 2002 年 1 月率先与新加坡签署了 FTA，成为日本第一个自由贸易协定。之后，日本更是精心选择了马来西亚、菲

律宾、泰国、文莱、印度尼西亚等国，加速了与东南亚国家以及墨西哥、智利、澳大利亚等其他国家建立自由贸易区的步伐①。

　　日本和新加坡在 1999 年 12 月成立了联合研究小组，成员包括政府官员、学术界和企业界，研究两国间开展自由贸易的可行性及潜在利益，日本尤其关注了农业方面。双方自 2000 年 10 月开始进入了官方协商阶段。2001 年 1 月，两国开始了双边正式谈判，谈判进展十分迅速，到当年的 10 月 20 日两国基本完成了谈判议程；2002 年 1 月 14 日日本和新加坡签署了 EPA 协定，这标志着日新双边自由贸易谈判取得成功。2002 年 11 月 30 日，协定正式实施。日本实现了其 FTA 进程"零"的突破。日新 EPA 内容广泛，是一个较为全面的经济合作协定。它不仅包括与传统货物贸易有关的关税削减，还包括服务贸易、投资、自然人流动、知识产权、政府采购等广泛的经济合作内容。

　　日新 FTA 意义重大，除了提高两国经济联系之外，还为日本今后的自由贸易协定谈判提供了"练兵场"，也为日本今后立足东亚地区展开 FTA 谈判提供了模式参考。由此可见，日本与新加坡推进 FTA 谈判做了精心的选择。一方面，新加坡的农产品几乎全部依赖进口，对日本的农产品市场开放程度并不关心，日本可以付出非常小的代价实施农产品高度保护政策，进而可以顺利达成 FTA 协定实现"零"的突破，从而摆脱其在全球 FTA 浪潮中落后、被动的局面；另一方面，日本希望通过与新加坡的谈判影响其他东南亚国家，并以此为样本签订更多的 FTA，从而在东亚地区发挥更大的作用。在与新加坡进行 EPA 谈判期间，日本未开启与他国的谈判，而是一心与新加坡展开会谈，一是体现了重视，二是积累经验的重要过程。

　　在日本—新加坡 FTA 签订后，日本迅速开始了与马来西亚、菲律宾、泰国、文莱的 FTA 谈判。

　　特别是日本与文莱的谈判耗时极短，2005 年 12 月双方提出启动自由贸易协定谈判，2006 年 6 月开始正式谈判，2006 年 12 月达成框架协议，2007 年 6 月正式签订协议并生效，仅经过一年时间 4 轮谈判就完成了协

---

　　① 刘军，王晴. 中日自由贸易区战略博弈［M］. 北京：中国广播电视出版社，2009：8.

议。该协议基本上按照日本—新加坡 FTA 的模式进行，日本将几大重点农产品大米、小麦、乳制品、猪牛鸡肉、砂糖、淀粉等完全被排除在关税减让范围之外。

日本和马来西亚从 2000 年 1 月开始联合研究自由贸易协定的可行性，正式谈判从 2004 年 1 月开始。2005 年 5 月双方初步达成一致，同年 12 月日本和马来西亚签署了 FTA，历时 23 个月。在协议中，日本同意部分开放国内小额消费品市场，主要的农产品大米、小麦、乳制品、牛羊肉、淀粉和鱼类产品都未开放，该协议对日本农产品市场冲击并不大，但仍然承受着来自农业界的巨大压力。马来西亚同意 10 年内基本取消日本的钢铁产品关税。对日本更有利的是马来西亚对日本汽车及配套零件的进口税近似取消，使日本汽车与其他东南亚国家保持了平等地位，进一步巩固了日本汽车在马来西亚市场竞争中的优势。

日本和菲律宾从 2002 年 5 月开始研究双边的自由贸易协定，2004 年 2 月两国开始进行了第一轮正式谈判。仅 9 个月之后，双方原则上达成了协定；到 2006 年 9 月，两国正式签署了这项双边自由贸易协定。该协定里，日本非常有限地开放了香蕉和菠萝等非主要品种的农产品市场，而大米、小麦、乳制品、猪牛肉、淀粉等仍被排除在外，这样的贸易安排对农业基本上不会产生冲击。但日本首次向外国开放了劳务市场，菲律宾的护士和护理人员原则上可以进入日本工作。日本在钢铁制品、汽车及其零配件、电子产品和高附加值产品等方面关税被削减或取消，这对日本扩大优势产品市场具有重要意义。

在日本签署的前 10 个 FTA 中有 8 个是在东亚地区，对该地区的重视程度可见一斑。目前，日本与东亚及周边各国的经贸关系越来越近，经济相互依存关系也日益密切。日本正在以东亚地区为战略基点，并通过 TPP 和 RCEP 的谈判将经济影响力逐渐扩展到亚太、欧洲乃至全球。

### 3.2.2 迅速扩张，由双边 EPA 向巨型 FTA 转变

日本自 2002 年与新加坡签订了第一个 FTA 以来，到 2007 年分别与马

来西亚、菲律宾、智利、泰国、文莱等8个国家签署了自由贸易协定，发展速度很快。但总体来看，这8个对象国都属于经济体量较小的国家。虽然从数量上日本FTA并不落后，但贸易金额仍有巨大上升空间。因此，日本逐步将谈判目标瞄准了那些拥有巨大消费潜力的国家和地区。日本分别于2005年4月与东盟、2007年1月与印度，2007年4月澳大利亚开始了FTA谈判，并在此后进一步将FTA对象国范围扩大，与TPP、RCEP、欧盟、中日韩等更大的经济体开启了自由贸易谈判进程。

日本与东盟经贸关系十分紧密，2017年度双边货物贸易总额为2188亿美元①。日本是东盟第二大贸易伙伴、第二大进口市场和第四大出口国；东盟是日本第三大贸易伙伴，也是日本的第二大进口来源国②。

日本—东盟自由贸易区的建设开始于2002年1月。在日本与新加坡刚刚签署JSEPA的第二天，时任首相小泉纯一郎访问东盟五国③时发表公开演说，倡议在日本—新加坡EPA的基础上，与东盟整体建立全面合作的经济伙伴关系。此后，日本与东盟的经济关系进入了新阶段。而当时的背景是中国即将和东盟签署FTA框架协议，日本意识到了和东盟谈判的重要性和紧迫性。但是日本没有首先和东盟进行谈判，而是选择了先与其他几个成员方进行双边谈判，然后整体推进与东盟集体谈判的策略。2002年10月，日本、东盟共同发布了《关于日本与东盟全面经济伙伴关系报告书》。该报告指出，日本与东盟经济上互补性强，会长久的相互依存，在发展中面临着共同的问题，因此应该相互尊重并积极建立新的伙伴关系。一年后，双方借东盟"10＋1"首脑会议之机，就谈判的目标、原则、内容、途径、意义进行了商议，最终确定了基本框架。2003年12月，日本、东盟双方领导人发表《东京宣言》及《行动计划》④等纲领性文件。2005年4月和8月，双方进行过两次谈判，但都没有涉及实质性的问题。双方主

---

① 资料来源：东盟秘书处官网。
② 资料来源：东盟秘书处官网，2017年统计数字。
③ 菲律宾、马来西亚、泰国、印度尼西亚、新加坡。
④ 《日本—东盟战略协作伙伴关系东京宣言》（简称《东京宣言》），《行动计划》是其附属文件。

要的分歧在于如何进行关税减让谈判，日本提出在两两之间谈判，而东盟要求作为整体谈判。2006年2月，日本做出了一定程度的让步，双方的谈判恢复进行。2007年8月，双方达成原则性的协定。2008年4月，经过11轮磋商后，日本与东盟整体签署了《东盟—日本全面经济伙伴关系协议》（AJCEP），标志着日本与东盟的经贸关系进一步加强，双方约定该协议于2008年12月1日开始生效。

这是日本第九个FTA协定，历时36个月，也是第一个与区域性组织签署的贸易协定，该协定覆盖了7亿人口，对日本具有重要意义。从经济上讲，东盟是日本十分重要的原材料和劳动力供应市场，包括农业等自然资源和能源的重要供应地。日本也希望通过东盟国家的廉价劳动力来提升本国企业的利润，增强工业制品的国际竞争力。从政治上讲，日本希望通过AJCEP来增强在东盟甚至东亚地区的话语权和影响力，尤其是迫于中国—东盟自由贸易协定的压力，日本看到了东盟作为一个国家集团近年来在整个亚太地区乃至世界舞台上的重要性。

日本与印度的自由贸易协定于2011年2月签署，这是日本的第12个FTA，历时49个月。两国均为亚洲大国，人口总数超过13亿人，双方建立的自由贸易区对经济社会发展具有十分重要的作用。同时，出于双方在政治与安全等各领域广泛的共同利益基础，两国于2005年6月成立了联合研究小组，从2007年1月起展开谈判，经历了14轮谈判后于2010年9月达成基本一致，同年10月两国政府首脑正式达成协议。在10年内，日本对占两国贸易总额94%的产品，包括几乎所有矿工业产品、咖喱及红茶等的进口关税逐步降至零；但大米、小麦、猪牛肉等部分农畜产品被排除在关税减让范围之外。印度对日本汽车零部件、钢铁制品和机械及摄像机等产品实现零关税。

虽然完成了与东盟、印度等区域性大型经济体的FTA协定，实现了由双边EPA谈判向建立巨型FTA的转变，但日本并未就此止步，同时仍在与澳大利亚进行着旷日持久的谈判。在2013年3~5月，日本分别启动了与TPP、中日韩、欧盟、RCEP等难度更大、规模更大的自由贸易协定谈判。

### 3.2.3 先易后难，采取 EPA 形式取代 FTA

日本 FTA 进程另一个明显的特点是，在精心选择了谈判对象后采用了先易后难的顺序，在具体谈判中采用 EPA 的形式取代了 FTA，在谈判中采取了机动灵活的谈判策略。

从表 3 – 1 中可以明显看出，日本首先用日本—新加坡 EPA 试水，并以东亚作为战略重点，按照先易后难的顺序依次展开，先后与马来西亚、菲律宾、泰国、文莱、印度尼西亚等东盟主要国家进行谈判，在取得充分进展时再与东盟整体进行谈判，将难度一一分解降低之后，使得与东盟整体谈判进展得较为顺利。

当与泰国、印度尼西亚、东盟的谈判进展缓慢之时，日本又灵活地进行了与智利的 FTA 谈判，谈判进行得颇为顺利，只用了 13 个月就签署了协定。智利是一个自然资源比较丰富、同时又是一个有着大量农产品出口的发展中国家，与泰国、印度尼西亚、马来西亚、菲律宾等同属凯恩斯集团，既在推动农产品贸易自由化方面与美国立场相近，又在实施农产品贸易自由化的过渡办法和期限上与发展中国家的观点相近。智利的另外一个优势是已经与美国及欧盟等超过 40 个经济体签署了 FTA，积累了非常丰富的谈判经验。因此，日本与智利 FTA 的顺利达成既对菲律宾、泰国、文莱、印度尼西亚、东盟形成了压力，也为谈判前景充分树立了信心，且对农产品贸易谈判提供了解决方案。在日本—智利 FTA 的压力下，与菲律宾、泰国、文莱、印度尼西亚、东盟等国家或地区的 FTA 谈判迅速达成了一致。

总体来看（见表 3 – 1），日本签订的前 11 个 FTA 中除了个别如菲律宾、泰国、东盟之外，历时均在 2 年左右，最快的仅一年就签署了协定，平均历时 23.82 个月，而后面 7 个 FTA（不包括情况特殊的英国）平均用时高达 58.71 个月，最快的日本—秘鲁 FTA 耗时 2 年，最慢的 RCEP 和日本—澳大利亚 FTA 竟然分别谈了 8 年和 7 年还多。

日本推进 FTA 过程中遇到的第一个难点是与泰国的谈判。从 2004 年 2 月谈判开始一直到 2007 年 4 月签署协定，共历时 38 个月。双方在农产品市场开放问题上分歧巨大，这也是两国最敏感的问题。泰国是东亚地区最大的稻米出口国，而日本把大米列为最敏感的农产品。泰国希望与日本在工、农业两方面合作，并放弃自己弱势产业的关税保护，开放钢铁和汽车领域来换取日本农产品市场的开放，而日本由于低下的农业国际竞争力，一贯采用高度保护政策，对大米收取高额关税，既希望泰国削减汽车及零部件的关税，又不打算开放农业市场。双方的分歧使谈判开始不久就陷入了僵局。经过艰苦的磋商，日本洞察到泰国迫切希望借助日本技术发展本国汽车产业的意图，成功迫使泰国接受了将大米、小麦、猪牛肉等排除在关税减让范围外，同时也接受了泰国部分钢铁和汽车及零部件的关税要求。协定主要内容最终于 2005 年 9 月原则上达成一致。

2007 年 4 月，在日本与泰国签署了 FTA 协定的当月，日本随即启动了与澳大利亚的自由贸易协定谈判。这是日本面临的又一个高难度谈判，也是迄今为止已签订协议中历时最长的一个，谈判进行 7 年多才最终签署。这是因为澳大利亚是比泰国更大的农产品出口国，涉及的农产品利益更大。除个别年度外，澳大利亚对日农产品贸易远远超过周边其他国家，如图 3-1 所示，因此态度更强硬；而且其出口到日本的主要农产品大米、小麦、牛肉、乳制品、砂糖等都是日本最敏感的产品。

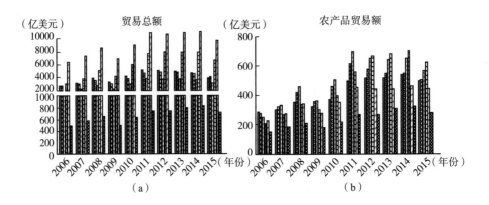

（a）　　　　　　　　　　　　　　（b）

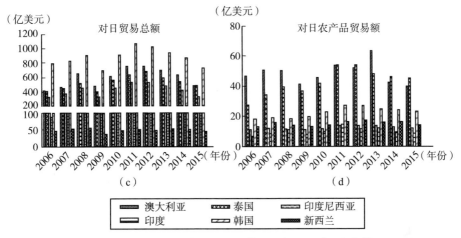

图 3-1　澳大利亚、泰国及周边等国总贸易及对日贸易情况

资料来源：世界贸易组织数据库。

日本面临的来自国内农业界的压力更是巨大，因此日本方面态度也十分强硬。这种局面使得谈判进行了 7 年仍没有实质性的进展。最终由于外交等方面的因素，双方各退一步才得以签署，日本保住了大米最核心的利益，但其他几种最敏感产品或削减了关税或提高了配额。

在国际贸易理论中，FTA 是区域贸易协定（Regional Trade Agreement，RTA）的一种形式。按照内容和发展水平，RTA 可以分为 5 种形式，即特惠贸易协定（Preferential Trade Agreement，PTA）、自由贸易协定（Free Trade Arrengement，FTA）、关税同盟（Customs Unions，CU）、共同市场（Common Market，CM）和经济同盟（Economic Unions，EU）。20 世纪 90 年代以后，FTA 已经成为区域经济一体化的主要形式。具体而言，FTA 是指在两个或两个以上的国家或地区之间签署的协议，旨在互相减少或取消关税和其他限制贸易的措施。FTA 的主要目的是促进缔约方之间贸易和投资的自由化，对非成员方或经济体则保持各自独立的贸易政策。但这一点与 GATT/WTO 的最惠国待遇原则相违背，因此形成了 FTA 对全球贸易自由化是否有益的颇多争议。目前，WTO 认识到 FTA 是 WTO 框架下多边贸易自由化的有益补充，但要求发达国家之间、发达国家与发展中国家之间缔结的 FTA 其自由化水平必须达到 90% 以上，发展中国家之间的 FTA 自由化水平可以低于90%。

在推动区域经济合作的过程中，日本逐渐认识到建立"经济伙伴关系协定"（Economic Partnership Agreement，EPA）可以趋利避害，更有利于保护本国利益，因此日本确定了使用 EPA 这种形式。日本的 EPA 除了涵盖 FTA 货物贸易、服务贸易的内容外，通常还包括知识产权、环境保护、人员流动、政府采购、电子商务、技术支持等内容，这些都是日本具备优势的领域。对于日本来说，使用涵盖内容更加广泛的 EPA 形式可以与谈判对象多方面多角度协调，主导贸易规则制定权，一方面提高贸易自由化水平，另一方面与 FTA 相比，EPA 虽然也不能避免农产品市场开放，但由于它所包含的领域比 FTA 宽泛得多，可以相对冲淡对象国对日本农产品市场开放问题的关注度，使日本在谈判时有了更大的回旋空间，手中可以运用的"筹码"相对增加，可以更灵活地应对谈判对象国的诉求。因此 EPA 这种形式对经济高度发达、农业十分孱弱的日本是极为有利的，已经签署的19 个区域自由贸易协定绝大部分都是 EPA 形式，正在进行中的 7 个 FTA 中也只中日韩和日本—海合会采取了 FTA 形式。

另外需要指出的是，本书出于论述的方便，除了需要特殊区别之处一律以 FTA 称呼，本书的 FTA 除了类似中国—韩国这种典型的双边协定外，还包括区域性的诸边自由贸易协定，如中国—东盟 FTA、日本—东盟 EPA、TPP（CPTPP）、RCEP 等。

总之，日本在积累了比较丰富的谈判经验后陆续开始难度较大的谈判，在具体谈判中灵活应对，敏锐地抓住对方诉求，用扩大技术、资金等优势的输出来换取农业部门的利益，并主动采取 EPA 的形式取代 FTA，淡化了农产品市场开放问题，为了保住农业核心利益灵活务实地牺牲一些部门的利益，换取谈判的成功。

### 3.2.4 提高标准，力争主导规则

2002 年 10 月，日本外务省在《日本的 FTA 战略》中明确阐述了在FTA 推进方面的经济和政治意义以及原则和优先顺序。日本提出构建涵盖

贸易、投资、环境、知识产权、能源、政府采购、电子商务等多方面内容的高标准的 FTA，以全方位的经济合作协定作为推进目标①。

日本的 FTA 战略确立以东亚地区为主导，是基于 20 世纪 90 年代以来日本经济陷入长期低迷和中国经济崛起使日本在东亚的话语权和影响力下降给日本带来的危机感。这种危机感迫使日本开始主动寻求贸易全球化道路再造日本在东亚经济圈的领导地位。在这样的背景下，日本的 FTA 战略明显表现出了利用自身资金和技术、服务等方面的优势，在建立 FTA 过程中极力提高标准、力争规则制定主导权，从而抬高自身影响力的特点。这一特点在 CPTPP 和 RCEP 两大区域自由贸易协定的谈判上表现得尤其突出。

2018 年 3 月 8 日，日本、加拿大、澳大利亚、智利、新西兰、新加坡、文莱、马来西亚、越南、墨西哥和秘鲁等 11 国在智利圣地亚哥签署了"全面且先进的跨太平洋伙伴关系协定"（CPTPP）。这个协定是红极一时的 TPP 协定的新版本。TPP 协定于 2015 年 10 月达成，但自美国原总统特朗普高调宣布退出谈判之后就陷入了风雨飘摇之中。日本为此十分着急，甚至赶在特朗普上任前就匆匆履行了国内手续批准了该协定，但这个"见面礼"也没能阻止美国的退出。

在美国退出之后，日本成为 TPP 其余 11 国之中最大的经济体。安倍政府似乎看到了有望充分发挥主导作用的机会，于是出于国内国际政治经济等各种考量，开始拉拢其他国家继续推动没有美国参加的 TPP，日本则扛起了领班的大旗。经过近 10 个月的斡旋，日本和其他 10 个国家终于在 2017 年 11 月达成了 CPTPP 协定。该协定搁置了由美国提议、对美国有利的知识产权保护、劳工标准等 20 项条款，同时修改了生效条件。日本在 CPTPP 谈判中起到了非常关键的作用，显露了日本在国际贸易谈判中的协调能力，也使日本达到了主导规则制定权的目标。同时，日本极力把 CPT-PP 中高标准的贸易服务规则全面引入到 RCEP 谈判，甚至希望把 CPTPP 作

---

① 刘军，王晴，著. 中日自由贸易区战略博弈 [M]. 北京：中国广播电视出版社，2009：8.

为 FTA 的样板在全球推广①。但风雨飘摇中诞生的 CPTPP 并不具备扛起全球贸易自由化大旗的能力，CPTPP 的 11 个成员方中既没有美国那样强大的经济实力，也没有中国这样广阔的市场和巨大的消费潜力，在加拿大、澳大利亚面前日本也不具备协调好各成员方利益的能力。

日本坚持构建较高标准并力图主导 FTA 的意图在 RCEP 的谈判中也充分表现了出来，但日本的这种思路显然无益于 RCEP 谈判的推进，致使谈判进行了 31 轮、历时 8 年并在印度暂时退出的情况下才达成一致。日本、澳大利亚、新加坡等发达国家希望实现高水平的自由化；中国、印度、菲律宾等发展中家国希望达成一个各方收益均衡的协定；老挝、缅甸、柬埔寨等国家希望增加额外的灵活性，并得到特殊和差别待遇条款、获得高技术人才和基础设施建设等援助。

日本的这种坚持早在 2006 年经济产业省提出的《全球化经济战略》报告中就显出端倪。日本的目标是形成一个东盟 "10 + 6" 高质量的区域经济协作模式，并提议由日本主持开展关于东盟 + 6 模式的可行性研究，试图以此确立日本的主导地位。日本坚持拉拢澳大利亚、新西兰、印度参与东亚自由贸易区建设，一是为了提高贸易与投资规则的标准，二是为了与东盟、中国抗衡，强调自己在谈判中的主导地位。

日本这种不切实际的要求致使 RCEP 的谈判进展得十分艰难。谈判的焦点多次卡在开放的问题上。在货物贸易领域，日本和澳大利亚提出了较高的开放标准，而印度由于市场开放的压力巨大表示很难接受高水平的谈判要求；对于制定知识产权的规则也难以达成一致，日本和澳大利亚仍然坚持较高的标准，而印度不愿意放弃目前的知识产权保护水平。事实上，RCEP 各参与方多数仍属于发展中国家，将 TPP 高标准规则简单植入 RCEP 显然与多数成员方的期待相背离。因此，日本在充分支持东盟的主导和核心地位、发挥东盟在 RCEP 话语权作用的基础上降低自身诉求，尽快地结束 RCEP 谈判是最为合理解决方式②。

---

① 孙玥. TPP 到 CPTPP：背景、影响及中国的对策 [J]. 商业文化，2017 (33)：29 – 33.
② 陈友骏. 日本亚太区域经济合作战略研究 [J]. 日本学刊，2017 (2)：82 – 101.

### 3.2.5 维护安全，力保战略资源稳定进口

日本是全球能源消费的大国，但同时也是能源非常贫瘠的国家，国内几乎没有储藏，最为重要的战略资源如石油、煤炭、天然气、铁矿石全部依靠进口。保证这些战略资源的海外供应对日本的经济发展和国家稳定是头等大事。按能源消费种类，日本消费最多的是石油，其次是煤炭，天然气位居第三。因此，日本在推进 FTA 时非常重视那些能源出口大国，希望借助经济伙伴关系协定来稳定战略资源的海外供给。

日本进口石油绝大部分来自中东，其中来自海湾国家联合会六个国家大约占到了 75%。为确保石油供应的安全稳定，日本于 2006 年 4 月决定与海合会进行 FTA 谈判，同年 9 月进行了第一轮谈判，但在 2007 年 2 月进行的第二轮谈判之后一直搁置至今。主要原因是海合会对此不太热衷，日本方面为保证石油安全多次要求重启谈判，但海合会没有回应。

日本进口的能源和矿产品来自澳大利亚的种类最多，澳大利亚一直都是日本最大的煤炭进口来源国、第二大天然气进口来源国。这说明了日本对澳大利亚能源产品的依赖度最高。出于进一步稳定澳大利亚能源的供应，确保日本的能源安全及日本汽车在澳大利亚市场竞争地位的考虑，日本于 2014 年 7 月与澳大利亚签署了自由贸易协定。该协定还专门制定了出口限制条款，约定每一方都应该努力不制定或不实施限制出口能源和矿产品的措施。这明显是有利于日本能源安全稳定供应的一个条款。

印度尼西亚是日本能源产品进口的另一个主要国家。在日本石油进口来源国中，虽然印度尼西亚仅排在第八位，但日本却是印度尼西亚石油的最大出口目标国，该国每年大约有 30%～40% 的石油流向了日本。就煤炭而言，印度尼西亚自 2001 年以来一直是日本煤炭第三大来源国，仅次于澳大利亚和中国。然而，在 2005 年日本启动了与印度尼西亚的FTA 谈判后，第二年开始印度尼西亚煤炭就全面超越中国成为日本进口煤炭的第二大来源国，而且进口量不断增加。就天然气而言，印度尼西

亚是日本第八大进口来源国，日本依旧是印度尼西亚的第一出口目标国
（见表3－3）。

表3－3　　　　　　　　日本石油煤炭进口 Top10 情况　　　　　单位：%

| 石油 | | | | 煤炭 | | | |
|---|---|---|---|---|---|---|---|
| 2001 年 | | 2014 年 | | 2001 年 | | 2014 年 | |
| 沙特 | 22.9 | 沙特 | 29.0 | 澳大利亚 | 58.8 | 澳大利亚 | 64.3 |
| 阿联酋 | 22.3 | 阿联酋 | 21.5 | 中国 | 15.3 | 印度尼西亚 | 16.1 |
| 伊朗 | 10.3 | 卡塔尔 | 10.5 | 印度尼西亚 | 9.2 | 俄罗斯 | 7.6 |
| 卡塔尔 | 9.4 | 俄罗斯 | 7.8 | 加拿大 | 8.7 | 加拿大 | 6.1 |
| 科威特 | 8.5 | 科威特 | 7.1 | 俄罗斯 | 3.8 | 美国 | 3.5 |
| 韩国 | 6.2 | 韩国 | 4.0 | 美国 | 1.8 | 中国 | 1.4 |
| 阿曼 | 4.8 | 伊朗 | 3.9 | 越南 | 0.8 | 越南 | 0.5 |
| 印度尼西亚 | 4.7 | 印度尼西亚 | 3.9 | 南非 | 0.7 | 南非 | 0.1 |
| 中国 | 1.9 | 马来西亚 | 2.1 | 新西兰 | 0.7 | 新西兰 | 0.1 |
| 澳大利亚 | 1.4 | 印度 | 1.8 | 朝鲜 | 0.2 | 莫桑比克 | 0.1 |

资料来源：李艳丽．日本的 FTA 战略与能源安全分析 [J]．中国经贸导刊，2015（10）：4－8.

从保证自然资源供应的角度来看，智利也是日本非常重要且稳定的进口来源国，日本近年来从智利的进口额已超过出口，包括战略性的矿产资源。2005 年 11 月，双方决定启动 EPA 谈判；2006 年 9 月，双方原则上达成一致；2007 年 3 月，两国自由贸易协定签署。在 EPA 生效后的十年内全部取消矿产品的进口关税。

目前，日本与其主要的海外能源供应国多数都建成了 FTA 战略体系，或签署了 FTA 或正在进行 FTA 谈判。总体来看，日本从这些 FTA 战略伙伴进口的石油占 83.7%，煤炭占 80.9%，天然气占 76%[①]，在很大程度上起到了维护本国安全稳定，力保战略资源供应的作用。

---

① 李艳丽．日本的 FTA 战略与能源安全分析 [J]．中国经贸导刊，2015（10）：4－8.

## 3.3　日本 FTA 战略的主要影响因素

日本在 21 世纪初开始由全球主义向区域主义转变，开启了双多边 FTA 战略模式，进展十分迅猛且后劲十足。外务省、经产省也多次发布政策性指导文件明确了日本 FTA 战略的发展方向。但从目前已经签署或正在谈判的 26 个 FTA 推进过程可以明显看出，日本继续推进 FTA 所面临的阻力仍然很大，与韩国 FTA 谈判 15 年仍毫无进展，与海合会的谈判已经停摆了 10 余年，与加拿大的 FTA 谈了 6 年仍悬而未决，与中日韩的 FTA 谈判仍然分歧巨大。纵向来看，影响 FTA 进程的主要因素除了日本的历史、文化、自然资源等传统因素外，还包括其国内的政治因素、国外的美国因素以及日本一直奉行的农业高度保护政策因素。

### 3.3.1　历史、地理、文化等因素的影响

按照马克思主义国际贸易理论，国际分工是国际贸易基础。而地理环境、自然资源、气候、国土面积等自然条件以及人口、市场容量乃至历史、文化观念等都是影响国际分工的主要因素，从而也会影响国际贸易自由化的进程。

日本是位于亚洲东部的弧形岛国，陆地面积约 37.79 万平方公里，总人口高达 1.27 亿人。日本多山，国土面积有将近 3/4 是山地和丘陵，其余为面积狭小的冲积平原，分布在河流的下游近海一带，最大的关东平原面积也仅有 1.57 万平方公里，相当于我国东北平原的 1/22。① 日本虽具备适宜农作物生长的气候条件，但由于耕地十分有限，人均仅约 442 平方米，相当于一个篮球场面积，且自 1970 年以来，农业用地面积呈逐年减少趋

---

① 本部分数据综合了国家商务部、外交部、日本农林水产省、中国科学院地理科学与资源研究所等网站提供的数据。1/22 系作者计算得出，为了更方便读者比较。

势，2016 年约为 4471 千公顷，且未有扭转迹象（见图 3-2）。加上土壤条件较差，不利于发展农业，导致日本农业国际竞争力低下，依靠高额补贴、高度保护支撑。

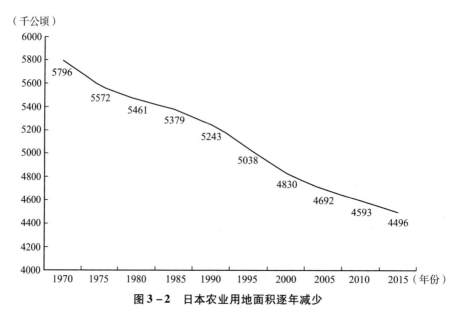

图 3-2　日本农业用地面积逐年减少

资料来源：日本农林水产省统计年鉴。

　　日本的矿藏资源非常稀缺，能够自给自足的矿物只有硫磺、石灰石，能源与工业原料最重要的石油和铁矿石全部依靠进口。日本陆地面积虽然狭小，但海域面积广大，相当于国土面积的 12 倍，渔业十分发达。日本工业高度发达，尤其电子、家电、汽车走在世界前列。

　　日本大部分地区的年平均降水量为 1000~2000 毫米，适合种植水稻，使日本人形成了以大米为主食的传统，也形成特有的"稻作文化"，"稻作文化"几乎是日本所有本土传统文化产生的基础。

　　日本国民性格谨慎，地理环境造就了强烈的忧患意识，粮食危机的历史教训更加剧了其保护意识。"二战"及战后一段时期日本曾陷入严重的粮食危机，这次危机给日本国民留下了深深的烙印，政府也深刻认识到粮食供给是保证国民生活最基本的条件，同时对灾荒的恐惧让日本国民对拥有足够的粮食充满了渴望。因此，日本政府长期以来非常重视粮食安全保障。另外，由于土地资源、从业人员、气候变化、灾害频发等因素，日本多数农产品不能自给自足且自给率呈逐年下降趋势，每年大量进口玉米、大豆及肉类等农产品。农业事关国家战略安全，这种大量进口令国民对农业安全深表担心。

## 3.3.2 国内政治因素的影响

政治因素会对 FTA 产生影响，这种影响是由日本的政治体制决定的。本来，日本从全球主义转向推行 FTA 战略最直接的目的就是为了避免出现在全球 FTA 浪潮中被抛弃的局面。在全球 FTA 风起云涌的情况下，日本已经意识到落后或者陷入被动了。日本外务省 2002 年发布的《日本的 FTA 战略》也直接指出，日本在签署 FTA 过程中可能伴随着开放其国内市场的阵痛，但是这对于提高其产业结构水平非常必要。这表明了日本的态度，即使有阵痛也要推进 FTA，但当阵痛真的发作的时候，代表着各方利益的国内政治群体分歧毕现。利益受到损害的一方开始施加压力，于是内阁行政部门、国会各界议员、民间群团组织展开多方博弈，造成国内政策摇摆不定，损害了日本政府的外部形象。

（1）行政部门之间的分歧。

日本从战后起一直未能建立一个高效率的决策机制。在 FTA 谈判中，日本以首相为主导通过阁僚会议领导 FTA 谈判代表团，外务省、农林水产省和经济产业省共同参与。但由于行政部门间的利益纵横交错，彼此互相掣肘，缺乏围绕国家战略利益进行决断的最高权力，经常需要内阁来调解部门间的利益，不仅费时费力，其结果也难尽如人意[1]。

总体来说，外务省和经济产业省支持 FTA 建设，而农林水产省则表现消极。特别是经产省和农水省代表着 FTA 谈判中具有直接利益冲突的两大集团，即日本工商业界和农业界，农水省一直不愿意削减农产品关税，而

---

① 赵放. 日本 FTA 战略的困惑 [J]. 当代亚太，2010（1）：46－56.

经产省则希望减少所有商品的关税，向其他国家拓展自由贸易。

日本经产省是推动 FTA 战略的最主要力量，但外务省和农水省却并不买账。日本在工业制品贸易上获得了巨大利益，而农水省认为农业部门受到了较大冲击而偏好于采取农业高度保护政策。外务省虽然在农产品开放问题上与经产省立场一致，但认为自己拥有对外政策的制定权，在对谈判对象的选择及谈判顺序方面应该拥有发言权。外务省认为，外交上的同盟和伙伴应优先成为日本自由贸易协定的谈判对象。

这几个行政机构都有特定的自身利益，每一项政策的出台都是相互博弈的结果，无疑会延误日本同他国开展 FTA 谈判的进程。

（2）国会议员偏向农村。

国会是日本的立法机构，政府签订的每一个 FTA 需要经过国会批准方才生效。因此，国会议员会根据选民意愿、利益集团偏好甚至个人感情来投票。一般情况下，国会议员首先要考虑的是代表选民的意愿以利于再次当选，其次是考虑接受政治献金所代言的利益集团。

按照目前的选举办法"得农村者得天下"。一是农村拥有较高的议员名额，农村选区占将近 6 成；二是农民参与政治的热情高于城市居民。此外，农村选民方便"集体行动"，经常出现候选者在自己的家乡由家族成员、近邻或农协组织出面拉选票的现象。这些议员当选后就会用投票权来回报乡邻，于是农业高度保护政策就和选票实现了交换。

（3）民间团体之间的博弈。

日本国内的利益集团有着强大的政治影响力，对推进 FTA 也起着关键性作用。日本农业协同组合、日本经济团体联合会是日本最有力量的两大群体，双方为了自身的利益进行博弈。经济团体联合会代表整个日本工商业界一直支持日本 FTA 建设，它经常以维护工商业界的利益为目标进行对内、对外交涉。农协代表农业部门利益，它强调对农业部门的高度保护，强烈反对农产品市场开放，导致日本 FTA 谈判步履维艰。

农协是日本人数最多的民间组织，几乎所有农民都参加了农协。农协拥有雄厚的人员和经济实力，对日本农业政策有着非常重要的影响力。各地农协积极参与本地区各级选举，通过募集捐款和拉拢选票等方式左右选举，在国会中形成了一群代表其利益的"农林族议员"；议员也会提出符合农民意愿的政策主张来回报选民；农协对农林省的官员，则允诺他们退休后可以到农协中担任要职来进行拉拢；因此形成了农协、农林族议员和农水省官员组成的"铁三角"关系。日本农协还有权参加政策审议会直接表达其利益诉求，甚至组织大规模游行和集会向政府施加压力，抵制经团联推进 FTA 的诉求。

经团联经常与政界人士进行对话，在信息提供、政策咨询上占据优势地位，对日本政治、经济发展有着举足轻重的影响力。日本各大主要企业、商社的董事长或总经理几乎都参加了这个组织。经团联还通过与各国政府以及国际组织机构的对话参与协调国际问题，密切日本与各国经济界的关系。

### 3.3.3 来自美国因素的影响

日美之间的政治经济关系十分独特。"二战"后，日本在美国的一手扶植下成长为经济大国。因此，在日本缔结或谈判的 FTA 中都无法绕开美国因素，充满着美国的影子。

（1）听从美国做帮手。

由于日美存在着特殊的政治经济关系，使美国强化了对日本的控制，既不想日本经济太过强大威胁到他，也不想其太弱小失去亚太地区这一枚重要"棋子"的作用。在这种情况下美国既支持日本实施自由贸易区战略，又要控制其 FTA 战略避免对美国构成威胁。

在 TPP 谈判中，日本希望巩固日美同盟并以此换取美国对日本的支持，提升其在东亚区域经济一体化进程中的地位。而美国则要将日本作为其"亚太再平衡"战略的马前卒。日本在国内一片争吵和反对声中最终决定加入由美国主导的 TPP 谈判，是配合美国的"亚太再平衡"战略的表现。日本通过经济同盟稳固日美政治同盟，换取美国对其在东亚地区 FTA 建设中主导权争夺的支持。同时，充当美国在亚太地区的代言人，追随美国在经济上遏制中国。日美通过 TPP 一方面带动 APEC 域内国家或地区加入谈判，削弱中国在 APEC 上的影响力；另一方面分化东盟各国，迫使 RCEP 建设放慢步伐。从一定程度上说，TPP 已经不单纯是一个经济协议，更是一个集经济、政治、外交和安全保障于一身的综合性区域合作机制。这表明日本继"新安保法案"强行通过后，在政治、外交、军事和经济等方面已全面投入美国的怀抱，日美关系更加紧密，形成以美国为首的经济"北约"，美日可联手通过制定规则阻挡和干扰中国融入亚太区域合作的进程（张季风，2016）。无论政治经济还是外交军事，日本都不得不依赖美国，很难脱离美国的制约，因此在制定对外经济政策时也很难摆脱美国因素造成的极大影响。

（2）遏制中国要利益。

美日联手遏制中国，为 RCEP、中日韩 FTA 谈判人为设置障碍。RCEP 是比 TPP 范围更大、影响力更广的区域性自由贸易协定。美国除了利用 TPP 谈判分化东盟十国外，还利用日本将 TPP 规则引入 RCEP 人为抬高门槛，以建设高标准 FTA 为借口不考虑各国实际情况，延缓 RCEP 进程。中日韩是亚洲最重要的经济体，占亚洲 GDP 的 70%，占全球贸易总量的 35%，对东亚经济一体化有着重要的推动作用。中日韩 FTA 在建设过程中一直面临着来自美国的阻挠。由于美国在亚太地区占有着重要战略利益，它不希望看到不是由它主导的经济体崛起，更不希望中国参与其中。美国利用自己与日本、韩国的特殊关系，拉拢日本加入 TPP、极力促成美韩 FTA，对日韩恩威并施，给中日韩 FTA 谈判设置阻力。在日本与澳大利亚旷日持久的谈判中，最后促成协定达成的最重要原因是日本希望以此来强化日澳两国的同盟关系，进而构筑日澳美"安保战略同盟"来遏制中国在亚太地区的崛起。其他日本与印度、蒙古国 FTA 则都是日本地缘政治的延伸，无论是披着"价值观外交"还是"自由与繁荣之弧"的外衣，里面都是赤裸裸的遏制中国的战略意图。

当然，日本积极参与"遏制中国"换取的是美国对日本在军事、政治、外交等方面的支持。本来，美国对日本修改"和平宪法"不予公开支持，对钓鱼岛问题持所谓不"选边站"的立场，但日本则试图以协助美国加快完成 TPP 谈判、助力美国的"亚太再平衡战略"为筹码，换取美国对其修改"和平宪法"的公开支持或背后支持至少是默认支持,换取美国对钓鱼岛问题持"选边站"的立场。所以在美国不断地催促日本加快 TPP 谈判时,日本甚至以退出 TPP 谈判转而推动中日韩 FTA 来要挟美国。一系列的博弈之后,美国对日本采取了默许的态度,日本则助力美国完成了 TPP 的谈判。

(3) 突破制约搞竞争。

随着日本经济的不断发展,日本制造业的国际竞争力越来越强,出口规模不断扩大直至在美国大量设厂,让美国的汽车、家电等企业更加缺乏国际竞争力,于是双方的贸易冲突愈演愈烈,从衬衫到电子产品,从家电到汽车,日本不断挤占美国的市场。从 FTA 发展历程来看,日本紧随美国其后,FTA 谈判从墨西哥到智利、秘鲁,从澳大利亚到哥伦比亚,竞争无处不在。

在与新加坡签订协议后,日本就急匆匆与墨西哥展开谈判。客观地讲,日本与墨西哥签订 FTA 是出于无奈。墨西哥是北美自由贸易区成员(NAFTA),当时已有 40 个左右的 FTA 在手,日本的汽车和电子产品在墨西哥受到同属 NAFTA 的美国产品以及欧盟产品的强烈冲击。日本急需与墨西哥达成 FTA 以扭转出口和投资的被动局面。迫于这种压力,日本以肉类、柑橘、橙汁等农产品为代价换取了墨西哥在汽车、机械、电子产品等方面的松动,得以继续同美国竞争。此外,日本看中了墨西哥紧邻美国和拉丁美洲的地理位置,日本希望把墨西哥作为一块跳板为日本产品挤占上述市场创造条件。在美国与智利、秘鲁、哥伦比亚签订 FTA 后,日本亦步亦趋,紧随其后复制了这一模式,顺利打开了南美洲市场。

CPTPP 的签订既是日本的无奈之举,也是其摆脱美国制约充分发挥主导权的机会。当美国宣布退出使 TPP 处于奄奄一息之际,日本并不甘心TPP 就此熄灭。出于前期巨大的经济付出加上政治考量,日本联合澳大利亚、加拿大等国封存了美国提议的相关条款,11 国迅速达成一致并签署协定,日本成为 CPTPP 中的最大经济体。美国的退出使日本跳上前台摆脱束缚,在亚太地区发挥政治经济影响力。

总之,美国是影响日本对外经济政策的重要因素。美国打算长期利用同日本的经济关系最大限度地获取利益，但如今日美贸易摩擦不断，日本的商品不断挤占美国在全球的市场，也不断占领美国国内的市场。在政治和军事上，日美是坚固同盟。日本要实现"政治大国"的梦想，离不开美国的支持；同时，在美国的战略中，日本又是美国在亚太地区中最重要的"棋子"，无论是"亚太再平衡"还是"美国优先"都需要借助日本力量。

### 3.3.4　农业保护政策因素的影响

日本农业部门影响 FTA 进程主要体现在农产品贸易的高度保护政策方面。为了避免农产品市场开放带来的巨大冲击，日本一直坚持对农产品实行高度保护政策。就日本关税组成来看，农产品平均关税远远高于非农产品简单平均关税，在 2008 年、2011 年达到了 9 倍，差距最小的 2015 年也超过了 5 倍，如图 3 - 3 所示；就世界各国比较而言，日本农产品简单平均关税也远高于美国、加拿大、中国，仅低于韩国、印度（见图 3 - 4）。

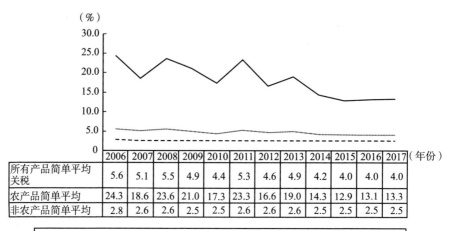

| | 2006 | 2007 | 2008 | 2009 | 2010 | 2011 | 2012 | 2013 | 2014 | 2015 | 2016 | 2017 |
|---|---|---|---|---|---|---|---|---|---|---|---|---|
| 所有产品简单平均关税 | 5.6 | 5.1 | 5.5 | 4.9 | 4.4 | 5.3 | 4.6 | 4.9 | 4.2 | 4.0 | 4.0 | 4.0 |
| 农产品简单平均 | 24.3 | 18.6 | 23.6 | 21.0 | 17.3 | 23.3 | 16.6 | 19.0 | 14.3 | 12.9 | 13.1 | 13.3 |
| 非农产品简单平均 | 2.8 | 2.6 | 2.6 | 2.5 | 2.5 | 2.6 | 2.6 | 2.6 | 2.5 | 2.5 | 2.5 | 2.5 |

—— 所有产品简单平均关税　—— 农产品简单平均　- - - 非农产品简单平均

**图 3 - 3　日本简单平均关税趋势**

资料来源：世界贸易组织数据库。

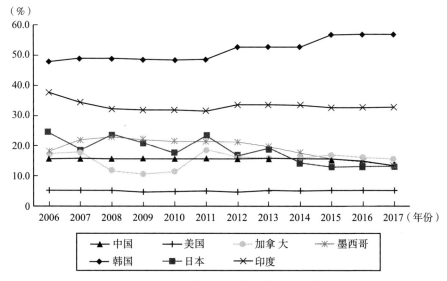

**图 3 – 4　日本与相关国家农产品简单平均关税对比**

资料来源：世界贸易组织数据库。

日本的农产品高度保护政策由来已久。自明治维新走上现代化道路以来，历届日本政府无一不在对农业进行保护。发展到今天，虽然经历了关贸总协定、世界贸易组织及风起云涌的 FTA 等贸易自由化大潮，但日本仍在维持着高关税、高补贴的农业保护政策。日本以农业的多功能性为借口，坚持自身特殊的历史、文化及现实国情，在全球多边和区域双边贸易自由化谈判中，始终拒绝全面开放农业领域，拒绝大幅度降低农业保护力度。

日本执行了多年的高度保护政策，保障了农产品安全，增加了农民收益，促进了国内农产品市场的稳定。但从长期看，高度的农业保护政策不利于提高农业生产率和国际竞争力，不利于日本农业发展，会加重财政负担。从贸易自由化角度来看，实施农业高度保护政策会影响国际合作，严重阻碍日本 FTA 进程，损害了民众福利，影响国内整体经济的长远发展。

这种障碍是由日本的政治传统决定的。从历史上，日本农民对政治参与热情很高且在政治上拥有优势地位，这使他们获得了更多的政治资源，能经常对政府施加压力，能左右政府决策，使得政府不得不更加注重对农业部门的保护。例如，在和印度进行 FTA 谈判的过程中，日本就坚持要求把猪肉、牛肉、大米和小麦等农产品排除在关税减让范围之外。在与墨西哥谈判时，日本坚持将大米、小麦和部分乳制品等农产品排除在外。在与秘鲁进行 FTA 谈判的过程中，日本坚持维持对秘鲁的农水产品征收关税，只对梨和山药等部分农产品可以免税。日本与澳大利亚 EPA 谈判中极力反对将大米列为关税减让品种，甚至采取过激措施。在 TPP 谈判中，在所谓的大米、小麦、砂糖、乳制品和猪牛肉等"五大圣域"农产品关税减让谈判中，日本争取到了可以实施紧急进口限制措施的权利。每一个涉及农业部门利益的谈判都进行得特别艰难，与墨西哥、泰国、澳大利亚、TPP 的谈判都曾经一度中断，尤其是与墨西哥在双方已经确定了签署日期的情况下，由于猪肉、橙汁的关税配额问题出现分歧导致谈判中断，协定签署日期延迟了将近一年之久。从 2012 年开始的与加拿大的 FTA 谈判由于农业议题分歧过大，导致谈判至今搁置。日本的农业高度保护政策已经成为 WTO 其他成员方批评的焦点，严重限制了日本与其他国家的自由贸易谈判。

纵观日本近十多年来的 FTA 发展历程，不难发现日本的 FTA 战略无论是对象选择还是谈判过程，农产品的高度贸易保护政策都无法回避。国内国际的焦点也在农产品市场开放上面，农业问题既是日本政府维持国内安全稳定的"挡箭牌"也是用来提高议价能力的筹码，既可以维持高额的关税安抚国内农民利益群体，又可以用一些让步来换取政治、经济、军事、外交等方面的利益；既可以选择农产品贸易比重较小的新加坡、文莱、瑞士来进行 FTA 尝试，也可以与泰国、墨西哥、澳大利亚、TPP 等农产品出口大国周旋来达到自己的目的。在这样的现实情况下，日本在 FTA 进程中如何就农业议题展开谈判与日本的农业保护政策历史演变紧密相连，我们由此可以发现日本农业保护政策背后的原因。

第 **4** 章

# FTA 进程中日本农业
# 议题谈判模式分析

日本农业保护政策历史悠久，在日本国民中已经形成了一种惯性，加上利益集团实力强大，因此短时期内该政策不会发生翻覆性的巨变。但日本农业国际竞争力低下的局面迫使政府要进行改革，改革因此会面临着巨大阻力。国际贸易自由化无论是全球化还是区域化道路，农业议题都无法绕开。从日本的 FTA 战略发展进程来看，日本的注意力从全球化转向区域化之后迅速签署了 19 个 FTA，在双边谈判中解决了农业保护政策带来的困扰，形成了谈判双方都能接受的方案。

在多年的具体谈判实践中，日本在各行政部门的纲领性文件指导下，面对不同的谈判对象，形成了灵活多变的谈判策略，构成了 FTA 战略目标实现的方案集合。在策略运用时又结合谈判对手的不同诉求，日本有效衔接了一般性策略和特殊性利益，在全面有效地分析和概括了对象国家的诉求特征后，摸索出了一系列基本谈判模式并进行复制推广使用，形成了战略—策略—模式—目标的逻辑。

## 4.1 政府主要部门对 FTA 战略谈判的
## 纲领性文件

日本政府与 FTA 谈判关系比较密切的主要部门包括外务省、经济产业省、农林水产省和财务省、厚生劳动省等。其中外务省、经济产业省、农林水产省都发布了政策纲领性文件指导 FTA 战略谈判。

## 4.1.1 日本外务省关于 FTA 战略的指导方针

日本外务省从 2002 年开始数次发表关于日本 FTA 战略的指导性文件，比较详细地制定了基本立场、目标、谈判的原则、对象的选择及注意事项等内容。

2002 年 10 月，日本外务省公布了《日本的 FTA 战略》，对日本的 FTA 战略从多方面进行了详细论述，可以概括为以下几个方面。

第一，FTA 战略的目标。该文件指出，FTA 作为经济、外交、安全保障的综合体不仅基于经济利益，更要重视外交、安全和政治利益。因此，日本建立的 FTA 战略目标主要体现在经济方面和政治外交方面。其中，经济方面的目标主要是通过建立 FTA 实现区域经济一体化从而扩大海外市场，为日本企业经营创造良好的国际环境；通过 FTA 推动日本国内的农业、邮政改革；通过 FTA 的相关规定来处理贸易摩擦从而弱化政治摩擦。政治外交方面的目标主要是确保外交政策在经济领域中的灵活性，通过加强经济联系、强化双方政治上的合作从而扩大日本外交影响力和政治利益。基于现实国情，日本外务省将日本缔结自由贸易协定的主要模式确定为 EPA。EPA 不仅包括货物贸易和投资的自由化，还包括更广泛的经济合作内容。

第二，FTA 战略的注意事项。首先要注意 FTA 与 WTO 协定的一致性，FTA 的关税水平不得低于 WTO 所要求的水平。其次要注意 FTA 对国内产业发展的影响，自由化水平的提高势必要求相关市场的开放和管制政策的放松，这时要考虑对国内产业特别是农业领域的影响。再次要注意运用合适的谈判方法，对于不同的 FTA 谈判对象，要根据他们的诉求实现利益的平衡。最后要注意贸易和投资的关系，要同时考虑海外企业和国内企业的利益。

第三，FTA 战略的优先顺序。日本外务省在指导 FTA 谈判时没有明确提出优先顺序，但给出了如何确定谈判对象的原则性标准，即：一是考虑经济标准，根据对象国的经济规模或经济发展阶段以及对象国的经济状况判断是否缔结 FTA，比如对日本的要求能否积极应对、能否消除日本企业在对象国的不利处境、能否有利于促进双方的经济发展。二是地理标准，是否有利于强化亚洲区域内部关系和地区稳定，签订 FTA 是否有利于日本与其他国家和地区的战略关系。三是政治外交标准，是否可以强化日本与对象国的友好关系。四是现实可能性标准，前期研究是否充分可靠、双方潜在的高度敏感品能否接受。五是时间标准，双方的谈判能力能否保证 FTA 谈判中外部政治、外交、经济变化时及时改变，能否影响谈判国其他 FTA 的进展。

第四，FTA 战略的完善和优化。日本外务省把是否能够确保政治和经济的稳定作为首要问题，优先考虑经济联系密切但贸易壁垒较高的国家和地区。同时，日本在实施 FTA 的过程中也不断地进行完善和优化，特别是在谈判对象的选择标准和谈判方式等方面，甚至公布了《关于谈判的时间表》，非常明确地指出了建设 FTAAP、TPP、RCEP、中日韩等区域自由贸易协定，加快了 FTA 的进程。例如，2004 年 12 月日本公布了《关于今后推进 EPA 的基本方针》，进一步明确了选择谈判对象的标准。指出在选择谈判对象时应综合考虑是否有利于形成有利的国际环境和是否有利于确保国家整体经济利益，并强调了要考虑缔结 FTA 的可能性，特别是对难以实现自由化的商品是否给予适当的照顾、是否会引起其他国家或地区的摩擦。该文件补充了一些国家整体经济利益的判断标准，如货物和服务贸易及投资的自由化能否促进工业制品、农林水产品的出口和服务贸易扩大及投资的便利化；知识产权保护、人员流动的便利化等能否改善日本的通商环境；是否有利于资源及农业安全；能否在促进日本国内改革的同时不对农业领域产生不利影响。2006 年 3 月日本外务省又提出了改善措施：包括事先制定协定的样本、采取细化谈判内容等多样化的方式推进谈判等内容。在接下来的几年里，日本又通过《新增长战略》《关于全面经济合作的基本方针》《日本再生战略》《日本再兴战略》《经济财政运行与改革的基本方针》等政策性文件不断地细化和优化 FTA 战略，多方面推进经济合作，构建覆盖绝大部分贸易伙伴的 FTA 网络，提高 FTA 的贸易覆盖率，显示了日本急欲寻求在全球区域经济合作中参与规则制定，重新崛起的政策导向。

### 4.1.2　日本经济产业省关于 FTA 战略的基本原则

日本经济产业省是较早提出 FTA 战略的政府部门，其在 1999 年版的《通商白皮书》中已经感觉到了未赶上时代潮流的危机感。

2000 年 7 月日本经济产业省又提交了"积极推进缔结自由贸易协定"建议书，指出由于日本政府在缔结 FTA 上行动缓慢，致使日本企业在海外的贸易和投资处于不利地位，再次要求政府应该将缔结 FTA 作为新的对外贸易政策的支柱，积极有效地推动日本经济的发展，并论述了缔结 FTA 的重要性、注意事项，同时指出应将亚洲和美洲各国作为重要的谈判对象。作为积极参与自由贸易协定谈判的主要政府部门，日本经济产业省于 2003 年 11 月公布了《关于 EPA 的基本方针》，强调指出必须以"国家利益最大化"为谈判基本原则。

日本经济产业省提出，在谈判对象选择上要依据国家经济利益最大化的原则，考虑促进国内产业结构改革、对日本国际战略的重要性和对象的具体情况。在主要内容上应当废除关税须与 WTO 保持一致的约束，特别是农业谈判中对一些重要农产品必须做特殊考虑；日本工业品原则上可以取消关税，但重要的农产品如大米等不能列入贸易自由化的对象里。在优先顺序上，日本经济产业省认为当前重点是韩国、东盟和东盟各成员方，其次是东亚范围内其他国家。

2006 年 4 月，日本经济产业省发表了《全球化经济战略》，表示对谈判对象、谈判范围等方面的认可。同时也希望能继续推进 FTA 扩大贸易自由化的领域，用经济发展成果引领日本内部经济增长，从而促使日本经济的持续发展。在随后几年的《通商白皮书》中日本经济产业省都提出了扩大 FTA 缔结范围，扩大经济影响力，要加强国际经济合作。

### 4.1.3　日本农林水产省关于 FTA 战略的谈判要点

外务省、经济产业省发布的纲领性文件反映出了日本 FTA 战略的三个主要目标。一是建立良好的国际环境、降低贸易壁垒，确保日本的企业在海外投资收益；二是促进国内产业改革；三是将 FTA 作为经济、政治、外交的综合体，不仅基于经济利益，更重视外交和政治利益。但日本农林水产省的出发点则更多的是要求保护日本农业的核心利益。

2004 年 6 月，日本农林水产省出台了指导农业议题谈判的《FTA 交涉之际磋商农产品问题的基本方针》，明确提出了农业议题谈判的总体指导原则：要确保进口农产品的安全性；要对农业的多功能性予以充分考虑；要确保粮食安全；不能对农业改革产生不利影响；要对一些敏感产品采取灵活措施。

此外，还具体规定了一些谈判要点[①]：

（1）对于关税保护作用较高的产品，应作为例外产品；（2）对于必须取消关税的产品，应设置缓冲期；（3）对于进口激增，应设置应急保障措施；（4）应设立切实可行的原产地规则来防止迂回进口；（5）对方应主动限制其对日本的直接出口；（6）对方应取消对日本农产品征收关税；（7）应建立一系列包括动植物检疫、食品卫生措施。

2004 年 11 月，日本农林水产省又发表了《农林水产部门推进亚洲 FTA 的战略》，认为有必要利用 FTA 保障粮食的安全体系，确保农产品安全。具体来说：要确保日本粮食进口的稳定性、安全性与多元化；要促进日本农产品的出口；要稳定食品原材料的进口，同时确保海外食品企业公平公正的环境；要有助于消除亚洲农村地区的贫困；要督促对方国努力保护环境与资源，坚持可持续发展。

第 4 章　FTA进程中日本农业议题谈判模式分析

---

① 李明权，韩春花. 日本关于 FTA 与农业问题的立场与措施 [J]. 现代日本经济，2006 (4)：41.

由此可见，日本农林水产省的基本方针是该例外的要坚决例外、必须开放的要分阶段开放，并通过构筑一系列应急措施和合作机制，最大限度地降低贸易自由化对日本农业领域产生的冲击。

通常，日本政府参与FTA谈判的主要部门是外务省、经济产业省和农林水产省。他们在各自的指导方针中也都强调了维护本国利益这一基本出发点。但由于各自代表的立场不尽相同在具体谈判中难免会产生分歧，日本外务省主要是考虑政治、外交层面的需要，日本经济产业省主要是考虑工业制成品扩大出口的需要，日本农林水产省主要是考虑农产品市场保护的需要。因此，在FTA谈判中如何协调国内各利益群体是一个十分棘手的问题。

从结果来看，日本在推进FTA的进程中，根据自身及谈判对象的政治、经济、外交等几方面的诉求，结合国内外局势，权衡利弊，慎重决策，取得了后来居上的成绩。

## 4.2　日本农业议题谈判的一个双层博弈模型

应该说，无论是已经签署或生效的19个FTA还是仍在谈判或暂停的7个FTA，日本都是遵循着前述的指导性方针，且在农业议题受到的损失日本会极力争取换回其他领域内的利益。如果不能满足这几条要求，日本宁可中断或暂停谈判也不会向对方妥协。这是因为，即使在国际博弈层面达成协议回到国内博弈层面也不会得到国会的批准，反而会遭到国内利益集团的抗议。从这个角度来说，日本农业保护政策是谈判时双方进行双层博弈的主要筹码。

1988年，美国政治学家罗伯特·普特南针对一般国际谈判提出了"双层博弈"的理论分析框架，将国内与国际之间影响谈判走向的关键因素建立起联系，有效地整合为一个模型讨论。该模型将国际谈判看作是国际、国内两个层次的博弈，国际层次的博弈是"第一层"，是指代表国家的谈判者在国际谈判桌上讨价还价达成协议的博弈过程；国内层次的博弈是

"第二层"，是指政府、议会、国内相关利益群体集体磋商是否要批准这一协议的博弈过程。第一层次达成的协议最终需要在第二层次获得批准才最终生效，这就使得国内、国际众多影响因素形成了"关联"，谈判者在国际谈判桌上的决策和博弈过程会对其在国内磋商的博弈过程产生影响，相反亦然。

普特南也承认，两个层次不是截然分开的。更可能的情况是第二层次的争论和预定目标已经大部分地决定了第一层次上的谈判立场，而第一层次的谈判让步必须要考虑第二层次批准的需要。事实上，在国际谈判中往往是多回合的来来往往，因此国际阶段和国内阶段经常相互交织在一起，两个层次的博弈也处于不停顿的互动和循环影响之中。在这种双层博弈的框架下，国内不同利益集团通过向政府施加压力实现利益最大化；政府致力于对本国不利结果的最小化，追求国家利益最大化，同时尽可能地满足国内压力集团要求，最终形成了国际政策。

双层博弈理论经过三十年的发展在学术界受到广泛的重视，许多学者丰富并发展了这一理论，将双层博弈模型应用到国际关系及国际贸易谈判等方面的研究。在国际贸易政策选择方面，在国际层次上不同国家为维护本国的利益博弈；在国内层次上不同利益主体之间博弈，形成了国际贸易政策的国内基础。

双层博弈理论的核心概念是"赢集"。按照普特南的定义，"赢集"是指"在特定的立法机构不变的情况下，在第一层次达成的且能在第二层次获得必要多数支持的所有策略的总和"。由此，可以说"赢集"是建立起双层博弈的最关键桥梁。无论是哪个层次上的博弈都是通过对"赢集"的较量来实现。国际层次上的谈判通过争夺"赢集"所代表的国家利益来实现协议条款的"攻守"；国内层次上利益集团通过各种形式游说立法机构影响"赢集"的大小，政府为了保证国际上达成的协议被"批准"开展政治拉拢，对立法机构施加影响，"赢集"越大协议获得批准的可能性就越大。

普特南的双层博弈理论可以用图4-1来表示"赢集"的概念。假设行为者X、Y参与一个简单的零和博弈，$X_m$、$Y_m$分别代表两方对博弈的最优预期，$X_l$和$Y_l$分别代表双方各自的底线，也就是能被国内层次批准的最大让步，则$X_m$到$X_l$之间、$Y_m$到$Y_l$之间构成了行为者X和Y的"赢集"。从图4-1可以看出双方的"赢集"形成了一个交集，也就是$X_l$至$Y_l$之间，如果双方达成的协议所代表的国家利益策略落在这个区间内，则将被国内立法机构批准。

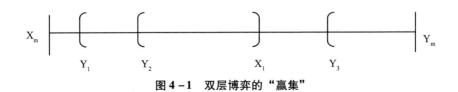

图4-1　双层博弈的"赢集"

如果由于来自国内影响因素的压力增大使得某一方的"赢集"缩小，例如从$Y_l$减小到$Y_2$，这样的结果虽然扩大了Y的国家利益，使得协议策略更有利于Y，但无疑会增加其在第一层次谈判的难度。如果压力继续增大，"赢集"缩小到$Y_m$到$Y_3$，也就是Y被授权的谈判底线从$Y_l$压缩到$Y_3$，那么两个行为人X和Y的"赢集"没有交集，意味着双方无法达成任何协议。

当然，在谈判中也会出现图4-2中的情况。在谈判开始时，两个行为人的"赢集"没有交集，谈判一开始就会陷入僵局。但如果行为者Y的利益集团偏好、政治势力力量反置等国内因素发生变化，使得Y的底线由$Y_l$扩张到$Y_2$，"赢集"就会相应的变大到$Y_m$到$Y_2$。这时X、Y的"赢集"产生交集$X_l$到$Y_2$，使得谈判有了达成协议的可能。

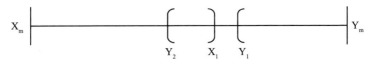

图4-2　双层博弈中"赢集"的变化

按照普特南双层博弈理论，他的前提是任何协议都比没有协议要好，假设在其他条件保持不变的情况下，"赢集"越大，第一层次达成的协议就越可能被国内批准。所以，在谈判中一方可以通过扩大对方的"赢集"来获取更大的让步，或者保持或缩小自己的"赢集"并声称协议可能被否决来拒绝让步，以实现国家利益最大化。

普特南的双层博弈理论研究发现，决定"赢集"大小的影响因素很多，其中最主要的有三个：第一个因素是预先设想的谈判破裂造成的损失，损失越大"赢集"就越大；第二个因素是各利益团体的意见是否一致，意见越统一"赢集"就越大；相反，如果矛盾越激烈"赢集"就会变小；第三个因素是多个议题之间的关联程度，关联程度越大"赢集"就越大。此外，还有众多的影响因素，例如，国内的政治制度、民主程度、选民拥有的权力大小及联盟紧密程度、政治群体的偏好、政府协调能力等，都会影响"赢集"的大小。

前面说到，"赢集"是一个范围，是谈判所能达到预期效果的策略的集合，那么"赢集"应该是动态的，是在谈判中不断变化的。因此，除了上述国内因素之外，国际层次上对方的谈判策略也会影响到本方"赢集"的大小。这个因素由于国际风云变幻造成不可控因素巨大所以非常复杂，有时候包括利用对外投资或额外补偿等方式最大限度地拓展支持者阵营、增加谈判破裂造成他国国内利益集团付出的代价、改变谈判对象国对谈判条款的看法、改变谈判对象国利益集团对自身获得利益的评估、改变谈判对象国决策过程的参与者数量、改变谈判对手的国内政治地位、改变谈判议题的数量并增加议题相互之间的关联程度等。

总之，在区域贸易自由化过程中，谈判越来越成为国际贸易关系改进的正常手段。普特南的双层博弈谈判分析框架有效地将影响谈判的国内外政治经济因素整合到一起，得到了越来越多的重视、丰富和发展，改变了以往经济学模型排除政治因素难以解释现实政策的现象，将经济学、国际政治学、国际关系学做出了良好融合，有力地解释了国际贸易政策的制定。

## 4.3    日本农业议题谈判主要模式的形成及推广

国际贸易政策的谈判是一部分经济谈判和一部分政治谈判错综复杂地交织在一起的综合体。这些谈判涉及世界各国在经济利益、安全利益、政治利益、外交利益等方面的交易，所有利益纷纭复杂、交叉互动。日本在区域贸易自由化进程的谈判中，农业议题的国际贸易政策谈判是涉及政治、经济、安全多方面利益，也是各方关注的核心。

在国际贸易自由化进程中日本最为担心的是农业市场全面开放的问题。因此，按照日本关于 FTA 谈判的指导性方针，在农业议题谈判中，日本意识到将农产品完全排除在关税减让范围之外是极少数的特殊情况。在不能实现将农产品完全排除在外时，日本可以接受另外三种农产品减税方式，并且排出了先后顺序：首先要争取部分具有核心利益的农产品例外，其次要争取分期而逐渐缓慢地免除农产品关税，最后至少要争取到实施紧急进口限制权，或提高关税或削减配额，甚至有权禁止进口等紧急措施。

因此，日本根据不同谈判对象国家或地区的政治、经济特点及其诉求，结合自身的战略需要，探索并实践了农业议题五种谈判模式。

### 4.3.1    完全排除农产品的谈判模式

新加坡是日本第一个完成 FTA 签署的国家，原因不在于它和日本提出了 FTA 建议的早晚，而完全在于日本的选择。在确定转向双边 FTA 进程时，日本对第一个谈判国的选择煞费苦心。日本选择了新加坡，前期做足了准备工作，其中最重要的原因在于农业议题。

#### 1. 完全排除农产品谈判模式的建立

日本充分了解到新加坡的农产品几乎全部依赖进口，并不关心日本的农产品市场的开放问题。新加坡的农业主要是从事本地消费的蛋、鱼和蔬菜生产，出口的农产品也仅限于热带兰花、观赏鱼等，对日本的农业市场不存在冲击。退一步讲，即使在日新 FTA 中将全部农产品的关税都取消日本农业也不会有什么损失。这就完全有可能实现"将农产品完全排除在关税减让范围之外"的大目标。进而，通过日本—新加坡 FTA 创建一个带有模板性质的农业议题谈判模式，发挥其示范效应。而新加坡方面真正关心的是日本石油和纺织品市场的自由化，即使日本农产品市场完全不开放也不是新加坡的核心利益。这就构成了双方的"赢集"。

在具体操作上，日新两国并没有采用"FTA"的概念，而是选择了"EPA"作为双方谈判框架，这是由于 EPA 比 FTA 内容更为宽泛，使农业议题在整个谈判中更加无足轻重，相当于再一次扩大了对方的"赢集"。

尽管新加坡并不在意日本农业市场是否开放，但农业议题条款如何写进 FTA，日本农林水产省还是提出了担心。因为考虑到日新 FTA 未来对与墨西哥、泰国、澳大利亚等农业大国谈判的影响，日本农林水产省坚持农产品应该完全排除在外。日本其他机构认为这样的 FTA 会受到 WTO 的指责，于是日本最终只将向 WTO 承诺的 428 种税率为零产品关税取消，并增加了 WTO 中暂定税率为零的 58 种产品取消关税。这种将税率已经为零的产品又一次取消了关税的做法实际上是一种"障眼法"，不过是为了掩人耳目而毫无实际意义。这样，日新 FTA 谈判基本结束了。

这种谈判模式的设计使日本和新加坡从 2001 年 1 月开始了双方的谈判，只经历了四次谈判，到 2002 年 1 月就顺利地签署了协定，且在国内层次上也毫无悬念地得到了"批准"。

## 2. 完全排除农产品谈判模式的推广

另外一个可能适用该模式的是在农业方面与新加坡非常相似的海湾阿拉伯国家合作委员会（以下简称"海合会"）。日本与海合会的 FTA 谈判开始于 2006 年 9 月，在 2007 年 1 月进行了第 2 轮谈判。2009 年 3 月，海合会单方面宣布暂时中止了对所有国家和地区的 FTA 谈判[①]。

海合会成员方总面积约 283 万平方公里，但大部分是沙漠和荒地，如沙特阿拉伯国土面积虽然有 196 万平方公里，但可耕种面积只占 1.7%，其中永久农田更是不到 0.1%。海合会国家土壤条件恶劣，不适宜进行农业生产，因此农业十分脆弱，粮食严重依赖进口，依存度高达 90%。阿拉伯联合酋长国粮食需求 85% 需要进口，卡塔尔面临的粮食问题更严重，99% 依赖进口，只有鱼、虾等海产品能基本自足，其他农产品中 93% 的牛奶及奶制品、80% 的蔬菜都需要进口[②]。

虽然农业条件恶劣，但海合会国家拥有世界上最大的石油产量。日本每年进口的石油有 70% 左右来自海合会国家。为了确保石油进口的稳定供应和对海合会国家基础设施投资的需要，日本曾多次试图说服海合会重启 FTA 谈判，但是由于海合会国家对 FTA 谈判并不感兴趣，一直没有响应。2012 年上半年石油价格不断回落，世界能源市场变成买方市场，石油供大于求的局面下，海合会开始考虑全面恢复 FTA 谈判，2013 年海合会外长理事会发表了《对外 FTA 谈判评估报告》就是一个信号。如果谈判重启，相信日本将继续采用"将农产品完全排除在关税减让范围之外"的谈判模式。但海合会国家一直没有恢复与日本的 FTA 谈判。

## 4.3.2　保护最敏感产品的谈判模式

泰国是世界上传统的农业国家，其历年出口总额中有 25% 左右的农产品。2004 年出口到日本的产品中农产品更是将近 30%[③]。作为凯恩斯集团成员之一，泰国积极主张农产品贸易自由化。日本知道日泰 FTA 不可能完

---

① 2016 年 1 月 19 日，海合会只恢复了同中国的自贸协定谈判，原则上实质性结束了货物贸易谈判。此后，双方分别于 2016 年 2 月、5 月、10 月和 12 月在沙特利雅得、中国广州、中国北京和沙特利雅得举行了第六、第七、第八和第九轮谈判，此后一直没有继续。

② 李益波. 海合会国家的粮食安全问题及其应对措施［J］. 世界农业，2013（6）：103 - 106.

③ 赵珊. 日本在亚洲的 FTA 战略决策——农业保护问题分析［D］. 对外经济贸易大学学位论文，2006：23；日本贸易振兴会、农林水产省统计数据。

全将农产品排除在关税减让范围之外，因此需要争取的目标是将具有核心利益的农产品除外。

2004 年 2 月，日本—泰国开始 FTA 谈判。泰国希望两国在工业、农业两方面进行全方位的合作，也做好了开放自己钢铁、汽车等敏感领域的准备来换取日本农产品市场的开放，并希望得到日本的资金、技术提高汽车国际竞争力以及在卫生等方面的培训和提升。这可以看作是泰国的"赢集"。当然泰国也很清楚日本对大米等农产品的态度，知道日泰 FTA 谈判的难度。谈判过程确如泰国所料，在大米、糖类、淀粉、鸡肉上无法达成一致，日本要求必须将大米排除在外作为前提条件方能继续谈判。其实这就是日本谈判者的底线，如果失去这一条，即使国际层次上达成了协议，在国内层次上也不可能得到"批准"。

日本采用的策略是改变泰国对谈判条款的基本认识和对自身获益的评估。日本努力使泰国意识到，由于日本传统稻米文化的影响，日本民众对泰国大米并不认可，即使实现贸易自由化也不会大幅增加大米的进口数量。在此基础上，泰国担心如果因并不存在的"大米收益"而使谈判破裂，于己损失更大。在僵持了 8 个月之后，泰国同意将日本的最核心利益——大米，排除在关税减让范围之外，另有大麦、小麦、肉类、奶类、糖类、淀粉等核心利益农产品随之一起被排除在外。

日本在满足了自己的底线要求之后开始缩小自身的"赢集"，努力争取更多的利益，泰国第二个主要出口商品无骨鸡肉成了拦路虎。2014 年初亚洲暴发了"禽流感"，而泰国流感疫情尤为严重。日本在谈判时借机将卫生标准的提高、泰国村庄的复活与无骨鸡肉的进口联系在一起。泰国要求日本提供培训并通过农业合作来使村庄复活，日本将无骨鸡肉等敏感农产品作为条件，使得谈判得以继续。2005 年 3 月双方在农业议题的谈判基本结束，同时启动了工业方面的谈判。

在日—泰 FTA 谈判时，日本采用的策略是单一议题谈判，每个议题在不同的日期内讨论，这是针对对手增强议题之间关联的反制措施。在谈判中，泰国的农业要出口，汽车和钢铁工业要进口资金和技术，两者都对日本有所诉求，日本无疑居于强势地位，因此日本这一策略使泰国经历了一个十分痛苦的过程。双方谈判涉及的农产品共 2154 种，其中取消关税 728 种，分阶段取消 502 种，关税下调 15 种，采取配额 6 种，排除在外 596 种，名义上另行谈判 307 种①。实际上，日本农产品市场开放的这种结果令泰国并不满意。

随后日本的工业产品谈判又对泰国开始发难。当日本要求泰国开放钢铁和汽车部门时，泰国虽有所准备但却毫不让步，再次提出了日本的农业市场开放问题，甚至要求重新谈判农业产品问题。双方谈判又一次走入僵局。

这时，泰国政治风波不断，社会运动要求总理下台，日本利用政治因素迫使泰国做出让步。泰国同意日本排气量 3000 毫升以上客车进口关税在 2009 年之前由 80% 削减至 60%，其后维持 60% 不变；汽车配件在 2011 年后取消关税，5 类敏感产品作为例外于 2013 年取消关税②。泰国小排气量汽车受到保护，现有关税将维持五年。

虽说谈判结果仍与日本期盼甚远，但由于日本在农产品市场上没有向泰国做出实际让步，也就不得不接受工业上这样的结果。实际上，日本也面临着来自国内的政治压力。就在谈判结束前的几个月，日本经济财政咨询会议指出日本目前推进 FTA 的速度太慢，特别是农业保护立场起到了严重的阻碍作用。迫于谈判双方面临的不利形势，日—泰 FTA 谈判于 2005 年 9 月结束，并于 2007 年 4 月正式签署了协定。

这种保护最敏感产品的谈判模式，虽说最终促成了日泰谈判且保证了协定在国内的顺利批准，但对于双方的自由贸易以及促进国内产业化改革方面并未起到该有的作用。

### 4.3.3　利益交换的谈判模式

与上述两种模式农业议题谈判相比，日本和墨西哥的农业议题谈判则

---

① 李明权，韩春花. 日本已生效 EPA 中农产品开放度分析［J］. 日本学刊，2009（6）：70 - 81.

② 付丽. 日本双边自由贸易协定签署及其影响［J］. 国际经济合作，2007（3）：64 - 68.

艰难了许多，关于农业议题的谈判多次走进"死胡同"，出于双方利益的相互交换才最终达成一致。

## 1. 日本、墨西哥"赢集"的构成

墨西哥是典型的农业出口国，由于北美自由贸易协定使得大量美国农产品流入墨西哥，墨西哥必须为自身的农产品找到国际出路。墨西哥出口日本货物中有1/5是农产品，因此墨西哥对继续开拓日本市场寄托了很大的期望，特别希望借助双边FTA取消墨西哥农产品关税，扩大日本进口墨西哥农产品的数量，谈判的焦点再一次对准了农业议题。这种情况下，采取"完全排除农业议题"的谈判模式是不可能完成的任务。

从墨西哥出口到日本的农产品中，猪肉占了一半左右①，因此墨西哥一定会首当其冲要求进行猪肉关税削减谈判。日本历来最关心的是大米、小麦、乳制品、猪牛肉和糖类，但墨西哥不是大米主产国，因此焦点围绕猪肉展开。这种情况下采取"核心利益农产品排除在外"的谈判模式也很不现实。

日本在墨西哥的利益除了要保住农产品市场之外，还需要扩大墨西哥的汽车和电子产品市场，并以此作为平台与美国、欧盟等企业展开竞争。墨西哥已经签署了40多个FTA，特别是北美自由贸易协定和墨西哥—欧盟FTA，给日本汽车和电子产品在墨西哥市场上造成了非常强烈的冲击，再加上墨西哥对政府采购的限制使日本处于非常不利的地位。这样的局势使日本亟须与墨西哥建立FTA，希望摆脱其在墨西哥市场上遭遇的被动局面。

基于双方对农产品市场、钢铁及汽车和电子产品等工业品市场、政府采购及投资的需要，日本和墨西哥两国决定进行FTA谈判。双方在上述方面的利益需求构成了各自的"赢集"。

## 2. 利益交换谈判模式的探索

双方基于此前的接触对谈判的艰难有所预期，但实际上本次FTA谈判

---

① 章志萍，贡献. 日本的FTA/EPA战略对实现其农业利益的有效性分析［J］. 亚太经济，2010（4）：35 – 41.

对双方来说都是一个十分艰苦的过程。双方最早的接触是在1998年，墨西哥向日本提出了签订FTA的想法。当时墨西哥希望发展本国的汽车工业，而日本由于受到北美自由贸易协定的冲击，在国内经产省和经团联的压力下也同意启动FTA谈判，但由于来自农林水利益团体的强烈反对而被迫搁浅。1999年底，墨西哥与欧盟签订的FTA将敏感产品排除在外的做法让日本感觉到了开启谈判的可能。

2002年11月双方正式进入了FTA谈判程序。日本一开始就提出了将大米、小麦和部分乳制品等农产品排除在谈判之外。为了保证这个提议顺利通过，日本同意撤销对墨西哥70种农产品的进口关税。但这仅占到了墨西哥所提出的一半，墨西哥显然对此并不满意，强烈要求日本撤销自墨西哥进口猪肉的关税。而猪、牛、鸡等肉类产品恰恰是日本农产品的核心利益之一，日本果断予以拒绝，迫使对方扩大"赢集"。墨西哥见日本立场如此坚决便后退一步，提出把取消猪肉关税改成25万吨以内取消关税，但要扩大鸡肉和牛肉的配额。日本当时进口猪肉总量尚不到100万吨，而墨西哥提出的25万吨免税配额实在无法消化，加上考虑到国内正在进行的猪肉产业调整，日本只同意每年猪肉进口最高额度为8万吨，关税从4.3%降到2.2%[1]。双方分歧巨大，谈判陷入僵局达半年之久。

为了挽回谈判，日本虽然没有放松猪肉市场，但主动提出加快步伐取消其他商品关税，同时将墨西哥橙汁进口关税减半并逐年提高配额到6500吨，这个数量将近以前的六倍。谈判得以继续，但墨西哥要求日本再以无关税配额的方式进口橙汁1万吨[2]。日本再次拒绝，谈判又一次破裂了。这时，墨西哥又提出日本取消猪肉的差额关税，差额关税是日本为了保护本国的猪肉工业通过设置进口价格标准和国内猪肉生产价格标准，将标准价格差额作为关税征收。但日本并没有同意，而是通过关税减半、逐年增加配额的办法使双方达成一致。现在墨西哥再次提出取消差额关税，日本无法接受。

---

①② 章志萍，贡献. 日本的FTA/EPA战略对实现其农业利益的有效性分析 [J]. 亚太经济，2010（4）：35－41.

### 3. 利益交换谈判模式的实现

就在谈判进行中，墨西哥突然规定只有与墨西哥签署 FTA 的国家才可以参与政府采购投标。这个规定完全把日本的公司排除出局，使日本政府受到了来自工商界的巨大压力。根据普特南的双层博弈理论，墨西哥的这种做法是在政府采购与农业议题之间建立起一种"关联"，甚至是与整个 FTA 谈判的"关联"，逼迫日本在农业议题上做出让步。日本出于无奈对柑橘、鸡肉、牛肉等农产品做出了较大让步，承诺降低关税并逐渐增加进口数量，但日本争取到了 1~2 年的缓冲期及缓冲期内数量仅为 10 吨的进口额度①。2004 年 3 月谈判结束，2004 年 9 月双方签署了 FTA，谈判历时 22 个月，超出预期 11 个月。

从日本、墨西哥双方的角度来看，各自都基本实现了"预期"。日本虽没能将农产品完全排除在外，但利用利益交换的谈判模式保护了农产品市场的核心利益，使大米、小麦等敏感产品被成功地排除在外，肉类市场的损失成功换取了工商业的利益并取得了一定时期内的缓冲，减少了对农产品市场的冲击。这是日本第一次与较大的农业出口国进行 FTA 谈判，积累了大量经验。日本国内为此次谈判做出了积极的努力。在谈判前，小泉首相刻意任命了前农林水产大臣的儿子担任经济产业大臣，同时任命工商业人士担任农林水产大臣，目的是尽量协调农业部门与工商业部门之间的利益矛盾。这种手段体现了政府的协调能力，相当于缩小自身"赢集"，更有利于本方谈判立场。

墨西哥则打开了日本农产品市场，尤其是其最关心的猪肉、牛肉、鸡肉、柑橘和橙汁市场，关税大幅度降低，出口数量大幅度增加；日本是墨西哥的第三大海外投资来源国，因此墨西哥对日本汽车和电子产品的进口也持欢迎态度。但墨西哥也面临着国内的压力，农业、制造业、商业、银行认为日本的让步非常有限，除非大规模开放农产品市场，否则墨西哥就

---

① 章志萍，贡献. 日本的 FTA/EPA 战略对实现其农业利益的有效性分析 [J]. 亚太经济，2010 (4)：35－41.

无法从双方 FTA 中获取收益，这样他们宁愿撤回谈判。如果谈判彻底破裂无疑对日本损失更大一些，这相当于扩大了日本的"赢集"，所以这也是墨西哥敢于坚持立场的根本原因。

### 4. 利益交换谈判模式的推广

日本与墨西哥进行 FTA 谈判时采用的"利益交换模式"是日本应用最广泛的一种谈判模式。从理论上来讲，所有的谈判都会涉及双方讨价还价的过程，这个过程无一例外都是在进行广义的"利益交换"，从而获取国家整体利益的提升。从实践上来看，日本采取的这种"利益交换模式"后来也被广泛应用到各个 FTA 谈判中，日本也达到了自己的初衷。

如日本—智利 FTA，智利是日本最大的铜、钼等资源性产品进口国，与智利签订 FTA 可以确保矿产资源的稳定供给①。日本逐步取消了对智利的铜产品、鱼产品和瓶装红葡萄酒的关税，但对猪肉、牛肉和鸡肉设定了关税配额，从而换取了智利对日本机动车、一般机械和电气电子产品的关税取消。

印度尼西亚拥有东盟十国里最大的消费者市场，同时也是日本最重要的能源来源国之一，尤其是石油、煤炭、天然气等重要战略物资，日本90% 的石油进口要通过印度尼西亚周边的管道输送。在农业议题中，日本同意立即取消印度尼西亚橄榄、咖啡豆、部分热带水果的关税，印度尼西亚大幅度削减日本汽车关税。大排量汽车关税在 2012 年末取消，小型汽车关税在 2016 年末削减到 5% 以下，电气电子产品关税在 2010 年末逐步取消。

日本—秘鲁 FTA 中，日本对部分进口农产品分阶段撤销关税，对具有核心利益的鸡肉设定关税配额。秘鲁立即撤销部分汽车零部件、电视等产品的关税。日本—文莱 FTA 中，日本用立即取消对文莱产榴莲、芒果关税换来文莱 3 年内削减汽车及零部件全部品目关税、5 年内取消电气和电子产品关税。

总之，日本广泛的利用农产品市场开放来与各个国家或地区周旋，或

---

① 王洙. 日本 EPA 战略评估及对中国的影响 [J]. 国际贸易, 2010 (2): 38.

要求对方开放工业制品市场，或保证能源、资源供应，或用投资、援助许诺来进行利益交换，从而达到既有效推进贸易自由化又保护国内农产品市场的目的。这些国家，特别是传统的农业出口国家如墨西哥、智利、秘鲁等国，能接受日本农业议题谈判的条件，主要是因为日本依靠自身经济与科技实力满足了对方投资、援助、技术服务等方面的要求，从而使这些国家放弃或部分放弃日本农产品市场。

但很显然的是，这样的模式不是适用于所有的谈判对象国，比如澳大利亚、欧盟、加拿大及 TPP、RCEP 等同样具有强大经济实力的经济体。

来自美国、欧盟、中国、澳大利亚和加拿大 5 个经济体的农产品占日本农业贸易进口额的 60% 以上，其中美国约占 20% ~ 30%，是日本最大的农产品进口国，如表 4 - 1 所示。就品种而言，日本进口玉米总值的 98.7%、大豆的 72.3%、麦类的 60.6% 都来自美国，进口牛肉的 76.3% 来自澳大利亚。在这种规模下，日本将无法绕开农业市场开放问题。这时，日本不仅要考虑农业利益或工商业利益，还要综合考虑政治、军事、外交、国家安全等因素。

表 4 - 1　　　　　　　　日本农产品进口来源情况　　　　　　　单位：亿美元

| 年份 | 总进口 | 美国 | 中国 | 欧盟 | 加拿大 | 澳大利亚 |
|------|--------|------|------|------|--------|----------|
| 2007 | 655.0 | 181.2 | 99.9 | 58.3 | 38.3 | 50.5 |
| 2008 | 690.0 | 203.4 | 77.2 | 81.3 | 47.4 | 49.2 |
| 2009 | 609.3 | 151.2 | 75.7 | 80.4 | 35.5 | 40.4 |
| 2010 | 678.3 | 160.0 | 88.2 | 84.7 | 39.8 | 44.8 |
| 2011 | 837.5 | 194.7 | 104.1 | 107.2 | 50.0 | 53.2 |
| 2012 | 839.2 | 184.0 | 112.2 | 108.1 | 51.3 | 51.1 |
| 2013 | 764.0 | 157.4 | 101.3 | 100.0 | 46.5 | 45.6 |
| 2014 | 729.4 | 166.2 | 99.2 | 96.7 | 42.4 | 41.5 |
| 2015 | 668.6 | 146.6 | 89.7 | 79.0 | 37.4 | 39.0 |
| 2016 | 670.1 | 137.6 | 88.9 | 88.3 | 37.0 | 39.4 |

资料来源：中国商务部对外贸易司。

### 4.3.4 "外交优先"的谈判模式

日本在确定 FTA 谈判对象时考虑到农业议题谈判的困难,会尽量推迟与农业出口大国进行自由贸易谈判。但农业保护并不是 FTA 战略考虑的唯一因素,日本国家利益的构成不能不考虑政治、军事、外交、国家安全等多重因素,在面对澳大利亚、印度等国时,日本将外交因素摆到了重要位置。随着世界各地贸易自由化广泛进行,日本终将无法避免放开农产品国际贸易市场,除了继续强调"农业多功能性"之外,也必须为农业议题谈判做好为政治、军事、外交让步的准备。

### 1. 日本、澳大利亚"赢集"的构成

日本和澳大利亚的 FTA 谈判开始于 2007 年 4 月。澳大利亚是和日本谈判的第一个西方工业化国家,也是世界上主要的农业出口国之一。以日本—澳大利亚自贸谈判前的 2005 年为例,澳大利亚羊毛、棉花产量的98%用于出口,糖的出口量占产量的79%,小麦出口量占74%,64%的牛肉用于出口,牛奶出口数量则是 57%,羊肉是 53%[①],澳大利亚牛羊肉、大麦、奶制品、棉花、食糖、油菜籽、小麦等主要农产品出口数量稳居世界前五名。澳大利亚是日本重要的原材料和能源、资源供应国,日本进口煤炭、铁矿石等资源的 60%,液化天然气的 20% 来自澳大利亚。到 2020年,自澳大利亚进口液化天然气的比例预计将升至 40%[②]。日本则是澳大利亚农产品出口最大的对象国,双方经贸联系十分密切。

日本通过与澳大利亚签署 FTA 谋求资源的安全和稳定供应;同时,澳大利亚与美国、东盟和韩国签署的 FTA 使日本汽车在澳大利亚市场面临不利地位,日本需要解决汽车的关税减免问题以摆脱被动的局面。此外,从外交方面来看,澳大利亚是美国在亚太地区的重要盟友,在地缘上与日本

---

① 闫墨. 日本的 FTA 及农业问题研究 [D]. 对外经济贸易大学学位论文,2009:27.

② 傅剑华,牟薇. 澳大利亚汽车市场及准入要求 [J]. 汽车与配件,2011 (50):36.

互为依托，可成为外交倚重，构成美日澳"铁三角"战略同盟。

澳大利亚愿意同日本进行谈判首当其冲的原因就是农产品关税减免。谈判前，澳大利亚出口到日本的几乎所有的农产品品种都呈下降趋势①。2005～2006年，出口日本高粱8.6万吨，与2001～2002年相比下降了82.5%；出口日本脱脂奶粉4100吨，下降了76.7%；2004～2005年澳大利亚出口日本原糖43.5万吨，比2001～2002年下降了42.9%；2005～2006年出口日本奶酪8.1万吨，下降了21.5%；2005年，澳大利亚出口日本羊肉8300吨，下降了10.8%②；其他农产品均有不同程度的下降。当年日本自澳大利亚进口牛肉出现了幅度较大的增长，原因是美国、加拿大等地爆发了疯牛病，日本停止了从这些国家进口。进入到日本的农产品大幅下降迫使澳大利亚十分关注日本农产品国际贸易市场，而日本恰恰是澳大利亚最主要的农产品出口对象国，如果出口不畅将严重影响澳大利亚的农业经济，因此澳大利亚希望通过FTA谈判全面打开日本市场。此外，从外交层面来看，澳大利亚希望借力日本走向亚洲，增强在亚太地区的话语权，更有利于参与亚太区域贸易自由化进程之中。可见，敏感农产品和汽车是双方谈判焦点。

但是日本也知道面对澳大利亚的困难性。日本耕地面积不到澳大利亚的1/10，农民人均农牧业用地面积仅是澳大利亚的数1/100。这种禀赋差异使日本与澳大利亚在国际农产品竞争中处于绝对劣势地位，若在国内市场上对澳大利亚农产品减免关税，则日本国内的农业生产可能就不会存在了。另外，与澳大利亚农产品竞争的是美国农产品，对澳大利亚减免农产关税势必会挤占美国的市场，这会造成与美国的摩擦引起美国的报复，是日本所不愿意看到的结果。但如果日澳FTA将农产品被排除在外，澳大利亚决不会答应；利用援助和投资换取农业保护的策略在澳大利亚也行不通。

---

① 王国华. 日澳EPA对日本敏感农产品保护政策的影响研究 [J]. 日本研究, 2015 (2): 30 – 35.

② 李波. 澳大利亚和日本双边自由贸易（FTA）谈判中的农业问题 [J]. 世界农业, 2008 (10): 44 – 48.

## 2. 日本在农业议题做出重大让步

日本与澳大利亚的 FTA 注定从谈判伊始就步履艰难。双方从 2007 年 4 月开始迈出第一轮谈判步伐，一直到 2014 年 4 月共进行了 16 轮谈判。在长达 7 年时间的谈判中，因为在农产品市场开放问题上互不妥协而始终没有取得实质性的进展。澳大利亚出口到日本的农产品主要有牛肉、乳制品、小麦和糖类，这些全是日本保护程度最高的、高度敏感的的农产品。日本的农业部门一直对日澳 EPA 谈判持非常谨慎的意见，他们强硬地坚持这几种农产品必须享受例外待遇。日本的这种立场导致日澳 EPA 谈判旷日持久却不见成效。

2008 年 4 月末在日本与澳大利亚的第五轮谈判中，双方正式就农产品市场展开了讨论。澳大利亚强烈要求日本降低牛肉和奶酪等农产品的关税水平，要求撤销限制关税配额、国营贸易安排等措施。但日本的回答是任何一个都不可能自由化，牛肉、乳制品、小麦、糖和大米都要作为例外产品排除。在随后几轮谈判中，也涉及淀粉、猪肉等其他产品。对于这几种高度敏感的农产品，日本的立场丝毫没有改变。日本声称，在此前的 13 个 FTA 谈判中没有一个国家主张同时减免这几种敏感农产品关税，澳大利亚也不应例外。日澳谈判与日墨不同之处在于日本试图继续采用类似泰国的"保护最敏感产品的谈判模式"，在农业议题上取得最大化的收益，竭力避免高度敏感农产品进入谈判范围，而不是类似于日墨谈判更在乎数量的大小多少。其中的原因一方面在于澳大利亚在日本进口的农产品份额巨大，另一方面在于旁观的美国可能会在今后提出更进一步的要求，这是日本无法接受的。

在农业议题谈判中，澳大利亚使用的策略是，极力向日本证明澳大利亚农产品对日本农业的影响并不是十分重大，扩大日本的"赢集"。澳大利亚以大米为例，日本平均年产大米 850 万吨，而澳大利亚只有约 2 万吨，每年尚需进口 25 万吨左右①。而日本则认为大米是"国米"不在讨论之列，且认为任何农产品减免关税或放松准入都会对日本农业造成冲击，尤其无法确定对未来的影响。农业议题谈判的拉锯严重阻碍了日澳 FTA 的进程。

双方在 2007～2009 年尚保持着每年 3 轮或 4 轮的谈判，而 2010 年和 2011 年两年仅进行了 3 轮谈判，2012 年进行的谈判恢复到了 3 轮，但从日本外务省发布的会议纪要上丝毫看不出谈判进展，甚至连下一轮的谈判日期也没有确定。已经进行了 5 年共 16 轮的谈判陷入了停顿。

事情在 2014 年突然出现了转机，7 月 8 日两国宣布签署的自由贸易协定令世人大跌眼镜，这距离上一次谈判结束已经整整 2 年。转折的重点是 2014 年 4 月澳大利亚阿博特总理访问日本时，两国就 FTA 达成原则上一致。澳大利亚立即废除日本部分汽车的关税，这部分汽车按价值计算约占日本出口到澳大利亚汽车的 75%，其余汽车的关税也将在三年内撤销；日本同意逐步削减澳大利亚牛肉关税，澳大利亚同意日本设立进口限制紧急保障措施。

2014 年 7 月，日本首相安倍晋三访问澳大利亚时，双方正式签署了协定。协议约定：澳大利亚同意日本将大米排除在关税减让范围之外，日本同意冷冻牛肉和冷藏牛肉的进口关税将逐年下降，冷冻牛肉在 15 年内将进口关税从 38.5% 降至 19.5%；冷藏牛肉将用 18 年的时间从 38.5% 的关税下降到 23.5%②，但其间设置了紧急限制进口措施，如果来自澳大利亚的两种进口牛肉超过一定数量，日本有权发动紧急限制进口措施，将澳洲牛肉的进口关税恢复到 38.5%。奶酪产品采取关税配额，但将逐年增加进口配额数量。猪肉采取关税配额，配额内减免 50% 关税，5 年后配额由 6700 吨扩大到 16700 吨。鸡肉采取关税配额，配额内减免 10%～40% 的关税，

① 云杰. 日本 FTA/EPA 谈判中农产品贸易自由化策略分析 [D]. 东北财经大学学位论文，2010: 25.

② 刘洋. 基于经济视角的澳大利亚 FTA 战略 [J]. 国际经济合作，2015 (5): 34 – 38.

10 年后配额由 40 吨扩大到 200 吨①。饲料用小麦撤销关税并由国营贸易控制变为民间贸易。原糖撤销关税,但按糖度设定了一定数额的调整金。

### 3. 日澳外交强化战略同盟伙伴关系

从日本—澳大利亚 FTA 总体来看,日本在农业保护政策方面做出了重大让步。除保住了大米这一核心利益外其余几大敏感农产品全部"失守",放松了进口限制是日澳 FTA 谈判成功的直接原因。但实际上,日本的重大让步背后隐藏着更深层次的基于外交、安全等方面利益的考虑。

在 2014 年 4 月澳大利亚总理访日时,两国领导人除了就 FTA 达成原则一致外还同意在安全领域加强合作,将战略伙伴关系提升到"一种新的特殊关系"。这种特殊关系强化了日澳两国的战略同盟进而构建日澳美"三角战略关系",并被用来遏制中国日益增长的影响力,这是日本外交战略的优先考量。由此看来,"围堵中国"的外交需要才是促成日澳 FTA 突然达成的关键因素。

为对抗崛起的中国并配合美国"重返亚太"战略,日本急于在亚太地区找到同盟伙伴以求共同遏制中国崛起,在亚太地区建立起话语权澳大利亚被看作最佳选择。日本希望借助两国之间的 FTA,并在强化经济领域合作外更加强化战略伙伴关系,与美国一起主导亚太地区。

实际上,在安倍晋三第一次担任首相期间,2007 年就曾与当时的美国总统小布什、澳大利亚总理霍华德会晤。时隔 7 年后,美日澳三国领导人借 G20 峰会期间再次会面重申三方联盟,并发表了共同声明表示将举行三国联合军事演习,建立包括海上安全保障机制在内的安全与防务合作。安倍晋三认为,"在东海和南海争端的情况下,日本外交应当优先考虑战略地平线的扩展"②,这反映出日本将与澳大利亚的外交关系摆在了经济利益的前面。安倍晋三甚至很早就建议成立一个针对中国的美日澳印"四国集

---

① 王国华. 日澳 EPA 对日本敏感农产品保护政策的影响研究 [J]. 国际经济合作,2015 (2):30 - 35.

② 张根海. "印—太战略弧"视阈下美印日澳组合对南海安全的导向性分析 [J]. 南亚研究,2017 (4):93 - 109.

团"。2017年11月,特朗普在首访日本时与安倍一起正式推出建立"自由开放的印度洋太平洋战略"①。这个所谓的"印太战略"兼具政治、经济、军事性质,以日美澳印等为中心增强安全合作,日本借此可以实现以东亚为起点向南亚、中东、非洲推进,提升亚洲与非洲的联系②。此后,"印太战略"逐步进入实施,2018年5月美国将"太平洋司令部"更名为"印度洋—太平洋司令部",反映出美国在亚太地区进一步向印太地区扩张。而澳大利亚恰恰位于太平洋和印度洋的交汇点,美国对印太周边国家在南海问题上给中国制造麻烦的纵容、唆使都是这一战略的步骤。

### 4. "外交优先"谈判模式的推广

除了日本—澳大利亚FTA之外,于2007年1月开始谈判、2011年2月签署的日本—印度FTA也是基于这个背景模式下达成的。日本—印度FTA除了在药品审批和相互开放部分服务市场之外在货物贸易、投资等方面均没有可圈可点之处,印度与日本能够最终达成FTA主要是由于双方在外交领域具有比较一致的共同利益。

2007年以来,日本为了增强在东亚地区的主导地位,遏制中国日益强大的势头,确保海上能源运输线安全,在亚太国家中抛出"价值观"外交理念,而印度的"东进战略"需要扩大亚太地区的空间。2007年8月日本首相安倍晋三出访印度,提出两国应建立起"自由与繁荣之弧"③,表示将与印度在政治、安全等领域进一步深化合作。此后几年日本首相虽数度更迭但两国关系却急速升温,仅2009年一年时间里两国领导人就进行了4次会晤,更是多次进行联合军事演习。

究其原因,一方面两国都有"大国地位"的认可需求,印度不满足于南亚地区的大国地位,日本不满足于政治"小国"地位,两国均要成为世界政治经济"大国",尤其是寻求加入联合国安理会常任理事国问题上互相打气;另一方面日本、印度两国都对中国崛起感到不安,防范中国的意

---

①② 高兰. 多边安全合作视野下日本"印太战略"的内涵、动因与影响 [J]. 日本问题研究, 2018 (4): 8 – 16.

③ 日本拉印度共建"亚洲自由弧" [N]. 光明日报, 2007 – 08 – 24: 8.

识强烈，尤其是在美国破坏中国和平发展环境以达到遏制中国崛起的思维主导下，日印有着共同的外交利益。印度更是希望通过实施"东进战略"努力加强与东盟、日本等国家的关系，以提高区域影响力。因此将外交优先于经济利益考虑加强合作也就一拍即合了。

日本另一个将外交作为优先考虑的典型例子是日本—蒙古国FTA。从经济角度来讲，蒙古国对日本的作用非常有限，仅能提供极少的矿产资源，蒙古国的经济规模对日本出口产业也无关紧要，双边贸易额仅占日本贸易总额的万分之二，甚至不符合日本FTA战略的评估标准。但日本看中了与蒙古国的外交利益，为了建立起基于"价值观外交"的围绕中国的"圆环外交"体系，并与中国的"一带一路"倡议抗衡，阻碍其实施从而削弱中国对周边国家的影响力，其一贯坚持的"遏制中国"的战略意图表露无遗。

总之，"外交优先"的谈判模式使日本经历了7年的艰辛，且不惜牺牲农业部门的重大利益，首次与世界农产品出口强国签订了经济合作协议。这一模式还先后运用到印度、蒙古国等周边国家，舍弃经济利益优先保证外交、安全等领域利益，日本强化了战略伙伴的同盟关系。这种"外交优先"的谈判模式将被进一步放大到国内外政治、军事、经济、外交全盘考量模式，并被应用到TPP以及日本—欧盟的双层双轨谈判中。

## 4.3.5　全盘考量国家利益的谈判模式

日本与澳大利亚的FTA在进行了5年16轮的谈判后中断了2年，最终基于对外交优先考虑的战略需要，历时7年之久突然完成，这使国际社会感到惊讶，也创下了日本与同一个国家FTA谈判耗时最长的纪录。同样，出于国内外政治、军事、经济、外交全盘考虑的需要，日本在加入TPP的谈判中对农业议题所作出的让步更令国际社会始料不及。而日本并未就此停止，又将这一模式运用到与欧盟的FTA谈判中去。

### 1. 日本加入TPP的准备

TPP最初是由新加坡、新西兰、智利、文莱4国于2005年发起的区域性经济组织，后来美国的加入才使得 TPP 引发广泛关注。TPP 于 2010 年 3 月开始第一轮谈判，截至 2015 年 7 月谈判完成时一共进行了 21 轮谈判，加入谈判的国家也从第一轮谈判的 8 个增至 12 个。TPP 几乎包含了亚太地区除中国以外的多数主要经济体。2015 年 10 月 5 日日本与美国等其他 11 个国家达成一致。2016 年 2 月 4 日正式签署了 TPP。

TPP 所涵盖的内容比 FTA 更为广泛，自由化程度也更高，原则上要求 100% 废除关税。此外，还要求实现人员、资金流动的自由化，还包含知识产权、政府采购、竞争政策、投资规则、劳动力，以及环境标准、卫生检疫、贸易争端等诸多领域的内容。TPP 谈判内容的前瞻性及创新性超越了目前世界上任何一个 FTA，因此 TPP 谈判在某种程度上将会引领未来世界贸易规则。美国之所以热心于此在于其要把国内规则引入 TPP，通过抓住规则制定权主导泛太平洋地区经济合作。从这个角度讲，美国希望日本加入 TPP 提升影响力，更希望得到日本的多种支持。

从 2010 年 10 月起日本开始关注 TPP 并表示有意向加入，这一举动在日本政界、理论界、产业界引起巨大争议，国内各党派、利益群体、专家学者甚至街头巷尾都在进行着各种形式的支持或抗议，公共舆论也呈现明显的两极分化倾向，甚至有学者称"整个国家被一分为二"。由于 TPP 号称全面取消进出口关税，使日本农业议题谈判面临着史无前例的巨大压力。实际上，自从日本政府打算加入 TPP 时，来自国内各方面的压力已经开始显现。虽然在日本加入 TPP 之前与美国的前期磋商中达成了"不必承诺取消全部关税"的协议，但农民、农业利益团体、地方政府、在野党甚至研究人员仍提出了强烈的批评和抵制。2011 年 11 月农协提交请愿书反对加入 TPP，各种形式的抗议、游行请愿活动在各地风起云涌。日本政府各部门之间的分歧也非常之大，尤其以农林水产省反对意见最为强烈。

经历了漫长的争论之后日本于 2013 年 3 月宣布加入 TPP 谈判，这一决定再次使 TPP 成为全球关注的焦点。次月 TPP 同意了日本的申请。2013 年 7 月日本正式加入 TPP 第 18 轮谈判，成为第 12 个成员方。

在 TPP 的 12 个谈判国里，美国是世界最大的经济体，日本是世界第三大经济体，因此日美之间的谈判将是 TPP 成员方及全球关注的重点。美国最主要的诉求是日本开放农产品市场，至少要大幅降低农产品关税或扩大农产品低关税进口配额。而日本希望在保护本国农产品利益的同时要美国取消2.5%的关税①，开放汽车及其零部件市场。

## 2. 农业议题的艰苦谈判

TPP第18轮谈判是日本参加的首次谈判。由于美国国会履行批准程序的原因，日本加入时距本轮谈判结束仅剩3天，所以日本只参加了知识产权、政府采购等6个小组的谈判，最终日本未能争取到任何有利的结果。谈判结束后，日本立即在保险业、汽车业对美国做出让步，将办理美国家庭癌症险业务的邮局数量扩大到原来的20倍，对美国汽车的进口配额限制从每款2000辆放宽到5000辆②。

2013年8月TPP第19轮谈判在文莱举行，这是日本首次全面参与关税和其他关键问题谈判。日本提出了农产品"五大圣域"大米、小麦、猪牛肉、奶制品和糖类保留关税的议题。澳大利亚、新加坡、新西兰和智利等国联合向日本提出全面取消农产品关税的方案，日本遇到了真正的难题。此后进行的日美磋商中美国表示日本可以保持大米关税，但日本仍坚持在"五大圣域"不会妥协，称"一厘米也不能再让"。这样美国也放弃了让步，要求日本取消全部农产品关税。日本处于全面被孤立状态。2013年12月日本主动提出敏感农产品可以实施关税配额制度，对一定数量之内的配额实行优惠关税，但美国仍坚持要全部取消农产品关税，日美在农业议题上仍无法取得一致，并在汽车领域展开了激烈的交锋。

2014年后双方明显提高了谈判的频率，据互联网上公开的资料显示，从2月到10月双方进行了8次会谈，这还未包括每轮TPP谈判时的日美单独会谈。而这些会谈中，农产品关税问题几乎每次都是焦点，例如在2014年5月，美国要求降低猪牛肉关税被拒绝；10月双方在大米关税减让问题

---

① 施锦芳，郭姵韬. 日美TPP谈判的政治经济博弈及启示［J］. 东北财经大学学报，2015（6）：3 - 9.

② 曾霞. 日本FTA战略研究［D］. 南开大学学位论文，2014：85；日华媒：牺牲日本利益安倍TPP谈判承诺成骗局［EB/OL］. 中国新闻网，2013 - 07 - 31.

上寸步不让。在这种情况下，美国国内要求对日强硬的呼声越来越强烈。奥巴马在 2014 年 4 月访问日本期间，亲自游说安倍晋三在开放农产品问题上做出让步。美国一些国会议员对日本保护本国农产品市场的同时却要求美国开放汽车市场的行径非常不满，公开表态向政府施加压力要求美国在 TPP 谈判中采取更加强硬的做法。2014 年 4 月，日本与澳大利亚谈了 7 年多的 FTA 结束了，大米被完全排除在关税减让范围之外，其他重要农产品采用了关税配额、紧急进口限制权等措施予以保护。日澳 FTA 增加了日本对美国谈判的信心。但适得其反，美国国内不但没有接受这种压力，反而要求以更严厉的态度对待日本的农产品贸易保护政策，甚至提出把日本从 TPP 谈判中剔除出去。谈判陷入僵局。

2015 年 1 月底日本作出妥协，表示可以增加美国农产品进口。美国也做出了积极回应，不再强硬要求日本取消进口汽车安全及环保标准限制①。同年 2 月美日达成了谅解，逐年扩大了美国和澳大利亚大米的进口数量，削减进口牛肉关税并有权实施紧急限制措施同时增加进口数量，逐步削减猪肉从价税②。

虽然说日本在 TPP 中的主要谈判对手是美国，但并不代表着其他国家没有意见。相反，日美磋商出来的协定遭到了其他国家的反对，他们明确表示不承认日美单独谈判的效力。无奈之下日本又被迫减少作为例外品目的数量，但仍未得到其他国家的认可。他国表示，如果日本不取消包括大米在内的所有农产品关税就不必加入 TPP 了。日本无路可退，双方僵持不下。这种状态持续到 2015 年 4 月日本首相访问美国，日本以增加零关税进口配额数量、分阶段削减关税、采取从量税等作为让步，农业议题谈判初步结束。

———————

① 刘凌旗，刘海潮．日本 TPP 决策动因及日美谈判现状评估 [J]．现代国际关系，2015 (3)：46 - 55．

② 施锦芳，郭舸韬．日美 TPP 谈判的政治经济博弈及启示 [J]．东北财经大学学报，2015 (6)：3 - 9．

### 3. 日美全盘考量迫使农业利益让步

2015 年 7 月 31 日 TPP 第 21 轮成员方部长和首脑谈判结束。2015 年 10 月 5 日 TPP 达成一致。2016 年 2 月 4 日 TPP 正式签署。根据 TPP 协议，日本增加了对美国、澳大利亚进口大米的配额；小麦、大麦进口关税第 9 年控制在 45% 左右，对美国、加拿大、澳大利亚增加了进口配额；牛肉关税逐步削减到 9%，同时有权实施紧急限制措施；进口猪肉从量税将从目前的 482 元/千克逐步降到 50 元/千克①，超过基准价格的从价税十年后给予撤销；乳制品进口配额提高，关税削减；对于糖料作物维持进口糖与国产糖的价格调整金制度。按贸易额计算，日本关税撤销率达到了 95%，墨西哥为 99%，其余 10 个国家均为 100%②。

对于日本来说，此次签署的 TPP 与其此前签署的 15 个 FTA 有很大不同。日本此前签署的 FTA 都把重点农产品作为特殊处理而加以保护，显然日本在本次谈判中对农业议题做出了重大让步，"五大圣域"无一例外都进入了谈判内容，关税减让模式堪称目前为止世界上最为烦琐。按大类可以分为立即取消关税、分 N 年取消关税、降低关税但不取消、季节性关税、配额、国别"歧视性"减让等 15 种，按小类则可以分为 64 种之多。以"分六年取消关税"为例包括六年间均等取消关税、第一年取消基准税率的 X% 后第二年起将剩余的关税分五次（每年一次）取消、截至协议生效第五年维持基准税率后第六年取消关税、第一年从价税和从量税分别降至 X% 和每公斤 Y 日元后第二年起将剩余的关税分五次取消等六种方式。日本之所以煞费苦心地设计各种关税减让模式，其目的是尽量减少对农业的冲击。

日本在农业议题上的让步促使 TPP 得以签署，这种让步是基于国内外政治、军事、经济、外交各个战略需要而达成，特别是日本和美国经过全盘考虑之后以农业和汽车业为代价的交易。

---

① 李明权. 安倍政府的农业改革评析——基于 TPP 框架的视角 [J]. 日本学刊，2018（1）：46 – 65.

② 日本农林水产省发布：TPP 农林水产品关税的最终结果。

（1）出于经济利益方面的考虑。

日本与澳大利亚、东盟及其他 FTA 应当说基本符合日本关于 FTA 的指导性文件，但对于 TPP 谈判中的重大让步日本有着比经济利益更深层次的考虑。这并不意味着日本不考虑经济利益。

一方面，日本希望利用 TPP 来"倒逼"产业结构调整。日本产业结构发展不平衡，两极分化十分严重。工业制造业具有很强的国际竞争力，但农业国际竞争力却十分低下，长期处于"保护—衰退—保护"的恶性循环中[①]，农业改革阻力巨大，进展缓慢且收效甚微，令政府头痛不已；农业总收支连年逆差，占日本国际贸易总逆差金额的一半以上，2015 年甚至达到了 314%，即使在 2016 年日本国际贸易顺差的情况下，农产品仍有 7.8 万亿日元的逆差（见图 4-3）。日本非常希望 TPP 协定的签署能有助于提高日本农业的国际竞争力，使日本农业有可能逐渐走上良性发展道路。

另一方面，日本希望利用 TPP 来复苏经济。虽然日本农业方面利益受到损害但 TPP 还是会给其他领域带来利益。日本加入 TPP 后市场规模扩大扭转了市场需求的不足，特别是汽车制造业和电子产品行业，也将给旅游服务业、投资和政府采购等方面提供大量的机遇。此外，通过 TPP 的谈判使日本参与到全球贸易规则制定中去，提高了自身的话语权和影响力。

而对于美国来说建立 TPP 必须要考虑经济上的收益。首当其冲的是要牢牢把握国际贸易规则制定权促成美国标准的亚太自由贸易规则。当前，亚太地区成为世界经济的"发动机"，美国绝不会让制定规则的大权旁落，尤其是在亚太地区大型区域性 FTA 基本空白的情况下 TPP 与 RCEP、中日韩 FTA 并马前行，美国担心其在东亚的影响衰落，因此迅速建立起由自己主导的经济合作体并深化与亚太地区的经济联系，同时干扰东亚地区的 FTA 谈判进程是美国的经济利益所在。美国另外一个考虑是要直接获取经济利益。近几年来，美国经济受到巨额贸易逆差的影响，美国希望通过 TPP 扭转逆差扩大出口，同时扩大在亚太地区的影响力，参与到亚太地区区域经济合作之中。亚太地区人口众多，经济增长迅速，贸易、投资需求

---

① 张晓桐. 日本 TPP 谈判对农业的影响及对策［J］. 中外企业家，2015（3）：265.

巨大，市场空间十分可观，美国可以获取更大的经济利益。此外，美国希望以 TPP 为桥梁架构起包含范围更大、经济总量更大的 FTAAP，进一步巩固其在亚太地区的政治经济地位。

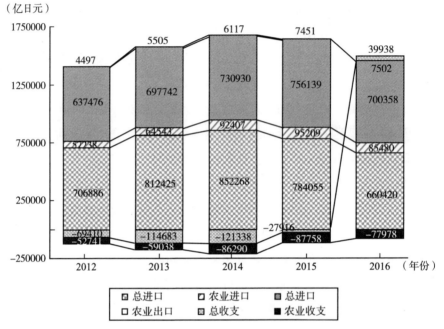

图 4-3　日本近年农业贸易情况

资料来源：日本农林水产省统计年鉴。

（2）出于更多战略方面的考虑。

仅是经济利益尚不足以让日本农业做出如此重大的让步，日本要索取更重要的政治、军事、外交等方面的利益。

首先，日本希望利用 TPP 来巩固战略伙伴同盟尤其是"日美同盟"。进入 21 世纪以来，西方面对中国经济崛起制造的所谓"中国威胁论"再次抬头，日本某些政客也大造舆论。同时，日本因与邻国的领土争端及国家领导人参拜靖国神社的恶劣行径在亚洲不得民心。因此日本对美国"重返亚太"战略表示出极大的热情，利用 TPP 来表明立场并希望能修复日美同盟间的裂痕，巩固日美同盟关系换取美国对日本在亚洲政策上的进一步支持。此外，日本还多次积极倡导并推进所谓的"印度洋—太平洋"战略，鼓吹"日美澳印"战略合作，特别是在钓鱼岛领土争端、东海防空识别区问题、南海问题、中印边界问题等与中国核心利益攸关的问题上，日美澳印四国频频给中国外交制造阻力，对中国的周边环境形成严重挑战。日本所谓的"印太"战略旨在通过提倡自由贸易促进亚洲、中东和非洲的互联互通，重点是确保日本海上通道的安全，并将影响力由太平洋向印度洋拓展、延伸，背后还隐藏着借助别国军事力量巩固其在太平洋地位的目的。

其次，日本希望利用 TPP 来加速国内政治改造实现"政治大国"梦想，在维护世界安全上发挥影响力。安倍内阁上台以来，为了树立形象改变"政治小国"的现状，加紧了追求实现所谓"正常国家"梦想的脚步。为此，日本采取了一系列重大举措：解禁集体自卫权、强行通过系列安保法案、修改宪法第九条。第九条是和平宪法的核心，也是日本在第二次世界大战结束后走和平道路的法律基石，因此日本要对和平宪法做出修改，其外部的最大阻力来自美国，没有美国的支持或默许是无法做到的。这一系列动作的背后都能看到美国的影子，TPP 谈判则成了日美交易的筹码。但美国对日本修宪没有予以公开的支持，对钓鱼岛争端也表示不会"选边站"，却催促日本尽快完成 TPP 谈判。日本本想得到美国对其一系列措施的支持或默许，但美国这个顾虑重重的态度令日本十分不满并以退出 TPP 谈判来威胁美国。美国担心日本转身推进中日韩 FTA 及 RCEP 会将美国排除在东亚自由贸易规则制定之外，会严重干扰"重返亚太"战略进程，最终对日本一系列动作予以默许或表态，这个过程与 TPP 谈判进程紧密相关，构成了日美围绕 TPP 谈判的政治经济博弈。

2014 年 4 月奥巴马访日，公开表示钓鱼岛问题适用于日美安保条约，日本农业议题让步；2014 年 7 月美国默许日本内阁通过解禁集体自卫权决议案，日澳 FTA 签署；2015 年 4 月日本首相访美对农业议题作出重大让步，谈判初步结束；2015 年 7 月日本强行表决通过系列安保法案，日美 TPP 达成共识。由此可见，日本加入 TPP 带有强烈的政治欲望，并用农业利益换取了美国在政治、军事、外交等方面的支持。

对于美国来说，在政治军事外交上的战略同盟利益也大于经济方面的考虑。2008 年奥巴马赢得了选举，美国推行"重返亚太"战略，日本是亚太地区最重要的战略伙伴。美国希望日本发挥更大的作用，巩固对亚太地区主导权实现战略利益的最大化，但却受到了日本宪法的限制，制约着日本在美国"重返亚太"战略中的作用。美国从外交和军事方面入手，在亚太地区怂恿和制造紧张气氛，一方面通过加强美国在亚洲的军事力量，加大对中国的遏制力度，另一方面支持日本解禁集体自卫权为美国主导全球事务增强力量。而日本顺势而上频频动作，通过新安保法案和修宪等手段为大力强化军事力量提供依据。此外为了有效地实施"重返亚太"的战略，美国利用 TPP 谈判以经济利益分化东盟国家巩固外交成果，扩大和强化美国在亚洲的军事存在。于是，美国希望尽快完成 TPP 谈判，用经济利益绑架外交并促成政治上结成同盟，成为其"重返亚太"战略的重要抓手。目前，美国所谓的"印太"战略可以看作是其"重返亚太"战略的升级版，意图是在更大的战略空间上遏制中国并堵截中国"一带一路"倡议良好的发展势头。日本对此选择了紧密跟随。

虽说特朗普上台后退出了 TPP，但日本接手了 TPP 的主导权。自 2017 年 4 月起日本一直致力于改善 TPP 的具体工作。2017 年 11 月 11 日，日本等 11 个国家达成了"全面且先进的跨太平洋伙伴关系协定"（CPTPP）的框架协议，2018 年 2 月 23 日 CPTPP 全面达成共识，3 月 8 日在智利举行了签署仪式，TPP 协议内容的 95％ 都被保留。日本依然牢牢地掌控了亚太地区自由贸易规则的制定权。日本的政治军事外交利益仍得以实现，且不需要向美国付出更多的农业代价。

### 4. 全盘考虑国家利益模式的推广

尽管美国退出了 TPP，但绝大部分规则还予以保持，特别是日本关于农产品关税减让的尺度将成为今后各个 FTA 与日本谈判时的标杆。谈判国将不可避免地要求日本开放农产品市场。但日本的这种让步是在充分考虑了政治、军事、外交、国家安全等多方面利益下做出的权衡取舍。

日本与欧盟在亚太地区有着比较一致的共同利益，在对待美国、对待中国、对待区域安全等许多方面均有共同语言。在日欧 FTA 谈判前，日本是欧盟的第六大进口、出口国，欧盟是日本第三大出口对象、第二大进口对象。

特朗普上台后美国国际贸易政策发生了急剧变化。日欧双方有着共同应对的需求，双方都必须着力推动双边自由贸易协定；面对着新兴工业化国家的快速崛起，日欧一方面提高其他国家产品的市场准入标准，另一方面力图重建国际经济政治新规则，引领全球自由贸易的潮流，巩固自身的国际地位并提振内部经济；同时，双方都希望借此转移内部政治矛盾：安倍受腐败丑闻影响支持率降至第二次组阁以来最低点，在东京都议会选举中自民党获该党历史最低纪录席位；而欧盟希望借助增加农产品出口，与民粹主义势力争夺农民选票，维护政治稳定。

谈判中，双方各自的利益诉求也显露端倪。欧盟希望借助 FTA 重塑在亚太地区的战略地位乃至全球的影响力，摆脱特朗普搁置跨大西洋贸易与投资伙伴协议（TTIP）和英国"脱欧"的压力，并通过"战略伙伴关系协定（SPA）"介入亚太地区的安全事务。日本一是希望借日欧 FTA 要挟 TPP，同时破解韩国 FTA 战略的快速推进给日本带来的困扰与压力，特别是韩欧 FTA 生效后使日本与韩国在欧盟市场上的汽车等产品的竞争处于明显的劣势地位；二是希望牵制中国在欧洲扩大影响，保持日本对欧洲的影响力。

基于上述原因，双方在 2014 年明显加快了谈判进度，日本主要关注汽车及电器等工业制品的高关税能否撤销，欧盟则要求日本降低葡萄酒、芝士等产品关税，进一步开放猪肉、奶酪、火腿等农畜产品市场，同时希望日本取消在轨道、列车等政府采购限制。

2017 年 12 月 8 日，经过 4 年多 18 轮的日欧 FTA 谈判结束。2018 年 7 月 17 日双方正式签署协定。双方都声称将受益于这项协议，预计拉动日本 GDP 增长 1%。欧盟取消了约 99% 的日本商品关税，日本取消了约 94% 欧盟商品关税①。日本从欧盟进口的葡萄酒、猪肉、奶酪、巧克力、饼干等

---

① 资料来源：中国商务部；WTO/FTA 咨询网。

产品价格将下降，从日本出口到欧盟的机械配件、茶、鱼类价格同样下降。预计欧盟的化学产品、服装、日用品、啤酒出口量将会增加，同时向日本汽车业开放市场；作为交换，日本将在农产品领域对欧盟取消贸易壁垒，几乎所有农林水产品均为取消关税的对象，但大米仍被排除在范围之外。85%的欧盟农产品将零关税进入日本，包括高关税的奶酪，但有些产品设置了一定时间的过渡期，过渡期结束后将最终达到99%。双方自由化率存在差异的原因在于日本农业最核心的利益——大米，大米被排除在减税或零关税对象之外；其他敏感农产品，牛肉的关税将逐渐降低且进口数量将大幅增加，猪肉几乎零关税。欧盟逐年降低日本汽车关税，于第8年取消，过渡期后可以自由进入欧洲汽车行业市场（见表4-2）。

表4-2　　　　　　　　日本—欧盟 FTA 部分商品减税模式

| 日本出口商品 | | | 欧盟出口商品 | | |
| --- | --- | --- | --- | --- | --- |
| 品名 | 原关税 | 现关税 | 品名 | 原关税 | 现关税 |
| 汽车 | 10% | 第8年取消（7年后） | 葡萄酒 | 15% 或125 日元每升 | 立即取消 |
| 发动机等 | 2.7%~4.2% | 大多数立即取消 | 意面 | 30 日元每公斤 | 第11年取消（10年后） |
| 电器彩电等 | 14% | 大多数立即取消 | 天然奶酪 | 原则 29.8% | 在配额内第16年取消（15年后） |
| 日本酒 | 7.7 欧元 | 立即取消 | 巧克力 | 10% | 第11年取消（10年后） |
| 绿茶 | 3.2% | 立即取消 | 猪肉 | 最低1公斤约23 日元 | 用10年分阶段取消 |
| 酱油 | 7.7% | 立即取消 | 皮革包 | 2.7%~18% | 第11年取消（10年后） |

资料来源：中国商务部；WTO/FTA 咨询网。

相比 TPP，与欧盟 FTA 在日本国内引起的反对声音很小，政府部门积极配合推进，民间也没有发生激烈抗议，原因有二：一是日本农业让步幅度有限，一些敏感产品允许保留关税，处于利益集团可以接受的范围；二是日欧双边关系发展比较平稳，在这种平和互利的氛围中继续推进是共同的希望。

除了经济利益之外，日欧 FTA 还具有战略意义。双方声称拥有共同的价值观和利益，会促进安全、战略方面的协调与合作。实际上，就在 FTA 谈判的同时双方还进行着"战略伙伴关系协定（SPA）"的谈判，并与 FTA 一同签署。SPA 约定双方在政治和国际问题上开展合作，这个协定更关系到日本的国家安全，日本希望通过深化双方经济关系的同时政治关系也得到加强，并在更大范围发挥日本在国际间的谈判能力。由此可以明显看出，这是日本和欧盟在经济层面和政治层面上同时进行的"双轨谈判"，无论是经济层面上的自由贸易还是政治层面上的战略伙伴对双边关系发展都会起到巨大的促进作用。

从日本开始第一个 FTA 谈判至今已经 20 年，在这个过程中农业作为日本重点保护的产业，农业议题谈判是日本被人诟病的软肋没有改变过，如果刻意地回避这一问题，其所签订的 FTA 的效果就要大打折扣。

日本迎难而上探索出五种谈判模式，最终完成了双方都能接受的方案，同时也得到利益纵横交错的国内批准，应该说是取得了成功。但也不是没有问题，在东亚地区内部依然没有解决政治互信问题，冷战思维的存在使日本对中国崛起的担忧而屡屡采取"遏制中国"的策略，同时过于依附美国，成为美国在亚太地区的走卒，造成日本对待 FTA 的出发点考虑政治、军事、外交等因素大于经济因素。

这些问题决定了日本很难在东亚区域合作进程中发挥应有的作用。与农业保护政策相比，这才是真正的阻碍因素。日本应该看到 FTA 战略为其带来的经济利益以及在促进国内产业改革，重新振兴日本经济方面的作用。

# 第 5 章

# FTA 进程中日本农业
# 议题谈判模式的根源分析

对于日本来说，FTA 战略是在国际贸易全球化遇到重大障碍时推进贸易、投资自由化和便利化的最重要一环。在日本 FTA 战略的演进过程中农业议题起着十分关键的影响作用。在已经签署的 19 个 FTA 中，只有新加坡、文莱、蒙古国等几个贸易小国少量涉及了农产品市场开放问题，在其他 FTA 谈判中都在农业议题上花费了大量的时间和精力讨价还价，尤其是澳大利亚、TPP、泰国、墨西哥等；7 个在谈的 FTA 并不是全都进展顺利，有的甚至因为农业议题分歧过大而导致长期无法达成一致，如与加拿大的谈判仍处在暂停状态。

因此说农业议题是解决日本推进 FTA 战略障碍的重中之重也不为过。那么，在 FTA 进程中日本该如何进行农业议题谈判呢？在农业议题谈判中该坚持还是该放弃农业保护政策？本章将从日本农业保护政策的演变入手，分析日本农业保护政策的特点、影响、形成原因及未来趋势，认为日本在农业议题谈判中的核心利益就是要坚持农产品市场的高度保护政策。

由于农业的特殊属性，无论是发展中国家还是发达国家都十分重视农业的安全。从这一点来讲日本对农产品市场进行保护也无可厚非。但实际上日本的这种保护已经明显超出了其他国家认可的范围。同时，在 FTA 进程中农业保护政策也对日本产生了积极或消极的影响。正是基于农业保护政策，日本在 FTA 进程中对农业议题谈判采取了不同的模式，因此农业保护政策是日本农业议题谈判模式形成的根源。

## 5.1　日本农业议题谈判模式的历史根源：
## 农业保护政策

　　农业是人类赖以生存的根本，也是一个国家经济发展、政治稳定的根基。即使在全球经济一体化、农产品贸易高度发展的今天，各国政府仍十分关注农业安全，对农产品格外地支持和保护。

　　日本著名的农业经济学者速水佑次郎（Hayami Yujiro，1986）将农业保护政策定义为：政府干预农产品或生产资料市场将农产品价格提高到市场均衡价格以上，或者降低农户的生产资料使用成本，甚至是通过直接支付的方式人为增加农业生产者收入的政策。我国学者蔡昉（1993）认为农业保护政策一般是指政府采取一系列外贸壁垒和价格、收入支持等干预手段，使国内农产品价格高于国际市场价水平，主要的手段有国境保护措施、政府价格支持和支付生产补贴等。

### 5.1.1　全球贸易自由化进程中的日本农业保护政策

　　日本农业保护政策由来已久。自 19 世纪中期明治维新后，日本政府采取兴修农田水利、推广农业技术等办法使农业得到了迅速发展。20 世纪初，日本为了保护国内稻米开始对进口稻米、大麦、小麦征收 20% 左右的关税。"二战"后日本处于经济萧条时期。受战争影响，农业基础设施严重损坏，产生了粮食危机。政府不得不重视农业问题，甚至采取了强制征购粮食的办法，低价收购稻米再低价出售。粮食极度短缺进一步激化了国内矛盾，日本政府 1945 年颁布了《紧急开垦实施要领》，逐步促进农业生产。1946 年又出台了《农地调整法修正法案》，允许地主保留平均五公顷的私有土地，并收购地主手中超标的土地出售给佃农，基本保证了"耕者有其田"。这次改革刺激了农户的生产积极性。直到 20 世纪中叶，日本加入了关贸总协定，开始走上了全球化道路，但仍使用各种边境措施和国内政策等手段为农业提供大量的支持和保护。

（1）关贸总协定体系下（1955～1994年）。

1955年9月，日本加入关贸总协定（GATT）的协议正式生效。虽然迈出了贸易自由化的脚步，但由于农产品贸易的特殊性，国际上一直缺乏能有效制约的专门管制制度，因此世界各国的农业政策中始终存在着农业保护措施。日本也不例外，虽然在GATT框架下逐步放松了价格支持力度，也渐渐开放国内农产品市场，但仍对农产品贸易进行着高度保护，特别是大米等尤其敏感的粮食领域。

1961年日本颁布了《农业基本法》，从法律意义上为实施农业保护政策提供依据。到20世纪七八十年代日本虽然放松了对大米的管制，但提高了农业补贴。这一时期，按照名义保护率①这个指标来衡量，日本的农业保护水平高达200%以上，远远超过欧共体和美国的保护程度②。日本年均对农业给予的财政补贴额度高达400亿美元左右，高出美国约8倍③。日本的农业预算支出占比也远远超过农业生产总值的占比，甚至能达到2～3倍，1990年日本农业产值占国民生产总值的比是1.8%，而农业预算支出占国民经济预算总支出的比是3.6%，1995年这两个数字分别是1.4%和4.4%，2000年是1.1%和3.2%，到了2008年变成了0.9%和3.4%④，二者非常悬殊，反映了产出不抵投入现象非常严重（见表5-1及图5-1）。

---

① 名义保护率（Nominal Rate of Protection，NRP）是分析贸易保护程度时的一个指标，用于表示实行贸易保护之后的国内市场价格与国际市场价格的偏离，用公式表示为：$NRP = \dfrac{P_d - P_w}{P_w} \times 100\%$。公式中，$P_d$ 表示国内市场价格，$P_w$ 表示国际市场价格。

② 梁伟锋，王艳秀. 日美农业贸易保护的特点、绩效比较及其启示［J］. 经济与管理，2011，3（25）：89－92.

③ 李勤昌，石雪. 日本强化农业保护的经济与政治原因［J］. 现代日本经济，2014（2）：48－58.

④ 资料来源：Ministry of Agriculture，Forestry and Fisheries 网站。

| 表 5 – 1 | | | 部分国家近年农业预算支出占比情况 | | | | 单位：% | |
|---|---|---|---|---|---|---|---|---|
| 年份 | 美国 | 加拿大 | 英国 | 澳大利亚 | 新西兰 | 中国 | 韩国 | 日本 |
| 2009 | 3.1 | 1.1 | 1.2 | 0.8 | — | 8.8 | 5.9 | 2.2 |
| 2010 | 3.6 | 1.2 | 1.1 | 0.8 | — | 9.0 | 5.9 | 2.0 |
| 2011 | 3.7 | 0.9 | 0.8 | 0.7 | 0.7 | 9.1 | 5.7 | 2.2 |
| 2012 | 3.8 | 1.0 | 0.8 | 0.8 | 0.8 | 9.5 | 5.6 | 2.1 |
| 2014 | 0.9 | 0.7 | 0.5 | 0.6 | 0.8 | 9.3 | 5.3 | 1.8 |
| 2015 | 0.8 | 0.7 | 0.4 | 0.5 | 0.8 | 9.9 | 5.1 | 1.8 |
| 2016 | 0.8 | 0.8 | 0.5 | 0.6 | 0.7 | 9.9 | 5.0 | 1.8 |

资料来源：日本农林水产省统计年鉴。

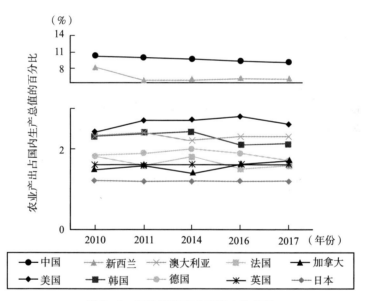

图 5 – 1　部分国家农业产出占比趋势

资料来源：联合国粮食与农业组织数据库。

　　1986 年日本参加了乌拉圭回合谈判。迫于美国等国际社会的压力，日本必须考虑开放国内农业市场。农产品贸易问题成为本回合谈判的中心议题之一。谈判主要是为了削减农业方面的补贴和国内的农产品市场保护，建立起以市场为导向的国际农产品贸易体系，但由于欧美各方利益冲突严重谈判几次濒临破裂。在长达 7 年艰苦的谈判之后日本终于认同了《农业协定》的条款。

1993 年 12 月 15 日《农业协定》最终达成，签字国共同约定于 1995 年 1 月 1 日生效。日本同意将除大米外的其他农产品的国家垄断贸易改变为关税制度，同意削减大豆、向日葵、焦糖等部分农产品的关税，同意削减而不是废除农业补贴，向着贸易自由化的方向前进了一步。

（2）世界贸易组织（WTO）体系下（1995～2001 年）。

在乌拉圭回合中，在各方共同努力下，尽管《农业协定》首次把各国的国内政策和边境措施基本都统一到了一个具有共同约束力的多边规则里，但与其他谈判一样，《农业协定》也是一系列互相妥协的结果，都允许存在一些例外，使谈判参加者都留有遗憾。

1995 年 1 月 1 日乌拉圭回合的成果——《农业协定》正式实施后，日本为了向国际社会履行承诺，开始削减农业补贴，实现农产品国际贸易关税化，但同时日本农业也因此开始面临着严峻的形势。从农产品自给率来看，除大豆持平外，其他如大米、小麦、蔬菜、水果、肉类都在下降，谷物自给率由 1975 年的 40% 下降到 2005 年的 28%[①]，近 10 年一直在这上下波动；小麦等农产品的自给率只有 10%～15% 左右[②]。按热量计算的粮食综合自给率由 1960 年的 79% 下降到了 1990 年的 48% 左右，由 1995 年的 43% 下降到 2005 年的 40%，到 2012 年则只有 39%，2016 年继续下降到 38%，这个自给率水平一直维持到现在[③]。

1999 年，日本为了缓解压力，同时出于确保食品的稳定供应、增加农民收益等方面的考虑，颁布了《粮食、农业、农村基本法》，从价格支持政策转为直接收入补贴和加强农业基础设施建设，补贴形式转变为农户收入补贴，为日本继续实施农业保护政策提供了新的法律依据。

2001 年 11 月世贸组织决定全面启动新一轮多边贸易谈判，开始了多哈回合。这一回合的谈判目标仍是建立一个公平的、以市场为导向的贸易

① 资料来源：JAPAN STATISTICAL YEARBOOK，2017.

② 朱艳丽. 20 世纪 90 年代中期以来日本农业改革研究［D］. 吉林大学学位论文，2009.

③ 资料来源：Ministry of Agriculture，Forestry and Fisheries 网站。

体制，削减并逐步彻底取消各种农产品补贴，实质性的大幅减少导致贸易扭曲的国内支持措施。然而，由于谈判各方分歧太大，利益集团错综复杂，谈判进展得十分艰难。谈判之初，日本就抛出了"农业本身具有多功能性"来应对其他主要农业国家要求其大幅削减关税的主张。日本强调农业涉及粮食安全、国家稳定、生态环境、消费者权益等问题，要保证粮食自给率必须维持合理的保护政策。因此，日本拒绝大幅度降低现有的农业保护水平。与此同时，日本国内也加强了检验检疫、食品包装和标签、农业化学品残留等非关税贸易壁垒的力度来保护农业。

## 5.1.2 区域贸易自由化进程中的日本农业保护政策

2002 年日本签署了第一个 FTA，从此掀起了区域贸易自由化的热潮[①]，取得了令人瞩目的成就。此前，日本一直热衷于全球多边贸易自由化谈判，对 FTA 比较排斥。但由于多哈回合僵持不前，世界各地尤其是周边国家或地区 FTA 风起云涌，以及亚洲金融危机和来自国内经济产业界的压力等因素，日本也加快了 FTA 进程，发展后劲十足。其实，早在 20 世纪 60 年代日本就开始了对 FTA 的研究，但一直没有进行实质性的操作。

在 FTA 谈判中日本仍然没有放弃农业支持与保护这一基本点。

2004 年 6 月日本明确声明，在进行 FTA 谈判时要注意保护农业多功能性，对敏感产品提出例外并且态度强硬。虽然履行了乌拉圭回合《农业协定》，但农业保护仍然居高不下，总体关税水平在 OECD[②] 成员方中仍然是最高的，少数产品甚至超出欧美数倍。

2010～2011 年日本在新的《粮食、农业、农村基本法》的基础上，又制定了《粮食、农业、农村基本方案》和《基本政策和实行方针》，力图

---

① 日本与新加坡签署的 JSEPA 拉开了序幕，截至现在，日本已经与墨西哥、泰国、东盟、瑞士、印度、澳大利亚、欧盟等国家和地区签订了 19 个 FTA。

② 经济合作与发展组织（Organisation of Economic Co-operation and Development，OECD），是由 35 个市场经济国家组成的政府间国际经济组织，旨在共同应对全球化带来的经济、社会和政府治理等方面的挑战，并把握全球化带来的机遇。

提高粮食自给率，这些政策继续维持着高度农业保护。从日本已经生效的FTA来看，由于受农业保护政策影响，贸易自由化率最低的为日本对新加坡的84.4%，最高的为日本对菲律宾的88.4%，都低于其他国家的开放水平。为了加入TPP，日本将贸易自由化率提升到92%，这已是日本做出的最大努力。

最近几年日本政府仍然通过高关税、高补贴和关税配额限制对农产品进行保护。根据2012年日本农林水产省的统计数字，日本2011年农产品算术平均最惠国实施税率为23.3%，远远高于欧盟的13.9%和美国的5.0%。虽然税率在50%以上的农产品占比只有5.9%，与欧盟基本持平但却远高于美国的0.8%。欧美没有一项农产品税率超过200%，而日本竟有101种，其中大米、豌豆、芋类等农产品的关税甚至远远超过了500%①。具体到各个种类的农产品：谷物关税分别是以色列和瑞士的3倍、欧盟的5倍、美国的15倍；乳制品税率分别比欧盟和美国的3倍和7倍还多；油籽及食用油、蔬菜水果和其他农产品税率也都在欧盟和美国的3~7倍左右。

这一时期，日本政府对农业的巨额补贴也进一步发展，逐步将"黄箱政策"转变为"绿箱政策"。2005年日本政府设立了水利环保支付、收入差额支付、生产支付等3种直接支付措施，2007年对目标农户发放跨品种的收入补贴，鼓励跨品种经营政策。在日本，类似的直接补贴政策很多，农户积极性大大提高，有效地保障了日本农业生产。

### 5.1.3 贸易自由化进程中日本农业保护政策的一个横向对比

日本对进口农产品征收高额关税不但有一百多年的历史，而且在国内还很有市场，得到了众多农民及利益群体的支持。即使如今面对全球化或者区域化的自由贸易大潮，日本农产品削减关税仍面临着重重困难。

---

① 资料来源：根据日本农林水产省2012年统计年报和Ministry of Agriculture, Forestry and Fisheries网站。

以日本—东盟 FTA 为例，相比中国—东盟 FTA、韩国—东盟 FTA，日本关税居高不下且提出的敏感农产品数量庞大，对农业的高度保护政策十分明显。日本与中韩是近邻，尤其与韩国农业禀赋特别相似；日本作为发达国家，而中韩是发展中国家、新兴工业化国家，处于不同的发展阶段，在贸易自由化进程中日本理应承担更多更大的责任。至于选择东盟作为进行比较的第三方，是中国、日本、韩国都与东盟建立了双边自由贸易协定便于比较。实际上，与中国、日本、韩国都建立 FTA 的有 5 个国家或地区：智利、秘鲁、澳大利亚、新加坡、东盟，而东盟经济总量巨大、人口众多，且内部成员差别较大，情况各不相同，十分具有代表性。据东盟秘书处官方网站统计的数据显示，2017 年中国、日本、韩国分别是东盟第一、第三、第四大贸易伙伴。三国与东盟货物贸易总额合计 8145.8 亿美元，占东盟对外贸易总额的 31.68%；且中国、日本、韩国分别是东盟的第四、第三和第五七大外国直接投资来源地，三国对东盟直接投资合计 343.9 亿美元，占东盟利用外资总额的 23.4%[①]。

（1）中国—东盟 FTA 农产品降税模式。

中国与东盟 2002 年 11 月签署自由贸易《框架协议》时，决定从 2004 年 1 月 1 日起先行下调部分农产品关税，是为"早期收获"计划。2004 年双方正式签署了《货物贸易协议》（以下简称《协议》），该协议于 2005 年 7 月生效，7000 种贸易产品开始陆续降低关税。在这份《协议》中，双方一致同意将农产品分为三大品类，即"早期收获"计划产品、正常产品及敏感产品。"早期收获"计划之外的产品，被区别为正常产品和敏感产品，正常产品的关税最终要降为 0，敏感产品的关税最终可以不为 0。中国与东盟采取的是"负面清单"模式，即双方协商列出敏感产品清单，清单之外的产品都是正常产品。

第一类"早期收获"计划产品。根据《框架协议》，该类大部分是农畜水产品，集中在《海关进出口税则》商品目录的 1~8 章；在这 8 章之外，双方还确定了椰子油、咖啡、棕榈仁油等一些"特定产品"。但特定

---

① 资料来源：笔者根据东盟官网统计数据库整理计算。

产品只适用于特定双方之间，包括中国—泰国 2 个、中国—印度尼西亚 14 个、中国—马来西亚 20 个。此外在"早期收获"计划中，考虑到东盟的不同国情允许设置"例外处理"，但实际上只有柬埔寨、老挝、菲律宾和越南提出了一小部分，柬埔寨有 30 个税目，越南有 15 个，包括猪、家禽、蛋类以及番茄、洋葱、大蒜、菜花等部分蔬菜和菠萝、芒果、山竹、西瓜等水果。中国没有提出例外处理产品。

中国与东盟"老五国"① 约定，关税大于 15% 的"早期收获"产品立即降到 10%，以后每年下降 5%，到 2006 年 1 月降到零关税；税率在 5% ~ 15% 之间的产品立即降到 5%，一年后降为零关税；关税低于 5% 的产品，2004 年 1 月降到零关税②。对东盟"新四国"，由于各国差距较大，降税模式比较复杂。越南生效时开始降税，四年后降到零关税；老挝和缅甸两年后开始降税，五年后降到零关税；柬埔寨两年后开始降税，六年后降到零关税（见表 5 - 2）。

表 5 - 2　　中国与"新四国""早期收获"计划取消关税时间安排

| 国家 | 类别 | 2004 年 | 2005 年 | 2006 年 | 2007 年 | 2008 年 | 2009 年 | 2010 年 |
|---|---|---|---|---|---|---|---|---|
| 越南 | ≥30% 的产品 | 20% | 15% | 10% | 5% | 0 | 0 | 0 |
| | ≥15% 且 <30% 的产品 | 10% | 10% | 5% | 5% | 0 | 0 | 0 |
| | ≤15% 的产品 | 5% | 5% | 5% | 5% | 0 | 0 | 0 |
| 老挝缅甸 | ≥30% 的产品 | 保持不变 | 保持不变 | 20% | 14% | 8% | 0 | 0 |
| | ≥15% 且 <30% 的产品 | 保持不变 | 保持不变 | 10% | 10% | 5% | 0 | 0 |
| | ≤15% 的产品 | 保持不变 | 保持不变 | 5% | 5% | 5% | 0 | 0 |

---

① 按加入东盟时间的不同，东盟十国分为"老六国"即马来西亚、新加坡、印度尼西亚、菲律宾、泰国、文莱和"新四国"即越南、老挝、柬埔寨和缅甸。此处"老五国"不包括菲律宾，菲律宾承诺在 2006 年一次性降为零。

② 资料来源：中国与东盟《全面经济合作框架协议货物贸易协议》。

| 国家 | 类别 | 2004 年 | 2005 年 | 2006 年 | 2007 年 | 2008 年 | 2009 年 | 2010 年 |
|------|------|---------|---------|---------|---------|---------|---------|---------|
| 柬埔寨 | ≥30% 的产品 | 保持不变 | 保持不变 | 20% | 15% | 10% | 5% | 0 |
| | ≥15% 且 <30% 的产品 | 保持不变 | 保持不变 | 10% | 10% | 5% | 5% | 0 |
| | ≤15% 的产品 | 保持不变 | 保持不变 | 5% | 5% | 5% | 5% | 0 |

资料来源：根据中国与东盟《全面经济合作框架协议货物贸易协议》整理。

第二类正常产品。正常产品分为一轨产品和二轨产品两大类，主要区别是二轨产品在取消关税的时间上更灵活一些。

一轨产品约为 7000 种，占全部产品的 90% 以上[①]。中国和东盟十国从 2005 年 7 月开始统一对一轨产品进行第一轮降税。此后，中国和东盟"老六国"分别于 2007 年 1 月 1 日和 2009 年 1 月 1 日进行第二轮降税，至 2010 年 1 月 1 日降为零关税。"新四国"在 2006 ~ 2009 年每年的 1 月 1 日各进行一轮降税，在 2011 年 1 月 1 日开始每两年下调一次关税，到 2015 年 1 月 1 日关税完全降为零关税。由于"新四国"原有的起始关税税率各不相同，因此每次降税的幅度也有所不同，但基本都在 5% ~ 10% 左右，越南与其他三国略有不同。

与一轨产品相比，二轨产品降税时间的灵活性表现在关税降到 5% 之后还可以再保持一段时间不降为零关税。其中"老六国"可以延缓 2 年到 2012 年 1 月 1 日，"新四国"则可以一直延迟到 2018 年 1 月 1 日。虽然二轨产品在降税时间设定上较为宽松但在数量上有着比较严格的约定。"老六国"不得超过 150 个 6 位税目品种；"新四国"不超过 250 个。

第三类敏感产品。《货物贸易协议》规定，双方只能将一小部分产品列入敏感产品清单。中国和东盟"老六国"不能超过 400 个且进出口贸易总金额不能超过 10%；"新四国"敏感产品的数目不超过 500 个且没有金

① 资料来源：中国与东盟《全面经济合作框架协议货物贸易协议》。

额上限①。敏感产品关税也要进行削减，虽然最终可以不降到0但仍然存在着高低。其中一般敏感产品应保持在相对较低的税率水平上，而高度敏感产品则可以保留较高的税率但不能超过敏感产品总量的40%。此外在降税期限上也存在着区别②。

中国提出了玉米、咖啡、小麦、大米、豆油等59个敏感农产品，其中有36个归为高度敏感产品（见表5-3）。东盟十国分别提出了各自的敏感产品清单。

表5-3　　　　　　　　　中国—东盟敏感农产品清单

| 分类 | 数量 | 主要产品 |
|---|---|---|
| 一般敏感产品 | 23 | 咖啡、胡椒、小麦、碎米、菠萝罐头、龙眼罐头、椰子汁、烤烟及烟草、羊毛 |
| 高度敏感产品 | 36 | 玉米、稻谷、鲜薯及其细粉、小米粒及粉、豆油、棕榈油、糖、卷烟、棉花 |

资料来源：笔者根据中国与东盟《全面经济合作框架协议货物贸易协议》整理得出。

对于一般敏感产品，中国与"老六国"最迟须于2012年1月1日之前将关税下降到20%的水平，到2018年1月1日必须下降到5%以下。"新四国"最迟须于2015年1月1日下降到20%的水平，5年之后下降到5%以下；对于高度敏感产品，中国与"老六国"要在2015年1月1日下调到50%以下且数量不应超过100个。"新四国"下调时间可以延缓三年，数量不应超过150个③。

（2）日本—东盟EPA降税模式。

日本和东盟的EPA于2008年12月1日生效。日本—东盟双方约定，"老六国"在10年内逐步取消90%的进口关税；越南在15年内实现这

① 越南与其他三国虽然数目和金额的要求一致，但双方约定越南应在规定时间内对敏感产品进行一定幅度的关税削减。
② 杨凤鸣. 中国自由贸易区协议文本析究［D］. 对外经济贸易大学学位论文，2010：63.
③ 资料来源：根据原瑞玲. 自由贸易区农产品贸易效应及其测度研究［D］. 中国农业大学学位论文，2014. 中的研究，越南的高度敏感产品数量不应超过100个6位税目。

一目标，老挝、缅甸、柬埔寨在 16 到 18 年之内逐步撤销或削减 90% 关税。日本立即将东盟 90% 产品的关税降为零关税，在 10 年内会再取消 3% 产品的关税，同时降低 6% 产品的关税，另外 1% 作出贸易优惠安排①（见表 5 - 4）。

表 5 - 4　　　　　　　　日本对东盟的主要农产品关税削减进程

| 削减方式 | 产品 | 关税 |
|---|---|---|
| 立即取消关税 | 可可、杏仁、山核桃、腰果、开心果、稻米、黑麦、燕麦、虾、观赏鱼、海鲷、木瓜、芒果、椰子、柠檬、芭乐、山竹等热带水果、芦笋、土豆、芹菜、卷心菜等 | 无 |
| 逐渐削减关税 | 菠菜、胡萝卜、大蒜、番茄、黄瓜 | 7 ~ 10 年内从 3.0% 降为 0 |
| | 鳗鱼、鲈鱼、鲤鱼、黑线鳕、比目鱼、金鱼、蝶鱼 | 5 ~ 7 年内从 3.5% 降为 0 |
| | 猕猴桃、樱桃、苹果、草莓、梨 | 各自从 6.4%、8.5%、7%、6.0%、4.8% 降为 0 |
| | 香蕉 | 10 年内，每年 4 月 1 日到 9 月 30 日从 20% 降为 5.0%，每年 10 月 1 日至 3 月 31 日从 25% 降为 5.0% |
| 适用基准税率 | 人造黄油、鲜菠萝、金枪鱼 | 分别为 29.8%、17%、3.5% |
| 排除在外 | 大米、大麦、小麦、淀粉、粗糖、乳制品、牛肉、鲱鱼、香菇 | |

资料来源：根据日本外务省资料制表。

日本和东盟对将贸易产品也做了分类处理，分为一般产品和敏感产品两类，其中一般产品包括立即取消和分段取消两种，而分段取消又分为分段等额取消和分段逐步降低；敏感产品包括维持基准税率不变、分段削减和例外处理三种（见表 5 - 5）。

①　赵莉. 日本与东盟自由贸易协定研究 [D]. 西南政法大学学位论文，2013：36.

表 5-5　　　　　　　　　　日本—东盟关税削减产品分类

| 产品分类 | | 降税模式 | 最终税率 |
|---|---|---|---|
| 一般产品 | A | 立即取消关税 | 零 |
| | Bn | 分段等额取消 | |
| | B | 分段降税，2026年取消关税 | |
| 敏感产品 | C | 维持基准税率不变 | 非零 |
| | R | 分段削减关税 | |
| | X | 例外产品 | |

资料来源：根据日本—东盟 EPA 关税减让安排制表。

　　日本方面提出的敏感产品清单共 656 个品种，主要包含农产品、轻工制品等，其中农产品占了 87%；在 226 个例外产品中的绝大部分是农产品，占 97.3%，涉及大米、小麦、淀粉、粗糖、乳制品、牛肉、香菇等产品①。可见，日本照例将农产品视为不可触碰的"禁区"坚持了对农业产业的保护，特别是将大米、小麦、牛肉、奶类、糖类等产品等作为"例外处理"。

　　（3）韩国—东盟 FTA 降税模式。

　　韩国同东盟把贸易产品分为两类：正常产品和敏感产品。正常产品又细分为一轨和二轨②两类。一轨产品自 2006 年 1 月 1 日起开始降税，韩国、新加坡、文莱、马来西亚、印度尼西亚、菲律宾四年后全部降为 0，越南 2015 年 1 月 1 日关税降为 0，柬埔寨、老挝和缅甸则可以暂缓 3 年实现关税清零；二轨产品降税时间延迟 2 年开始，到 2017 年 1 月 1 日关税全部撤销（见表 5-6）。

　　①　赵莉. 日本与东盟自由贸易协定研究 [D]. 西南政法大学学位论文，2013.
　　②　在正常产品分类里面，只有泰国单独提出了二轨正常产品，而泰国是 2009 年才加入韩国—东盟 FTA，这也是其加入的一个条件。

表 5 - 6　　　　　　　　　　韩国—东盟正常产品降税时间安排

| 实施国家 | 降税时间 | 实现零关税时间 |
|---|---|---|
| 韩国、新加坡、文莱、马来西亚、印度尼西亚、菲律宾 | 2006 年 1 月 1 日 | 2010 年 1 月 1 日 |
| 越南 | 2006 年 1 月 1 日 | 2015 年 1 月 1 日 |
| 柬埔寨、老挝、缅甸 | 2006 年 1 月 1 日 | 2018 年 1 月 1 日 |
| 泰国（二轨产品） | 2008 年 1 月 1 日 | 2017 年 1 月 1 日 |

资料来源：笔者根据韩国—东盟自由贸易区《货物贸易协定》整理得出。

　　韩国同东盟的敏感产品也分为两类，即一般敏感产品和高度敏感产品。一般敏感产品可以不取消关税，但需要大幅下调关税到 5% 以下，韩国和"老六国"需要在 2012 年将关税下降到 20%，2016 年下降到 5% 以下；越南需要在 2017 年将关税下降到 20%，2021 年下降到 5% 以下；柬埔寨、老挝、缅甸需要在 2020 年将关税下降到 20%，2024 年下降到 5% 以下。高度敏感产品可以保留相对较高一些的税率，双方将高度敏感产品又详细分为五组，其中 A、B、C 组产品分别规定了不同降税时间要求和不同的关税削减幅度（见表 5 - 7）。D 组产品实行关税配额①，E 组产品②则作为例外处理不参加关税减让③。协定要求敏感产品在数量和金额上都不得超过总数的 10%。一般敏感产品数量不得超过 6% ~7%，进口金额占比不得超过 7%；高度敏感产品不得超过 200 个或 3%，进口额不得超过 3%④。

---

① 事实上，只有韩国、马来西亚、泰国和越南提出了要实行关税配额制度。

② 老挝和新加坡没有提出例外处理。其他各国提出的例外商品数量多少不一，泰国 13 种，文莱 26 种，其他国家在 40 种左右。

③ 李杨. 韩国—东盟自由贸易协定研究 [D]. 西南政法大学学位论文，2015：10.

④ 资料来源：李明权，韩春花. 韩国已签署 FTA 中的农产品贸易规则分析 [J]. 东北亚论坛，2010 (19) 4：53 -60.

表 5-7　　　　　　　　　一般敏感产品及部分高度敏感产品降税模式

| 实施国家 | 一般敏感产品 | 高度敏感产品 A 组 | 高度敏感产品 B 组 | 高度敏感产品 C 组 |
|---|---|---|---|---|
| 韩国、新加坡、文莱、马来西亚、泰国、印度尼西亚、菲律宾 | 2012 年削减至20%，2016 年削减至5%以下 | 2016 年削减至不超过 50% | 2016 年前削减不少于 20% | 2016 年前削减不少于 50% |
| 越南 | 2017 年削减至20%，2021 年削减至5%以下 | 2021 年削减至不超过 50% | 2021 年前削减不少于 20% | 2021 年前削减不少于 50% |
| 柬埔寨、老挝、缅甸 | 2020 年削减至20%，2024 年削减至5%以下 | 2024 年削减至不超过 50% | 2024 年前削减不少于 20% | 2024 年前削减不少于 50% |

资料来源：笔者根据韩国—东盟自由贸易区《货物贸易协定》整理得出。

　　韩国方面提出的敏感产品清单主要内容是农产品，约占全部敏感品的65.4%，而在高度敏感产品中大米、面粉、油、鱼、肉、蛋、水果、蔬菜等农产品更是占据了95.5%。

　　总体来看，相比中国—东盟 FTA、韩国—东盟 FTA，日本—东盟 EPA自由化水平最低，零关税商品远不及中国—东盟 FTA 和韩国—东盟 FTA，众多农产品进入了敏感品清单。虽然现实国情与日本类似，韩国农产品的国际竞争力比较低，来自国内农民的抗议压力比较大，韩国农产品保护程度较高。但与日本不同的是，韩国并不因此拒绝与农业贸易大国推进 FTA，当迫于压力必须开放农产品市场时，韩国采取了正面解决问题的态度。

## 5.2　日本农业保护政策的特点及其对农业议题谈判的影响

　　纵观日本贸易自由化进程，对农业进行支持与保护始终是不变的主题。无论是全球化过程的乌拉圭回合、多哈回合还是区域自由化的 FTA，日本始终采用高关税、非关税贸易壁垒、政府补贴等手段保护国内脆弱的农业，形成了自己的特点，也产生了一些积极或消极的影响，但从长期看日本必须在转变经营机制、提高农业国际竞争力的同时，适当调整农业保护政策。

## 5.2.1　日本农业保护政策的特点

日本农业保护政策最大的特点就是一贯地坚持高额关税，不分时期、不分对象的坚持，特别是对大米、小麦、乳制品、粗糖、猪牛肉"五大圣域"的坚持已经让世界各缔约国对其怨声载道。在本书的前后几章中均有描述，在此不做具体分析。日本实施农业保护的另一特点是充分利用或制定国际国内法律法规，实施多手段且隐蔽的保护政策。具体表现有如下两方面。

（1）边境政策方面。

在履行乌拉圭回合《农业协定》以后，日本政府对除了大米之外的其他种类农产品将所有非关税措施全部变成关税化，但麦类、部分乳制品等仍坚持国家统筹贸易，对民间进出口的农产品仍采用了关税配额制度。对于大米仍采取严格的进口限制措施。为了履行最低进口义务的承诺，日本每年至少进口一定数量的稻米，以此来推迟稻米关税化。1999 年迫于外国政府的压力，日本将进口限制转为关税配额制度，对 68.2 万吨配额内关税削减为零，但配额外大米售价相当于每千克 24.8 元人民币[①]。同时，日本政府规定进口大米不得用于主食，只能用作食品加工、补充库存及战略储备等。如此高的关税水平及严格的用途限制使进口商望而却步，造成配额外大米进口意愿只有 110 ~ 120 吨左右（2005 ~ 2006 年)[②]。这种关税措施直接或间接地阻隔了其国内外农产品市场的联系。

即使在面对来自贸易高度自由化的 TPP 压力时，日本仍未放弃高额关

第 5 章　FTA 进程中日本农业议题谈判模式的根源分析

---

① 安琪，朱晶，林大燕. 日本粮食安全政策的历史演变及其启示 [J]. 世界农业，2017（2）：77 - 81，87.

② 赵放，陈阵. 日本农业贸易保护政策的问题及其改革思路评析 [J]. 日本学刊，2009（4）：69 - 79.

税水平，只是放松了大米、小麦的进口配额。其他主要农产品采取了不同的边境政策予以保护，如猪肉执行从量税、牛肉税率逐步下调、对乳制品实施关税配额制、糖类坚持例外等。

此外，日本还擅于利用 WTO 条款和国内立法、条例、计划、纲要、方案等制定名目繁多的规则，采取限制给予特惠关税和国民待遇、检验检疫制度、卫生防疫、政府采购等措施严格控制进口。2003 年日本修改了《食品卫生法》，2006 年施行了新的《食品残留农业化学品肯定列表制度》，对化学品残留的要求更加全面、系统、严格。例如对进口大米要做 579 个检测项目才能放行，对其他进口农产品也制定了非常全面、详细的安全与健康标准，实行严格的审核标准与程序。只有达到"肯定列表"要求的农产品，才能获准进入日本市场。这些规定成了日本农产品贸易的新壁垒，也是日本隐蔽进行农业保护政策的方法。

（2）本国政策方面。

与其他国家或日本早期的农业保护政策相比较，日本在本国政策方面具有如下几个主要的特点。

第一，调整了财政与金融政策，增加对农业的预算投入，对土地改良、抵御灾害、现代化建设等提供贴息贷款；为了鼓励充分利用不利于耕种的山地，政府对持续在山地耕种五年以上的农民进行补贴。2015 年，此项财政补贴预算为 2.11 亿美元，占农业补贴预算总额的 34.17%[1]。

第二，加强了农村基本建设、农田水利的基础设施建设力度，改变了单纯的"保护"；加强了农地开垦、田间道路和灌溉的整治，为了延长设施的使用寿命，日本政府对农业从业者和农业团体实施直接补贴。2015 年，此项补贴预算约为 3.88 亿美元，占农业补贴预算总额的 62.69%[2]。

第三，由价格支持向收入支持转化，由购销倒挂向直接补贴转化。乌拉圭回合迫使日本开始实施直接向大规模农户、农业生产组织补贴政策。2011 年开始扩大到直接补贴所有粮食生产农户。2013 年为了减少食用大米增加工业用米、饲料用米的生产量，政府开始对自愿减少种植面积的农户

---

①②　资料来源：MAFF 官网，"日本型直接支払"，汇率按照 2015 年 12 月 31 日计算。

给予金额不等的财政补贴，其大米由政府收购。鼓励多种经营、跨品种经营。加入 TPP 后，日本为了减少农业冲击，设置了五年的过渡期，现阶段仍维持高额的财政补贴政策，甚至扩大了财政补贴的规模。

第四，强调了"农业多功能性"，强调粮食安全，重视农业稳定，重视农业科技的开发和推广，强调保护农业资源和环境，防治环境污染，保持土地机能，保持农业可持续发展，政府对环保型农业团体实施直接补贴，2015 年此项财政补贴预算约为 0.19 亿美元①。

### 5.2.2 日本农业保护政策对农业议题谈判的影响

任何事物都有它的两面性，日本的农业保护政策也不例外。从积极影响的层面看，日本农业的高度保护在短期内给农民带来了实惠，增加了收入，保障了农产品市场的平稳运行，同时也为农业科技进步提供了保障；从消极影响的层面看，高度保护使日本农业生产率长期低下，国际竞争力不高，阻碍农业的良性发展，价格支持和补贴加重了财政负担，日本农业的高度保护政策也颇受国际社会诟病，甚至被日本经产省和经团联所指责，影响了 FTA 的进程和工业品的出口。

（1）积极影响：促进农产品市场稳定。

日本长期以来的农业保护政策使日本渡过了"二战"后初期的粮食危机，保障了农产品安全，使农民收益增加。收益的主要来源是政府为了保护农业而进行的补贴，甚至农业总补贴超过农业了总收入。在兑现 WTO 承诺后，日本于 1997 年通过"绿箱政策"和"黄箱政策"，补贴了约计220 亿美元，其他涉农总额约为 271 亿美元②。这些政策的直接受益者就是农民，2000 年大米种植农户 60% 的收入源于政府补贴③。为了稳定蔬菜价格，政府对不同品种的蔬菜给予生产商不同的补贴。2001 年的蔬菜补贴比

---

① 资料来源：MAFF 官网，"日本型直接支付"，汇率按照 2015 年 12 月 31 日计算。
②③ 刘国斌，赵霞. 日本加入 TPP 谈判与农业改革分析［J］. 现代日本经济，2014（2）：59－66.

1993 年增加了 1.7 亿美元①。最终实现了日本农民收入的高速增长,农民平均收入增长了 16.3 倍,农民人均收入是其他工薪阶层的 1.1 倍②。

日本的农业保护政策在一定程度上促进了本国农产品市场的稳定。多年来,除了福岛核泄漏事件之外,日本没有出现过大规模的抢购风潮。随着日本工业化水平的不断提升,日本从剥削农业为工业服务变为了用工业盈余对落后的农业进行反哺,从而带动农业科技迅速发展。到 20 世纪 70 年代中期日本基本实现农业现代化,目前甚至已经处于世界先进地位。

(2)消极影响:束缚农业议题谈判。

虽然日本农业保护政策在国内取得了一定效果,但从总体上看日本农业仍旧处于一种衰退的状态。粮食自给率不升反降,农业从业人员减少且老龄化严重,弃耕面积仍然很多。

第一,农业改革进程缓慢,阻碍农业发展。日本农业相关的各利益集团出于自身利益的考虑,在一定程度上百般阻挠农业改革的推进。因为推进改革会冲击目前相对稳定的农业市场,农民的直接收益会受到影响。而农民持有相当可观的选票,为了得到农民的支持,利益集团会努力保护农民利益而阻挠改革。日本农业保护政策促进了农民收入的增长,但也造成了国内消费者的利益损失。由高额关税、高额补贴造成的日本农产品国内价格远远高于国际水平,特别是大米价格高出其他国家两到三倍,甚至更多。日本国民也为此付出了巨大代价,他们无法享受到全球贸易自由化带来的福利。而较高的收入也使得农民缺乏扩大经营规模、提高劳动生产率、降低生产成本的动力。此外,过度强调农业的战略安全,特别是对大米的高度保护导致农民更愿意种植水稻,这使得其他农产品生产不足。此外,日本农业的高投入低产出导致了高成本和高价格,使日本农产品缺乏国际竞争力。在农业生产资料和流通领域处于绝对垄断地位的农协将农药、化肥、农业机械、饲料等生产资料以高于国际市场价格的 1 倍至数倍卖给农户。生产资料价格的高涨导致了农户生产成本的上升,最终其产出

---

① 王志刚,李腾飞,孙云曼. 日本蔬菜价格稳定制度探析 [J]. 现代日本经济,2013 (5):20 - 26.

② 资料来源:Ministry of Agriculture,Forestry and Fisheries 网站。

的农产品价格自然就越高。按照联合国粮农组织的统计，2015 年日本的小麦、大米、大麦、大豆等主要农产品的价格是其他发达国家的数倍，尤其是大米价格是澳大利亚的 10 倍，是美国的 5 倍①，这种情况至今没有改善。高昂的农产品价格削弱了日本农业在国际市场上的竞争力，在一定程度上也削弱了在本国市场上的竞争力。此外在日本，每年的农业预算中有很大一部分被用来支付农民补贴，使得真正用于农业发展的资金减少。这些都导致了日本农业改革进程缓慢，客观上也阻碍了农业发展。

第二，贸易不平衡加剧，束缚了农业议题谈判。日本的农业保护政策虽然在短期内保护了本国农业市场，但同时也招致贸易对象国的报复，导致其他优势产业的出口利益受损，进而对整体经济产生影响，使工农业的贸易不平衡加剧。与欧洲不同，当农产品过剩的时候，日本是采取减少种植的措施，而欧盟提高了农产品的国际竞争力扩大出口，日本就失去了贸易自由化的大好时机。此时日本制造业的国际竞争力位于世界前列，大量出口其先进的工业制品，挤占了美欧大量的市场份额。因此，随着对日本逆差的不断增大，美国等越来越多的国家强烈要求日本开放农产品贸易市场，并在乌拉圭回合及多哈回合对日本进行猛烈抨击。如果按照贸易对象国的说法，单从经济角度考量，日本为了工业制品的出口和对外投资放弃对农业的保护无疑是正确的选择。但是一个国家特别是在农民具有较高政治地位的日本，又无法将农业利益置之于不顾。日本长期的农业保护政策不仅没有提升国际竞争力，反而引得国际社会颇多不满，使日本在贸易自由化谈判中更加被动，甚至阻碍了日本 FTA 的进程。多哈回合中日本拿出来的谈判提案大谈一番"农业哲学"，而实际上仍是坚持将农产品作为例外处理，该提案引起美国等国家的严厉批评和指责，被认为是贸易自由化的倒退②。在双边的 FTA 谈判中，日本非常关注对农产品市场的保护。由于对农业保护政策的坚持，日本与泰国、墨西哥、澳大利亚及 TPP 的谈判等均进行得十分艰难，多次因为农产品市场开放问题陷入僵局而阻碍了整

---

① 陈仁安. 日本农协改革新动向观察 [J]. 世界农业, 2018 (1)：53 - 59.
② 刘佳. 从开放与保护的角度辨析日本农业经济发展 [J]. 世界农业, 2014 (4)：61 - 65.

体谈判进展。日本与墨西哥签署 FTA 主要是为了扩大对墨西哥市场的汽车、电子电器等工业品出口，而墨西哥则试图借此扩大农产品出口，要求日本对其 300 种农产品免除关税，双方矛盾终于在进出口量最大的猪肉问题上爆发了。

可以预见，在日本与加拿大 EPA、中日韩 FTA 的谈判中，关于农产品市场开放问题都将会不可避免地发生激烈交锋。日本要想收获高水平的 FTA 就必须消除农业保护政策的拖累，至少要舍弃一些利益。如果一味地坚持农业保护政策不放松，将农产品排除在外，就很难在 FTA 进程中获得尊敬，日本—加拿大 EPA 谈判陷入僵局就是最好的例子。

## 5.3 日本农业议题谈判模式的现实根源：经济、外交、政治

日本实行了一百多年的农业保护政策，在当今时代已经严重影响了其国际贸易自由化的进程，这不但阻碍了农业自身的发展，甚至对日本工业制成品的贸易产生了不利影响。

农业保护政策实质上保护的是农民的利益，根本方式是提高农产品收购价格或者即使将提高收购价格转变为"绿箱政策"进行财政直接补贴，但提高农民收入的本质并没有改变。在对外贸易边境政策上，为了能够维持国内农产品的较高价格，必须对来自外部的廉价农产品设置贸易壁垒，否则将带来极大的财政压力。无论是国内的价格支持政策还是对外的边境政策，其目标都是增加农户的收入，虽然稳定了本国农业市场，但从长期看不利于提高农业国际竞争力。

日本农业保护政策的发展历程、特点及对农业议题谈判的影响都说明了日本虽有改革的动力，但在短时期内将无法彻底放弃历史形成的农业高度保护政策。一方面是由于农产品的特殊属性，农业在一个国家中占有极为重要的战略地位，使世界各个国家纷纷对本国农业进行保护，日本也不例外；另一方面则涉及日本经济、外交、政治等多方面的原因，构成了农

业议题谈判的现实根源。

### 5.3.1　农业持续低迷是农业议题谈判模式的经济根源

从农业经济角度来看日本农业逐年衰弱的趋势没有改变，主要农产品中只有大米能基本自给自足，其余农产品则大量依赖进口；农业国际竞争力十分低下，与经济大国的地位不匹配；农业总产值在国民经济中的地位不断下降，农村居民不断减少，尤其是青壮年劳动力流失严重，造成了土地荒弃。因此，农业持续低迷是促使日本实行农业保护政策的现实选择，是农业议题谈判模式形成的经济根源。

（1）农业产出无足轻重。

日本农业产出与国民生产总值的占比很低，对国民经济的贡献无足轻重。巨额的财政补贴已经使农业沦为日本国民经济的负担。

日本是世界第三大经济体，发达的后工业时代国家。相比第二、第三产业的体量，农业产值在总量中占比很小。日本农林水产省在2009年出版的《农业白皮书》中显示，2007年日本的国内生产总值（GDP）为515.65万亿日元，而同年日本农业产值为4.44万亿日元，即农业总产值只占国内生产总值的0.9%，而2007年，日本国家预算支出总额为838.04万亿日元，农业预算支出总额为21.24万亿日元，农业预算支出占国家总预算支出比重达2.5%，相对于0.9%的产值比重农业预算的比例是很大的。而在日本农业被掠夺的年代，如20世纪50年代中期，日本农业生产总值占国内生产总值的9%，农业预算支出占国家总预算支出比重为7.9%[①]，预算比重和产值比重基本等量。经过10年发展，据联合国粮农组织统计数字显示，2017年日本农业预算占比为2.4%，而农业产出占比只有1.2%，虽然情况略有改善但与澳大利亚、德国、法国等农业发达国家相比还有很大差距（见图5-2及表5-8、表5-9）。

———————
①　谢剑锋. 日本农民利益增长与农业衰退研究［D］. 辽宁大学学位论文，2014：45；日本农林水产省统计年鉴。

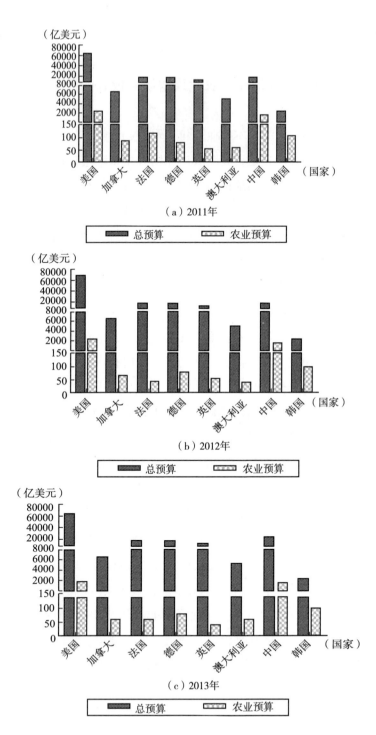

（a）2011年

（b）2012年

（c）2013年

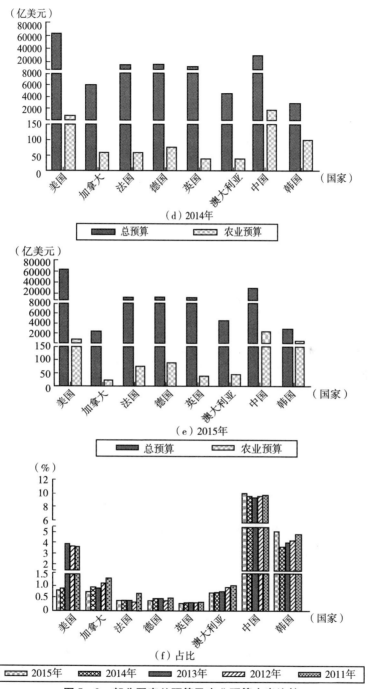

（d）2014年

■总预算　▨农业预算

（e）2015年

■总预算　▨农业预算

（f）占比

▨2015年　▨2014年　■2013年　▨2012年　▨2011年

图 5-2　部分国家总预算及农业预算支出比较

资料来源：联合国粮食与农业组织数据库。

表 5 - 8　　　　　　　　农业产出占国内生产总值的比例　　　　　　单位：%

| 年份 | 中国 | 加拿大 | 法国 | 澳大利亚 | 新西兰 | 韩国 | 日本 |
|------|------|--------|------|----------|--------|------|------|
| 2014 | 9.9 | 1.4 | 1.8 | 2.2 | 5.8 | 2.4 | 1.2 |
| 2016 | 9.4 | 1.6 | 1.5 | 2.3 | 6.0 | 2.1 | 1.2 |
| 2017 | 9.1 | 1.7 | 1.6 | 2.3 | 5.9 | 2.1 | 1.2 |

资料来源：笔者根据 FAO 相关统计资料计算。

表 5 - 9　　　　　　　　日本近年总预算及农业预算支出情况

| 年份 | 总预算支出（亿日元） | 农业预算支出（亿日元） | 占比（%） |
|------|------|------|------|
| 2009 | 1004954 | 22109 | 2.2 |
| 2010 | 922992 | 19018 | 2.1 |
| 2011 | 924116 | 23306 | 2.5 |
| 2012 | 903339 | 23284 | 2.6 |
| 2013 | 926115 | 22976 | 2.5 |
| 2014 | 958823 | 23267 | 2.4 |
| 2015 | 963420 | 23090 | 2.4 |
| 2016 | 967218 | 23091 | 2.4 |
| 2017 | 974547 | 23071 | 2.4 |

资料来源：笔者根据 FAO 相关统计资料计算。

（2）劳动力减少。

在工业化进程中工农收入差距逐渐加大，工业产业不断扩张并向农村地区渗透，导致日本农民不断减少，使农业产出继续下降。日本并不缺少丰裕的资本和足够的企业家才能，因此农业产出低迷的主要因素是劳动和土地的减少。

首先是农村居民锐减，直接造成农业从业人员不断减少。从 1965 年的

52%到1975年的43%，再到1985年的39%，1995年是35%，2005年是34%①。1970年日本有农业就业人口1035万人，1980年有697万人，到了1990年则有565万人，2000年只剩下389万人，2010年更少，仅有261万人②。从而导致了农民减少→弃耕增加→播种减少→产出减少→补贴增加→成本提高→收益下降→农民减少的恶性循环。

其次是老龄化情况日益严重。在2010年，农业从业人员中70岁以上的占47.7%，2012年是48.0%，而40岁以下的青壮年劳动力仅占7%左右③。1977年，日本农业人口中年龄在65周岁以上的（也就是高龄化的年龄）人数占日本农业人口的比例为12.8%，到1990年这一比例上升了20.9%，到2010年这一比例上升到60.4%，2015年这一比例为61.9%，预计到2020年这一比例会达到65%以上④（见图5-3及图5-4）。

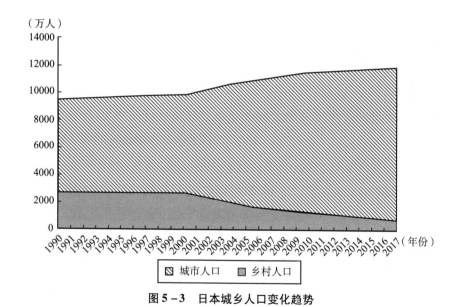

图5-3 日本城乡人口变化趋势

资料来源：联合国粮食与农业组织数据库。

① 王应贵. 当代日本农业发展困境、政策扶持与效果评估 [J]. 现代日本经济, 2015 (3): 51-60.

② 资料来源：联合国粮农组织数据库。

③ 资料来源：根据日本农林水产省《食品、农业与农村年度报告》（概要）计算得到。

④ 陈仁安. 日本农协改革新动向观察 [J]. 世界农业, 2018 (1): 53-59.

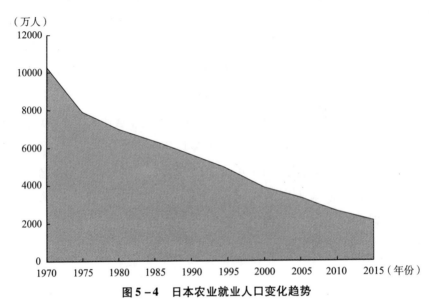

（万人）

图5-4 日本农业就业人口变化趋势

资料来源：联合国粮食与农业组织数据库。

（3）耕种土地减少。

生产要素减少除了劳动力减少之外，还有一个显著的表现是耕地减少。日本可耕地很少，大约只占15%。1961年日本耕地面积为6086千顷，到了2012年减少到4549千顷，且有10%左右的耕地处于抛荒状态①，2017年减少到4444千顷，与10年前相比减少了4.4%。虽然随着农业科技的进步，土地的单位粮食收益呈上升趋势，但土地减少仍直接导致日本粮食产量逐年下降，这与世界其他各国趋势相反，如表5-10、图5-5、图5-6、图5-7及图5-8所示。

___

① 吴章勋，郑云. 政策演变视角下日本农业保护的历史演进与动因［J］. 世界农业，2016（2）：82-85.

表 5 - 10 　　　　　　　　　　部分国家农业用地面积情况 　　　　　　　　单位：千顷

| 年份 | 美国 | 法国 | 中国 | 日本 | 德国 | 澳大利亚 | 英国 |
|------|------|------|------|------|------|----------|------|
| 2005 | 411784 | 29390 | 517433 | 4692 | 17031 | 445149 | 16956 |
| 2006 | 409215 | 29313 | 514133 | 4671 | 16946 | 434925 | 17838 |
| 2007 | 412858 | 29206 | 514568 | 4650 | 16950 | 425449 | 17647 |
| 2008 | 413313 | 29110 | 514549 | 4628 | 16921 | 417288 | 17684 |
| 2009 | 409961 | 29020 | 514553 | 4609 | 16886 | 409029 | 17325 |
| 2010 | 408426 | 28926 | 514550 | 4593 | 16700 | 398580 | 17224 |
| 2011 | 404669 | 28879 | 514553 | 4561 | 16719 | 409673 | 17164 |
| 2012 | 408707 | 28845 | 514553 | 4549 | 16664 | 405474 | 17182 |
| 2013 | 405842 | 28774 | 514553 | 4537 | 16697 | 396615 | 17250 |
| 2014 | 407866 | 28767 | 514553 | 4519 | 16725 | 406269 | 17232 |
| 2015 | 405863 | 28727 | 527833 | 4496 | 16731 | 365913 | 17138 |
| 2016 | 406183 | 28718 | 528532 | 4471 | 16657 | 342602 | 17350 |
| 2017 | 405552 | 28698 | 528531 | 4444 | 16687 | 371837 | 17466 |

资料来源：FAO 数据库。

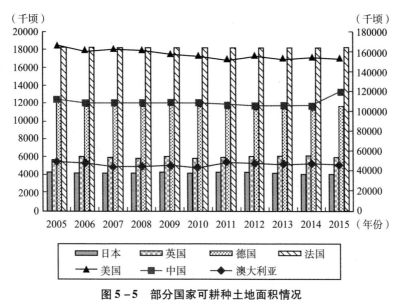

图 5 - 5　部分国家可耕种土地面积情况

资料来源：联合国粮食与农业组织数据库。

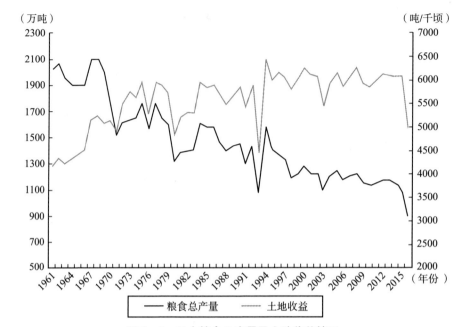

图5-6　日本粮食总产量及土地收益情况

资料来源：联合国粮食与农业组织数据库。

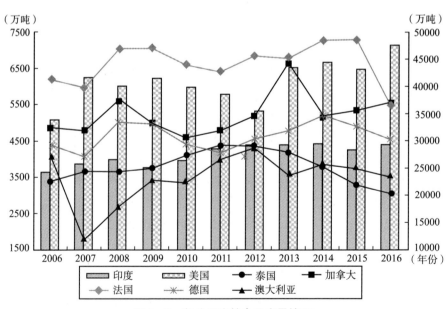

图5-7　部分国家粮食总产量情况

资料来源：联合国粮食与农业组织数据库。

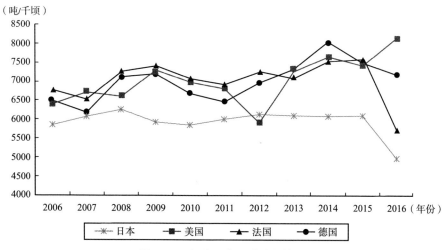

（吨/千顷）

**图 5-8　部分国家土地收益情况**

资料来源：联合国粮食与农业组织数据库。

　　因为人口减少且高龄化导致大量的农地被抛荒。日本在21世纪初曾进行过一次调研，结果显示导致农地被抛荒的原因很多，如高龄化和劳动力不足、农产品价格偏低、很少有人愿意转让或接受农地转让等。其中有88%的人认为高龄化和劳动力不足导致日本农地弃耕，主要原因是老年农民退出农业生产而青壮年劳动力锐减。由于老龄化，部分农村家庭从开始时的兼业到逐渐完全退出农业生产。从数据趋势上来看，伴随着老龄化现象的农地抛荒将会更加严重。

　　在开放条件下，产出会受到进出口的影响。因此日本农业产出低下、粮食总产量逐年递减，除了劳动和土地生产要素显著减少之外，另一个原因是农业国际竞争力差，除了鱼类略有出口外，其他农林水产品完全可以忽略不计。从土地经济收益情况看，投入产出比太高，靠土地的产出很难保证农民的利益，农民收入很大一部分来自各种补贴。依靠这种惯性，日本历届政府也不得不重视对农业的保护。此外还有来自国际上的经济因素，比如担心国际尤其是周边国家间的农业贸易自由化可能会对日本农业造成沉痛的打击，日本不得不高筑壁垒来保护脆弱的本国农业。

### 5.3.2 粮食依赖进口是农业议题谈判模式的外交根源

众所周知,粮食是重要的战略储备资源。因此粮食安全是战略安全的重要因素之一。一般来说,国内自给自足、稳定进口、战略储备通常是确保粮食安全的三个要素。对于日本,在依赖大量进口粮食保证安全的同时又要维护国内农民的利益,这种矛盾造成了日本外交在农业保护政策方面的左右为难,因此构成了日本农业议题谈判模式的外交根源。

日本国土面积狭小,人口稠密,可耕种土地十分有限,加上土壤条件恶劣以及淡水资源稀缺等自然因素导致日本农业的脆弱。"二战"及战后灾荒给日本人民留下了深深的烙印,现实中日本目前多数农产品自给率不足且逐年下降,与其他国家相比更是少得可怜,种种国情让日本政府和人民对粮食危机充满了恐惧,如表5-11及图5-9所示。

2008年日本的出口总额达到81.02万亿日元,其中农产品出口额仅为0.29万亿日元,只占出口总额的0.36%;而同年日本进口总额为78.96万亿日元,农产品进口金额却达到5.98万亿日元,占总进口额的比例为7.6%。日本每年从国外大量进口玉米、大豆、小麦、蔬菜及肉类等农产品。1991~2001年,日本农产品平均进口额为626.8亿美元,而同时期美国进口额仅为555.2亿美元[①]。日本农产品进口额占世界总额的比重在1990年时为11.5%,1999年为8.0%,2000年为10.4%[②]。近几年的情况如图5-10所示,可以看出日本农产品对进口的依赖。鉴于这种情况,由于农业安全事关国家的战略安全,日本自然要高度保护农业。

---

① 资料来源:WTO 2008年世界贸易统计数据。
② 资料来源:笔者根据联合国粮农组织贸易年鉴数据计算。

表 5 - 11

| 年份 | 美国 | 加拿大 | 法国 | 德国 | 英国 | 澳大利亚 | 日本 |
|---|---|---|---|---|---|---|---|
| | | | 部分国家谷物自给率 | | | 单位: % | |
| 2007 | 150 | 143 | 164 | 102 | 92 | 175 | 28 |
| 2009 | 125 | 180 | 174 | 124 | 101 | 241 | 26 |
| 2011 | 118 | 202 | 176 | 103 | 101 | 291 | 28 |
| 2013 | 127 | 202 | 189 | 113 | 86 | 279 | 28 |

资料来源: 日本农林水产省统计年鉴。

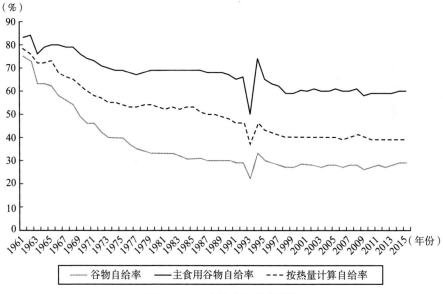

图 5 - 9　日本粮食自给率趋势

资料来源: 日本农林水产省统计年鉴。

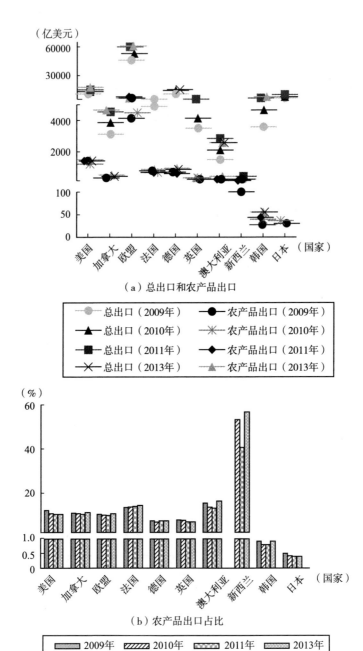

（a）总出口和农产品出口

| 总出口（2009年） | 农产品出口（2009年） |
| 总出口（2010年） | 农产品出口（2010年） |
| 总出口（2011年） | 农产品出口（2011年） |
| 总出口（2013年） | 农产品出口（2013年） |

（b）农产品出口占比

2009年　2010年　2011年　2013年

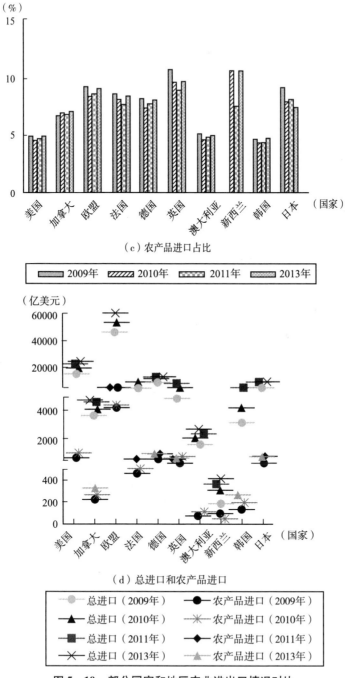

（c）农产品进口占比

| 2009年 | 2010年 | 2011年 | 2013年 |

（d）总进口和农产品进口

- 总进口（2009年）
- 农产品进口（2009年）
- 总进口（2010年）
- 农产品进口（2010年）
- 总进口（2011年）
- 农产品进口（2011年）
- 总进口（2013年）
- 农产品进口（2013年）

图5-10　部分国家和地区农业进出口情况对比

资料来源：联合国粮食与农业组织数据库。

上述众多的数据显示，由于受到耕地面积、生产成本、农业利益集团等因素的限制，依靠国内粮食生产不足以满足市场的需要，更无法实现日本的战略安全，因此日本在维持和增加国内生产能力和自给能力的基础上，还必须靠稳定的进口来满足国内的需要，靠大量的粮食储备保障战略安全。但是，大量的进口势必会冲击国内原本就十分脆弱的农产品市场，甚至会遭受灭顶之灾。使用高额关税和进口限制措施一方面国际上不答应，另一方面也会使消费者和以粮食为原料的工业遭受福利损失。在这种情况下日本需要与主要农业出口国建立 FTA，而这些国家看中的是日本巨大的农产品市场，会无一例外地要求日本开放农业市场，日本将面临 FTA 农业议题谈判的巨大难题。

因此，日本一方面在推动农业改革，另一方面在积极运用外交手段，与主要粮食出口国建立稳定的贸易关系，并预先准备替代性的进口来源国，在紧急情况时亦能确保粮食的稳定供给。例如，日本没有将大量进口的大米投放到本国市场，而是储藏在东盟国家作为遇到紧急情况下的援助储备。这种做法既满足了多哈回合农业协定对其开放本国市场、增加大米进口的要求，又避免了国内市场大米激增对本国大米生产者的冲击，可谓一举两得。

### 5.3.3 利益集团博弈是农业议题谈判模式的政治根源

在没有自由贸易的时候，只要保持农民收入与工人持平就会保证农业生产。可是作为开放经济体即在国际贸易自由化的前提下要充分考虑农业的生存和发展，只有当本国的农产品价格不高于国际市场价格时才能认为农业是可以维持稳定发展的，否则将受到来自国际市场上农产品的冲击。这时，制定国际贸易政策将面临来自国内国际经济政治利益集团的双层博弈，双层博弈必须达到同时均衡。国家会将各个利益集团与政府之间博弈的均衡结果作为所采取的最优政策。

日本的农业保护政策在 FTA 进程中不得不面对这种双层博弈。日本政府既要考虑国内选民和利益集团的利益，也要考虑国家之间复杂的政治经济关系，既要满足选民、利益集团的要求，也要实现国家的总体利益，既要与国内政治主体博弈，也要与其他国家博弈。

双层指的是国内层次和国际层次。国内层次强调农业保护政策的国内根源，国际层次强调日本农业所面临的复杂国际关系。虽然双层博弈强调了国内和国际两个层次，但这两个层次不是完全割裂的，他们通过国家利益统一到一起。因为国家利益在本质上来说就是国内不同主体的共同利益，虽说这个共同利益不能完全是全体选民和利益集团的所有利益，但在民主国家中一定体现为最大多数选民或者最大利益集团的利益最大化。

具体到日本 FTA 进程中农业高度保护政策的坚持，从国内层次看，它体现的是农业利益集团的利益，是政府与农业利益集团、农业利益集团与工商业利益集团（经团联）之间的博弈；从国际层次看，它体现的是国家利益，是日本与谈判对象国之间的博弈。国家整体利益虽说有时候会让渡一些农业利益但换来了政治、军事、外交上的利益，从根本上说仍未脱离最大化的选民和利益集团的利益。因此实现了国内层次与国际层次的统一。由此看来，日本在 FTA 进程中坚持农业高度保护政策，背后的国内利益集团才是根本因素。

（1）国内层次：利用选举制度实现农业保护。

日本国内最大的农业利益集团是以农协①为主要力量，加上来自国会的农林族议员和来自政府的农林水产省官员。这三者势力组成了"铁三角"，互相依仗，共同主导农业政策。

农林族议员可以从农协手中获得政治献金和选票从而连任，他们用为农村选民代言作为回报；农业行政官员利用制定政策的权力充分考虑农协的利益，农协用允诺他们在退休后到农协继续担当要职作为回报；而农协则可以在他们的"金刚罩"下获得利益，用选票作为回报。日本的农协已经有 100 多年的历史了，尤其是经过"二战"后这几十年的发展，影响力十分强大。除了农业生产之外，业务范围还扩大到金融、保险、福利、社

---

①　农协，即日本全国农业协同组合，是日本规模和影响最大、组织基础最广泛的农民互助合作组织，也是农业部门中最大的利益集团，本书用其指代所有为农民利益代言的其他农民协作组织。

保等诸多领域，并且担负着一定政治组织功能，广泛而深刻地影响着农村社会。农协影响政府农业保护政策最有力的"武器"是手中的选票。

那么农协是如何握有选票的呢？这是由日本的选举制度决定的。在1994年选举制度改革前，采用的是介于大选区制和小选区制之间的中选区制，就是在全国划分一定数量的选区，每个选区选出 2 ~ 5 名议员。由于选区的不同，选民的数量差别很大，但规定选举出的议员人数相同，也就是存在着每个选票的价值不同，这就是"一票格差"。这样的选举相对来说更有利于农村。1994年选举制度改革后，"一票格差"制度的影响逐渐减弱，中选区的选举体制变成了小选区与大选区结合。即便如此，城市选票与农村选票的价值还是不同。根据2010年日本国情调查，"一票格差"最大是2.97倍，而根据截至2015年1月1日的居民基本台账统计数据则为3.02倍①。"一票格差"意味着农村选民的政治力量远远超过经济力量，使农村成为了日本选举的"票仓"，无论是哪个党派均不能忽视农民选票的力量。此外，由于城市中的选民身份差异大，利益诉求不同，因此选举时选票分散，甚至会放弃参加投票。而在农村，由于农协强大的控制力和影响力，农民经常会被组织起来集中表达政治倾向，致使无论是哪个党派要想赢得选势必要在农村下功夫。正是如此，农协可以利用自身对农民选票的控制权来表达其政治上的诉求，如影响日本政府对农产品的定价权、为农民争取更多的补贴与福利、扩大农业保护政策的范围等。如此一来，日本农协逐渐成为了农业经济的垄断者与选举政治的影响者。

这样，农协、"农林族"议员和农林水产省官员就形成了一个农业利益集团，共同在政策制定过程中发挥作用。一项新政策要由农水省制定草案，交国会通过后才能生效，他们联合起来保证有利于农民的政策出台，例如提高政府收购农产品价格、争取更多的农业补贴和限制农产品进口等。

（2）国际层次：在复杂利益集群实现农业保护。

国际贸易政策的制定虽说是国内利益集团的根本因素，但国际贸易毕

---

① 资料来源：中国新闻网。

竟是国家之间的交易。因此一国政府不能不整体考虑国家利益，这意味着国内制约国际，国际同时也影响国内。在国际贸易中，两个国家可能一个受益一个受损，但最可能的是都受益，只不过受益大小存在差别，每个国家都会努力使自己在保持国内利益最大化同时，外部的不利结果最小化，于是博弈不可避免。国际层次上国与国之间为达成自由贸易协定的博弈与国内层次上利益集团之间以及它们与政府之间的博弈是同时进行的。这时，一国最终所选择的贸易政策不可能完全偏向国内利益集团，政府除了要考虑经济因素外，还要考虑政治、外交、军事等方面因素。

比如美国。美国是世界第一贸易大国、贸易强国，但美国的国际贸易政策也不完全是美国自主决定的，也受到国际层次博弈的影响。单纯从经济角度考虑，美国的市场规模完全允许其自主做出决定，但在现实的国际关系中追求单边贸易是不可能实现的，且在国际和国内形势不断变化的情况下，政府需要从国际战略互动的视角对政治、经济、外交、军事等方面进行分析，甚至还要考虑历史、文化等因素。

日本加入 TPP 谈判的博弈为本书提供了很好的例证。由美国主导的 TPP 是一个高水平的自由贸易协定，涉及货物贸易、跨境服务、投资、金融服务、电子商务、政府采购等众多领域的自由化。日本对 TPP 提出的各成员方完全取消农产品进口关税这一规则十分敏感，因为这可能给日本农业带来极大的甚至是毁灭性的打击。为此，日本国内就是否加入 TPP，反应十分强烈。

除了国内层次的博弈，国际层次的博弈也充分展开，主要表现在日本与美国之间。对日本来说，加入 TPP 可以提升日本企业的国际竞争力，重振日本经济，并在外交和军事上巩固日美同盟，在未来亚太经济一体化进程中遏制中国，从而占据有利地位，在东亚地区发挥领导权。对美国来说，TPP 是其"重返亚太"战略的重要抓手。"重返亚太"战略无论从外交、经济、军事中的哪个领域来看，都离不开日本这枚重要的棋子。外交方面，日本是美国的同盟，是其在东亚地区的代言人；经济方面，日本是世界第三大经济体，亚太地区经济崛起对美国和日本都有吸引力；军事方面，日本设有美国多个军事基地，是其控制东北亚地区的桥头堡。因此在加入 TPP 谈判上，美国和日本有共同的赢集，他们都希望提振自身经济，遏制中国崛起，巩固日美同盟。

根据普特南的双层博弈理论，存在共同的赢集是谈判成功的前提，但并不是充分必要条件。实际上美国和日本的谈判不但不顺利还充满着坎坷，主要表现在农产品市场开放问题上存在严重分歧。美国要求日本按照 TPP 的规则取消农产品关税，日本在加入 TPP 时就宣称不应该在谈判前设置"取消所有关税"的前提，全部产品都应该是谈判的对象。在谈判过程中日本也一直坚持允许存在例外，特定的农产品必须作为"敏感产品"，不取消关税。日本提交了近 9000 个品目的关税撤销清单，但提出了将大米、小麦、乳制品、猪牛肉类、糖类等五个大类 580 个品目作为例外。日本的这一态度在第一次谈判中不仅没有得到其他国家的认可，反而招来了一致不满。在随后的日美交涉中，日本提出将此前的 580 个品目降为 420 个，该方案得到了美国的谅解，但遭到了其他国家的反对，他们明确表示不承认日美单独谈判的效力。日本此后又提出过继续减少例外品目的数量，但其他国家强烈要求日本取消包括大米在内的所有农产品关税，并且称日本可以不再继续参加 TPP 谈判。日本也以退出谈判相威胁，双方僵持不下。

在谈判中，美国对日本打开农业市场施加了巨大压力，而农业保护又是日本政治上十分敏感的话题，这种困境让日本政府左右为难。迫于来自国际层次博弈的压力，安倍首相充分考虑了 TPP 给日本政治、外交、军事等方面带来的利益，决定要在农业议题谈判中适当让步，并在国内层次博弈中利用职权分化、瓦解农业利益团体，利用支持 TPP 的经济产业省和以经团联为代表的企业界以及重视日美关系的外务省这三方的力量，在博弈中占据了优势地位，使 TPP 最终得以通过①。

首先，针对农林族议员。目前日本众议院小选区制下采取候选人公认制度，每个选区能得到自民党公认的候选人只有一个，由于首相掌握着自民党议员候选人公认权，所以即使该选区不支持 TPP，但自民党议员由于

---

① 归泳涛. TPP 的政治学：美日协作的动因与困境 [J]. 日本学刊，2017 (1)：28 – 51.

担心失去公认资格，不敢违逆首相意志。此外，安倍还利用职权，任命两名农林族议员担任党内和政府高级职务，使他们支持 TPP[①]。

其次，针对农林水产省官员。安倍加强了干预公务员的任命，农林水产省官员为了保住职位，不得不将立场向首相倾斜。

最后，针对农协。安倍政府采取了增加储备大米收购、阻止大米价格下跌、增加财政预算支出等恩威并施的手段，满足了农业利益集团诉求，逼迫农协重要人物退出，驱使农协放弃对抗。而农协也认识到农业政策最终要与国家利益保持一致，单纯追求农业利益与国家整体利益愈发背离，所以对损失一部分自身利益让渡给产业界的举措也予以谅解。

直到 2015 年 4 月，日本以增加零关税进口配额数量、分阶段削减关税、采取从量税等让步，终于使 TPP 谈判达成一致。美国利用其在安全领域的优势，调动日本高层对维护美日安保同盟的关心，促使日本在农业议题上让步；日本则凭借自身的经济地位和地缘政治的影响，配合美国争夺世界秩序的领导权和规则制定的话语权，既保住了农业"五大圣域"的核心利益又得到了工业产业界的利益，同时还实现了日本更关心的"超越经济利益"的安全保障利益。

## 5.4 日本农业议题谈判模式的未来将促进农业改革

虽然各国对农业进行适度保护的现象普遍存在，而且在目前的经济发展阶段也很难立即取消，但日本对农产品贸易的高度保护依然成为了 FTA 进程中农业议题谈判最大的障碍。日本正处于两难境地：如果高度保护则被孤立于自由贸易之外；如果不对农业进行保护，则会面临着重大甚至毁灭性打击的风险。实际上日本政府也十分清楚这样的现实困境。日本决心推进 FTA 就会面临着不得不对农业保护政策进行变革的重重困难，同时也

---

① 归泳涛. TPP 的政治学：美日协作的动因与困境［J］. 日本学刊, 2017 (1): 28-51.

希望借贸易自由化的"外力"促进农业变革。

首先，提高农产品的国际竞争力。单纯就农业的绝对产出而言，日本并不落后甚至还在世界前列。如果处在开放的国际贸易环境中，在国外低价农产品的冲击下，日本的农业将面临巨大的危机。因此，提高国际竞争力是迫在眉睫需要解决的问题。对日本农业来讲，充分利用自由贸易与合作机会促进农业科技进步，提高人均农业经营规模，从而降低农业经营成本，既提高了国际竞争力，也解决了从业人口减少的问题。而从日本所具有的工业科技实力来看，要实现农业科技进步只在于是否具有"壮士断腕"的决心。虽然开放农产品贸易市场会带来短暂阵痛，但竞争力增强之后就会扩大出口，农民收益将显著增加。

在美国决定退出 TPP 之后，即使没有了外在的压力，日本前首相安倍晋三仍表示要继续推动农业改革，继续努力强化日本农业的竞争力①。尽管面临着日本大量农民的反对，他仍认为 TPP 确定了其他协议应参照的一个标准，这表明日本要朝着贸易自由化的方向前进。

其次，转变生产经营体制。日本农业生产经营体制滞后，生产价格远在世界平均水平之上，产品结构单一，仅水稻就占据了 1/4 以上。一旦失去保护，大量具有竞争力优势的农产品进口将严重冲击日本农业。转变农业生产经营的体制需要开展多种经营，加强土地利用型农业的生产，提高可耕地利用率，同时推广种植养殖结合，发展畜牧生产。日本农业管理模式滞后，无法满足当代贸易自由化的需要，必须打破农协、农水省官员、农林族议员之间的利益勾结，让农协为国家经济长远发展服务，而不是为"小团体""小圈子"服务，可以参考美国、欧盟经验建立销售、采购等专业农协分散农协的实力。

最后，调整边境措施和国内政策。日本的农业保护政策主要是边境措施和国内政策。边境措施是使用关税、关税配额、同步买卖制度和特别保障措施等手段来限制进口。国内政策主要是价格支持和高额补贴等

---

① 李明权. 安倍政府的农业改革评析——基于 TPP 框架的视角［J］. 日本学刊，2018（1）：46–65.

手段，要对补贴进行充分调查和调整，同时加强对农业就业人员培养，使农业人才真正投入农业生产领域。由于日本对农业保护存在着长期惯性和强大的既得利益集团，决定了日本政府改革农业保护政策的谨慎态度，使得改革只能是一个渐进的过程，日本政府也会使用更加隐蔽的手段来限制进口。

日本政府一直努力推动农业体制改革，并把市场化确定为改革方向，但是长期习惯了被保护的农业部门缺乏积极性，不愿意主动参与。日本政府虽然通过转变机制鼓励多种经营提高农民收入，但在日本经济长期低迷和通货紧缩的大环境下，农民收入没有起色，这就注定了农业改革的艰难。由于农民在政坛上的影响，日本执政党和在野党为了选票必须争取农民支持，使改革不能大刀阔斧，依靠各种补贴和直接支付等手段仍将长期持续。在 FTA 进程中，重金支持下的日本农业饱受国际批评，使日本在国际贸易谈判中经常处于被动地位，甚至损害工业制成品或投资、服务等领域的利益。

在这种情况下，日本农业保护政策或许会被触动。因为农业保护政策最终是为国家利益服务的，农业利益与国家利益的共同点在于：一是通过提高粮食自给率，保证农业安全，从而提供国家经济安全的基础；二是通过增加农民收益实现农村稳定，从而提供国家政治安全的基础。而提高粮食自给率和增加农民收益必须通过提高农产品的国际竞争力、转变生产经营体制、降低农业生产成本来实现。因此，长远来看，在贸易自由化进程中日本的农业领域开放终将不可避免，农业贸易保护也会降低到适度水平。

总体来看，在全球贸易自由化过程中，因为农产品贸易问题繁多且事关重大，因此谈判最为复杂，进行得也最为艰难。各国在谈判进程中都试图打开对方市场并最大限度地保护本国农业的发展。日本的现实国情注定要对农业进行高度保护，且在一段时期内还会持续下去，并因此构成了农业议题谈判模式产生和发展的根源。那么，在步履艰难的 FTA 进程中，日本想要"鱼"和"熊掌"兼得并不容易。日本针对不同谈判对象探索出一套符合日本国情、具有日本特色的农业议题谈判模式，或者完全排除农业问题，或者保护最敏感产品，或者实现利益交换，或者优先考虑外交需要，或者全盘考虑国际政治经济军事外交的需要。谈判模式是 FTA 进程中日本农业议题谈判的手段，这些手段是否最大限度地保护了农业核心利益，是否实现了国家利益最大化，需要进一步进行分析。

# 第 6 章

## FTA 进程中日本农业
## 议题谈判的效果及实证分析

前面几章对日本 FTA 谈判过程进行了梳理，总结了 FTA 进程中日本农业议题采用的五种谈判模式。无论是已经谈完的 19 个 FTA 还是正在进行中的 7 个 FTA，都离不开这五种模式中的一种或几种。

在前面的分析中本书也论述了农业议题影响日本 FTA 进程的主要因素，如降税模式、配额、技术壁垒等。按照日本设计的 FTA 路线图，综合考虑了对象国的经济标准、战略关系、政治外交标准、国内产业特别是农业保护以及周边国家优先的原则。本章在分析了日本农业议题谈判效果的基础上，从实证的角度出发，利用贸易引力模型考察了一些因素对日本农产品国际贸易的影响。

### 6.1  日本农业议题谈判的效果分析

日本谈判人员在国际上以难沟通著称。从内在的原因来看是源于他们在谈判前的充分准备、谈判中的立场固守、谈判最后的耐心坚持。日本往往花费大量的时间和精力来准备谈判，尤其是 FTA 进程中农业议题这样重要的、关键的、敏感的谈判，他们会充分了解不同谈判对象的立场，甚至摸清对方的底牌；谈判开始后，他们不会轻易改变谈判前确定的模式，也绝不会在谈判桌上临时改变决策同意或否决对方提出的方案；在谈判后期他们更善于拖延，用自己足够的耐心来消磨谈判对手的耐心，迫使对方接受自己的观点从而收获到了满意的效果。

### 6.1.1 日本农业议题谈判效果评价标准的建立

前述的农业议题五种谈判模式是否实现了日本 FTA 农业议题谈判的指导目标，需要对谈判效果进行评价。

一些研究日本 FTA 农业收益、日本农业保护政策的学者，基本都认为农业保护政策、农产品市场开放阻碍了日本推进 FTA 的步伐。程伟[①]（2008）认为，日本农业的弱质性使日本 FTA 的内容和谈判的进展在很大程度上受到影响。姜跃春[②]（2007）甚至认为，日本的农业保护政策已成为 FTA 的重大障碍。为此，张祖国[③]（2004）认为需要实行农产品市场开放政策；同时，刘昌黎[④]（2008）认为应加快农业产业调整以消除障碍。上述结论评价了 FTA 给农业带来的损失具有一定的代表性，某种程度上也具有说服力。但是单单从这一角度来进行评价尚不全面。

为此，围绕日本指导 FTA 谈判的纲领性文件，更加全面地评价日本农业议题五种谈判模式带来的效果，评价标准至少应当包括下列五条：第一，日本农业议题谈判到底有多大的让步空间？第二，日本在农业议题上如果做出较大让步，带来的经济损失和政治风险是什么？第三，如果必须让步，农业核心利益是否受损？第四，农业议题谈判是否实现日本国家整体利益最大化的目标？第五，农业议题谈判是否有助于日本实现 FTA 的赶超？

### 6.1.2 日本农业议题谈判效果的评价

按照前述五条评价标准，综合评价日本目前所采用的五种谈判模式，

① 程伟. 弱质农业对日本参与区域经济合作的影响 [J]. 现代日本经济, 2008 (3): 42.
② 姜跃春. 日本东亚经济合作政策新变化及其前景 [J]. 国际问题研究, 2007 (5): 65.
③ 张祖国. 日本积极推进 FTA 战略的若干问题 [J]. 日本学刊, 2004 (3): 69.
④ 刘昌黎. 日本积极推进 FTA/EPA 的政策措施 [J]. 现代日本经济, 2008 (3): 36.

可以得出下列结论：日本农业议题谈判让步空间极为有限；如果做出较大的让步将会面临巨大的农业经济损失和较大的政治风险；实现了最大限度地保护日本农业核心利益的初衷；达到了最大限度地实现日本的国内外政治、经济、外交战略利益最大化的目标；实现了最大限度地摆脱日本在世界 FTA 浪潮中的被动局面。

（1）日本在农业议题谈判中让步空间极为有限。

农业的重要性自然不遑多论，农业是国民经济的基础，直接关系到国家稳定和国家安全。美国前国务卿基辛格曾在 1970 年提出：如果你控制了石油，你就控制了所有国家；如果你控制了粮食，你就控制了所有的人①。从 1918 年日本的"米骚动"，到 2008 年墨西哥、印度、埃及、孟加拉国、海地、布基纳法索、喀麦隆等十几个国家的"饥饿暴动"，从美国通过"粮食援助"影响印度外交到朝鲜核问题与粮食的纠葛，诸多事实证明粮食安全不仅是经济问题，还是社会和政治问题甚至是外交问题。然而，在 2007～2008 年全球粮食危机中，日本却没有出现大规模的粮食安全问题，部分原因是日本的大米满足了自给自足的要求。日本是一个忧患意识十分强烈的国家，特别是世界粮食供给趋向紧张，气候异常现象时有发生，人们更是对大量依赖进口深感忧虑。

第二次世界大战以后，日本农业进展显著，但目前仍是非常弱质的产业。关于日本的农业经济现状在上一章中作过专门的论述，本章仅以农产品自给率为指标来衡量，日本农业弱势地位没有得到根本的转变，因此在农业议题谈判上让步空间极为有限。其主要表现在：1960～2016 年的 50 多年间，基于热量计算的粮食自给率从 79% 一路持续下降到 38%，下降 41 个百分点；基于生产额计算的粮食自给率从 93% 下降到 66%，下降 27 个百分点，在世界主要发达国家中处于最低水平②。

---

① 李益波. 海合会国家的粮食安全问题及其应对措施 [J]. 世界农业，2013（63）：103 - 106.

② 资料来源：日本农林水产省第 92 次统计年鉴（2016 - 2017）。

具体来讲①，谷物自给率1961～2016年从75%下降到28%，其中稻米能够实现基本自给。除极个别年份外，1996年以前稻米自给率均超过100%，1994年达到了历史最高的120%。自1997年以来稻米自给率略有下降，但仍维持在95%左右，2015年为98%，2016年为97%。日本政府没有充分保护小麦的生产，使小麦的自给率下降较快，在1960年的时候为39%，1961年达到了历史最高点的43%，1964年之后开始下跌，1973～1977年降到了历史最低的4%，1978年后略有回升，1980年再度达到了10%，这几年缓慢升高，2015年达到15%，2016年为12%（见表6-1）。

表6-1 　　　　　　　　　　日本主要食物品种自给率 　　　　　　单位：%

| 类别 | 2010年 | 2011年 | 2012年 | 2013年 | 2014年 | 2015年 | 2016年 |
|---|---|---|---|---|---|---|---|
| 大米 | 97 | 96 | 96 | 96 | 97 | 98 | 97 |
| 小麦 | 9 | 11 | 12 | 12 | 13 | 15 | 12 |
| 芋薯类 | 76 | 75 | 75 | 76 | 78 | 76 | 74 |
| 大豆 | 6 | 7 | 8 | 7 | 7 | 7 | 7 |
| 蔬菜 | 81 | 79 | 78 | 79 | 79 | 80 | 80 |
| 水果 | 38 | 38 | 38 | 40 | 42 | 40 | 41 |
| 牛肉 | 42 | 40 | 42 | 41 | 42 | 40 | 38 |
| 牛肉扣除进口饲料因素后 | 11 | 10 | 11 | 11 | 12 | 11 | 10 |
| 猪肉 | 53 | 52 | 53 | 54 | 51 | 51 | 50 |
| 猪肉扣除进口饲料因素后 | 6 | 6 | 6 | 6 | 7 | 7 | 7 |
| 奶及其制品 | 67 | 65 | 65 | 64 | 63 | 62 | 62 |
| 奶及其制品扣除进口饲料因素后 | 28 | 28 | 27 | 27 | 28 | 27 | 27 |
| 砂糖 | 26 | 26 | 28 | 29 | 31 | 33 | 28 |
| 油脂 | 13 | 13 | 13 | 13 | 13 | 12 | 12 |

资料来源：根据日本农林水产省统计资料整理。

---

① 本部分资料来源：日本农林水产省第91次统计年鉴（2015-2016）、第92次统计年鉴（2016-2017）和日本农林水产省大臣官房政策课食料安全保障室《食料需给表》。

豆类自给率从 25% 持续下降到 1995 年的 5%，此后略有上升，2011～2015 年一直维持在 9% 或 10%。其中大豆自给率 1960 年为 28%，到 1970 年为 4%，10 年间下降了 24 个百分点，1993～1995 年降到了历史最低点，仅为 2%，2008 年之后开始略有回升，到 2015 年也仅为 7%，2016 年仍维持这个水平。

蔬菜自给率也有所下降但保持了较高的自给水平，1960～1970 年能维持 100% 的自给率，1970 年跌破 100%，1993 年跌破 90%，2005～2016 年蔬菜自给率基本上保持在 80% 左右。水果则逐渐走向依赖进口，自给率逐渐下降，在 1980 年之前基本维持在 80% 以上，1994 年之后则一直低于 50%，有些年份甚至低于 40%，2015 年为 40%，2016 年为 41%。

肉类（鲸肉除外）自给率从 1960 年的 91% 下降到 2016 年的 52%，其中牛肉由 95% 降为 38%、猪肉从 100% 下降到 50%、鸡肉从 97% 降为 66%；鸡蛋下降幅度不大，从 1960 年的 100% 到 2016 年的 96%，基本实现自给；牛乳及乳制品自给率逐渐缓慢下降，从 1961 年的 89% 下降到 2016 年的 62%，幅度不算太大。但实际上这一类食品对饲料的依赖性很强，而饲料用的粮食大部分来自国外进口，因此经饲料自给率调整后，日本肉蛋奶类的自给率更是十分低下，2016 年肉类（鲸肉除外）自给率仅为 9%，牛肉、猪肉和鸡肉的实际国内自给率仅为 10%、7% 和 9%；鸡蛋的实质自给率也仅为 13%；牛乳及乳制品略高也仅有 27%。

总之，从供给情况来看，稻米、蔬菜、鸡蛋自给率较高，体现了稻米和蔬菜自给自足的重要地位。水果、肉类、奶类处于中等水平，而小麦、大豆则严重不足，基本上依赖进口。日本农业产业结构处于比较严重的失衡状态，稻米能实现自给是日本政府多年来促进稻米生产、加强稻米贸易保护的结果。

农产品自给率变化情况的分析表明，日本农业对进口的依赖性较强。这种情况下，一旦在农业议题谈判中再做出较大的让步，农业安全将受到严重的威胁。再加上日本国民普遍具有强烈的忧患意识，这就决定了其在农业议题谈判中的让步空间极为有限。

（2）日本在农业议题谈判中若做出较大的让步将会面临巨大的农业经

济损失和较大的政治风险。

前述从自给率角度分析了日本农产品市场的状况，可以看出若日本在FTA农业议题谈判中做出较大的让步将会面临巨大的经济风险，某些产业如大豆、小麦甚至将会遭到灭顶之灾，某些产业如猪牛肉、水果自给率将会继续下滑直至冰点，某些目前能自给自足的产业如大米也将会面对巨大的冲击，农业将会遭受到巨大的经济损失。

除经济损失外，较大的让步也会面临较大的政治风险。在日本政界中，执政党与在野党以及执政党各派之间的政治斗争是非常激烈的，频繁更换首相、议会上大打出手也属于常见现象。各个政党、党派为了获得话语权就必须赢得多数选票的支持，而农协操纵农民手中持有的大量选票，"得农民者得天下"，因此农民是各政党格外重视的力量。为了拉拢农协争取选票，日本各政党经常通过使用高关税、减配额、涨补贴等农业保护政策来满足农民的利益，用各种手段增加农民的收入。

根据日本农林水产省发布的信息①，2016年日本进口配额外大米征收关税为341日元/千克、配额外小麦关税为55日元/千克、粗糖为71.8日元/千克、精糖为103.1日元/千克、配额内杂豆为10%、配额外杂豆为354日元/千克、配额内花生为10%、配额外花生为617日元/千克、番茄汁和番茄酱为21.3%、配额内黄油为35%、配额外黄油为29.8%+985日元/千克、配额内脱脂奶粉25%、配额外脱脂奶粉为21.3%+396日元/千克、配额内芋薯类为40%、配额外芋薯类为2796日元/千克、橙汁从21.3%~29.8%或23日元/千克（取其高者计算）、牛肉为38.5%、猪肉到岸价（CIF）低于64.53日元/千克按482日元/千克征收，到岸价超过64.53日元/千克但低于524日元/千克按（546.53－CIF）日元/千克征收，到岸价超过524日元/千克按4.3%征收。

以加入TPP为例，日本进行关税减让或配额增加之后，部分竞争力较弱的农产品将大幅降低受保护程度，被迫面对国外低价农产品的竞争。日

---

① 资料来源：日本农林水产省网站。

本农林水产省对可能受到的影响进行了详细测算①，他们根据农产品国内和国际的价格差、农产品产量及关税削减程度等指标，以产值超过 10 亿日元的 19 个农产品和 14 个林、水产品为例。测算结果表明，日本加入 TPP 之后不同品种农产品将受到不同程度的影响。只考虑价格下降因素，预计年产值将会减少 1300 亿 ~ 2100 亿日元。其中牛肉损失最大，将达到 311 亿 ~ 625 亿日元，猪肉损失 169 亿 ~ 332 亿日元，乳制品损失 198 亿 ~ 291 亿日元②。

日本还有着对农业进行高额补贴的传统，尤其是最近十几年来农民的大部分收入来自名目繁多、计算复杂的财政补贴。尽管日本的农业保护政策加重了财政负担，但为了获得农民的支持，极力赢得多达 1000 万张的农民选票，日本各政党绝不会冒着这么巨大的政治风险在农业议题谈判中做出较大的让步。

（3）日本在农业议题谈判中实现了最大限度地保护核心利益的初衷。

大米、小麦、猪牛肉、糖类和乳制品号称"五大圣域"，也可以说是日本农业保护的最核心利益。在前述农业议题五种谈判模式中，日本无一例外地提出要保护这些核心利益。根据日本农林水产省 2004 年 6 月出台的《FTA/EPA 交涉之际磋商农产品问题的基本方针》，在日本与墨西哥、澳大利亚、泰国、印度尼西亚、智利、秘鲁、TPP、欧盟等一系列谈判的实际情况来看，可以说是尽最大努力实现了最大限度保护日本农业核心利益的初衷。比如号称完全撤销关税的 TPP，日本在农业领域设定了 834 种关税农产品，其中有一半在 TPP 生效之后取消关税，而大米、小麦等 5 个敏感产品设定了 13 ~ 30 年不等的缓冲期，实现了日本政府的谈判意图；日澳FTA 经过 7 年谈判终于将大米成功排除在外，其他核心利益也得到了不同程度的保护。

（4）日本在农业议题谈判中达到了最大限度实现国家利益最大化的目标。

虽然日本实现了保护农业核心利益的初衷，但做出的让步也是客观存

---

① 资料来源：中国水利部 – 中国水势网站。

② 李明权. 安倍政府的农业改革评析——基于 TPP 框架的视角 ［J］. 日本学刊, 2018（1）: 46 – 65.

在的，甚至有些让步并不算小。例如日本在与澳大利亚的 FTA 中，日本对猪牛鸡肉、乳制品等几种敏感农产品均做出了较大让步，但实现了将大米排除在外的诉求。在 TPP 谈判中，日本在"五大圣域"关税、配额方面都做出了让步，但实现了美国对日本修改宪法第九条的支持、对钓鱼岛问题的支持，修补了日美同盟裂痕，推进了日美澳印"遏制中国"的同盟。在日欧 FTA 谈判中，日本取消了乳酪关税，扩大了牛肉配额，猪肉关税几乎为零，但获得了安全、战略方面的协调与合作，尤其是在对中国、对美国关系方面的一致。在与印度进行谈判时，日本与印度在核心农产品方面并没有太多的争执，但战略意义十分明显。日本还确保了海上能源运输线安全，建立"自由与繁荣之弧"防范中国的意识强烈，在政治、安全等领域进一步深化合作，共同寻求加入联合国安理会常任理事国。

因此，可以说日本通过农业议题谈判，最大限度地达到了国内外政治、经济、外交利益最大化的目标。

（5）日本在农业议题谈判中最大限度摆脱了被动局面。

许多学者都认为，日本实施的农业高度保护政策严重阻碍了 FTA 进程。对此，应该一分为二地看待。首先要定义"日本 FTA 进程"，本书认为所谓"日本 FTA 进程"是日本 FTA 要达到的目标以及实现目标所需要的途径、原则、对象、顺序及注意事项等方面。至于是否"严重阻碍"则要看是不是顺利实现了这个目标，既要着眼于 FTA 数量，更要注重 FTA 的质量。假如日本在最初设定"FTA 进程"时的利益诉求完全实现，或者所获得或交换的利益符合国内"批准"层面的标准，那就谈不上"阻碍"了。至于在谈判中采取的模式、方法、手段，或拖延或紧逼，或正面交锋或外交沟通，都可以看作是日本对谈判技巧以及手中"筹码"的充分利用。

日本直到 20 世纪末仍是"全球主义"的支持者，对已经兴起的双边 FTA 不感兴趣，进入 21 世纪才开始转向"区域主义"，是起步比较晚的国家，具有后起直追的"赶超"特征。日本在短短二十年的时间里已经完成了 19 个 FTA 的签订，涉及全球 50 多个国家和地区，2018 年签署的日欧 FTA 涉及 28 个国家，GDP 占据全球 1/3；2020 年 11 月签署的 RCEP，人口、GDP 等指标均占全球 1/3 左右①。因此可以说日本 FTA 战略进展显著。

在东亚地区，中国签署了 22 个 FTA，涉及 26 个国家和地区，正在谈判的有 10 个 FTA；韩国签订了 19 个 FTA，涉及 54 个国家和地区。从数字上看，日本推进 FTA 的步伐在包含欧盟之后并不像有些观点里谈到的那么落后了；从质量上看，日本达成一致或已经签署的 FTA 中包含了印度、欧盟、TPP，且有把新版 TPP（CPTPP）扩张成为亚太自由贸易区的倾向。韩国 FTA 中包含欧盟、美国，中国 FTA 未覆盖这些大型经济体，甚至都未进入研究阶段，这种情况下，更需要积极推进 RCEP 尽快生效，同时努力推进"一带一路"建设。

从这种意义上讲，日本农业议题谈判模式并未阻碍 FTA 战略进程，甚至可以说使日本最大限度地摆脱了在世界 FTA 浪潮中的被动局面。

## 6.2　日本农业议题谈判的实证分析

从日本和中国各自已签订的 FTA 情况对比来看，在日本已签订的 19 个 FTA 协定中，GDP 规模较大的经济体如欧盟、英国、印度、加拿大、澳大利亚、瑞士都居于全球前列。在大型经济体中，与中国签订 FTA 只有澳大利亚、韩国、印度尼西亚、瑞士 4 个国家 GDP 在全球排名中居前 20 位。由此可以看出，不能简单地说日本在 FTA 进程中采用的农业议题谈判模式延迟或阻碍了日本推进 FTA 进程的步伐。

此外，按照本书的分析，日本农业议题谈判模式很好地实现了 FTA 的目标，最大限度地实现了保护日本农业核心利益的初衷；最大限度地实现日本的国内外政治、经济、外交战略利益最大化的目标；最大限度地摆脱日本在世界 FTA 浪潮中的被动局面，特别是最近刚刚签署的日本—欧盟 FTA 使日本在自由化率、覆盖国家和地区数量、受益人口等方面一跃成为亚洲前列。

---

①　资料来源：笔者根据日本外务省、中国商务部资料整理。

本章节利用贸易引力模型具体考察了关税、FTA 是否生效等因素对日本农产品贸易的影响。

### 6. 2. 1　贸易引力模型的构建

贸易引力模型是牛顿"万有引力"定律伟大发现在经济学中的应用。"万有引力"表明了任何两个物体之间的引力与它们的质量乘积成正比，与它们之间的距离成反比。廷伯根（Tinbergen，1962）和保宁农（Poyhonon，1963）是最早将引力模型用于国际贸易领域研究的学者。此后 50 多年来，许多学者不断对该模型进行深入的研究，特别是在 20 世纪六七十年代，通过扩展解释变量使贸易引力模型不断得到丰富和发展并趋于成熟，80 年代后尤其在实证方面发挥了巨大的作用，目前已逐渐成为贸易研究中的基础性模型，贸易引力模型很好地解释了国际贸易尤其是贸易流量问题。

但从引力模型进入国际贸易领域的那一天起，对它缺乏经济学理论支撑的质疑就没有中断过，恰恰是这种质疑促进了学术界关于贸易引力模型理论基础的研究。

最初，贸易引力模型确实是来自直观经验的总结，既缺乏经济理论支撑，也因此未得到主流经济学的认可。直到 20 世纪 80 年代左右，由于赫尔普曼和克鲁格曼等人的介入，掀起了理论研究的高潮。安德森（Anderson，1979）、赫尔普曼和克鲁格曼（Helpman and Krugman，1985）、杰弗里（Jeffrey，1985）、伯格斯特兰（Bergstrand，1985，1989）、迪尔多夫（Deardorff，1995）、魏（Wei，1996）、埃文特和凯勒（Evenett and Keller，1998）、安德森和怀恩欧普（Anderson and Wineoop，2003）等试图从要素禀赋理论、李嘉图模型、规模报酬递增理论、不完全竞争理论和垄断竞争、规模经济贸易理论等多种角度或综合寻找其经济理论基础，遗憾的是到目前仍尚未达成共识。但学者们这种坚持不懈的努力，使贸易引力模型与主流国际贸易理论紧密地联系在一起了。

贸易引力模型的发展过程还表现在学者们不断地扩展解释变量，利尼曼（Linnemann，1966）做出了重要贡献，他首次引入了人口和贸易政策两个变量。他认为，在 GDP 恒定的前提下贸易双方总人口与贸易总额负相关。但事实上这个假定并不成立，或者一般来说人口越多 GDP 也会相应增加，市场需求也会增加。利默尔（Leamer，1974）、伯格斯特兰和杰弗里（Bergstrand and Jeffrey，1985）又将人均收入水平加入了贸易引力模型，他认为一国人均收入水平与进口额正相关。伯格斯特兰（Bergstrand，1985、1989）分别引入了汇率和是否属于同一个经济组织作为解释变量。2002年，安德鲁·罗斯（Andrew K. Rose）引入了更多的虚拟解释变量，如是否加入 WTO、是否有产品标准、是否边境相邻、是否有殖民关系和是否有共同语言等。新的解释变量被不断引入模型中，使模型更加完善，对现实国际贸易流量的解释力更强，但实际上由于缺乏一个统一的理论基础，引入的变量越多就会离"万有引力"定律越远。

基于上述学者建立的模型和本书的重点研究对象，本章节将从日本农产品贸易总额及农产品进口额两方面作为被解释变量进行考察。对于解释变量，本书主要研究的是日本在 FTA 进程中农业议题的谈判模式，而谈判成败的关键在于农产品降税模式，因此关税水平与农产品贸易总额特别是农产品进口额直接相关。此外，本书引入了贸易对象国的国内物价水平作为控制变量，对象国物价水平的变化反映的是该国出口商品的成本变化。一般来讲，一国出口商品成本上升不利于出口，这也将使贸易额下降，即他国国内物价水平与日本农产品进口呈负相关。这也是本书的创新点之一。此外，本书选取了是否具有同盟关系、双方 FTA 是否生效作为自变量并用人口规模、农产品生产总额、实际 GDP 增长率、人均 GDP、实际汇率、地理距离作为控制变量进行实证分析，探讨上述因素对日本农产品进出口贸易的影响。数据及变量的选择将在下一小节做出具体说明。

应该说明的是，影响一国进出口贸易的因素是多方面的，具有综合性、复杂性和相互交织的特点，因此，需要将相关因素统筹到一起，综合判断贸易政策变化对农产品进出口的影响。基于此，建立如下面板数据模型：

$$\text{ttr}_{it} = \alpha + \rho\text{aat}_{i,t-1} + \eta_1\text{dum1}_{it} + \eta_2\text{dum2}_{it-1} + \lambda_i X_{it} + u_{it} + \varepsilon_{it} \quad (6-1)$$

式（6-1）中，$ttr_{it}$为因变量，表示日本与其他贸易国的农产品进出口总额；$aat_{it}$为农产品平均关税；$dum1_{it}$和$dum2_{it}$为虚拟变量，分别表示日本与i国在t时期是否为同盟国、FTA是否生效，肯定时取值为1，否则取值为0；$X_{it}$代表不同的控制变量。

更进一步，由于对变量取对数能够在一定程度上减弱异方差和不同量纲的影响，对部分变量做取对数处理后得到了如下面板数据模型：

$$lnttr_{it} = \alpha + \rho aat_{i,t} + \eta_1 dum1_{it} + \eta_2 dum2_{it} + \lambda_i lnZ_{it} + \theta_i Y_{it} + u_{it} + \varepsilon_{it}$$

$$(6-2)$$

式（6-2）中，将因变量$ttr_{it}$取对数，并对部分控制变量做了取对数处理或保持不变，$lnZ_{it}$以代表取对数的控制变量，以$Y_{it}$代表未取对数的变量。

同理，为进一步考察关税、汇率、FTA贸易协定等对日本农产品进口的影响，建立如下面板模型：

$$lnimp_{it} = \alpha + \rho aat_{i,t} + \eta_1 dum1_{it} + \eta_2 dum2_{it} + \lambda_i lnZ_{it} + \theta_i Y_{it} + u_{it} + \varepsilon_{it}$$

$$(6-3)$$

式（6-3）中，$lnimp_{it}$为日本从i贸易国在t时期进口的农产品总额，其余变量与式2保持不变。本章涉及的主要变量及具体含义如表6-2所示。

表6-2　　　　　　　　　　　　主要变量说明

| 变量 | 变量编码 | 变量名称 | 英文 | 变量属性 | 备注 |
|---|---|---|---|---|---|
| 因变量 | ttr | 农产品贸易额 | total trade of agricultural products | 数值变量 | 亿美元 |
| | imp | 日本从贸易国农产品进口额 | import | 数值变量 | 亿美元 |
| 自变量 | aat | 农产品平均关税 | average agricultural tariffs | 数值变量 | % |
| | dum1 | 同盟国关系 | allied relations or not | 二值变量 | 0或1 |
| | dum2 | FTA生效与否 | FTA comes into force or not | 二值变量 | 0或1 |

| 变量 | 变量编码 | 变量名称 | 英文 | 变量属性 | 备注 |
|------|---------|---------|------|---------|------|
| 控制变量 | pop | 贸易国人口规模 | population | 数值变量 | 万人 |
| | tpa | 贸易国农产品生产总额 | total production of agricultural products | 数值变量 | 亿美元 |
| | rgr | 贸易国实际GDP增长率 | real GDP growth rate | 数值变量 | % |
| | pgdp | 贸易国人均GDP | GDP per capita | 数值变量 | 美元/人 |
| | exr | 实际汇率 | real exchange rate | 数值变量 | — |
| | cpi | 物价增长率 | consumer price index | 数值变量 | % |
| | dis | 日本与贸易国之间的距离 | distance | 数值变量 | 海里 |

## 6.2.2 数据来源及变量选择的说明

### 1. 数据的来源

本书分析数据来源于WTO世界贸易组织统计数据库、FAO联合国粮农组织数据库、日本农林水产省历年统计年鉴、中国商务部外贸司统计数据、日本关税联盟数据库、日本海关贸易统计数据库、东盟统计数据库、日本财务省统计数据库，并参考了IMF及UNCTAD联合国贸易发展会议数据库等资料。部分数据经过笔者合计计算、单位换算、汇率换算，部分国家或地区的实际GDP增长率以2010年为基期的名义GDP增长率扣除物价平减指数计算。其中欧盟2006年按25国计算，2007~2012年按27国计算，2013~2015年按28国计算。最后形成了涵盖12个国家或地区自2006~2015年十年时间跨度的短面板数据集。

### 2. 样本的选择

日本迄今为止已经签署了19个FTA，另有7个FTA正在谈判中，10个处于联合研究阶段。为了考察日本农业谈判模式的效果，本书选取了美国、加拿大、欧盟、澳大利亚、新西兰、中国、韩国、东盟、泰国、印度尼西亚、印度、墨西哥 12 个国家或地区 2006～2015 年十年间的数据作为样本，与欧盟、澳大利亚、东盟、泰国、印度尼西亚、印度、墨西哥签署了 FTA，其中除欧盟外的 6 个 FTA 陆续生效，其余国家如加拿大、韩国与日本正在谈判中，新西兰、中国都是 RCEP 签署国。这 12 个经济体对日农产品贸易额特别是进口额占据了绝大多数份额，对考察日本的农产品贸易具有极重要的意义。因此，无论是对于日本还是中国未来的 FTA 谈判都具有一定的代表性，有着巨大的借鉴意义。

### 3. 自变量的选择

国际关系会直接影响国际贸易，但如何影响是一件非常不容易说清楚的事情，因此本书引入了一个虚拟的二值变量。此前有学者如侯明和李淑艳（2005）、王铠磊（2007）、王可（2008）、吴丹（2008）等对是否加入 APEC 和东盟进行了研究。本书基于日本的角度考虑到 G20 峰会的重要作用，把 G20 成员赋值为 1，非成员设为 0。G20 是 20 国集团的简称，由发达国家和新兴工业化国家组成。它的前身是由西方主要发达国家组成的八国峰会，2009 年取代了八国集团成为全球经济合作的主要论坛。20 国集团成员涵盖面更广、代表性更强，国际货币基金组织与世界银行每次都会列席该组织的会议。该集团合计占世界 GDP 的 80% 以上，国际贸易额的 75%，覆盖全球 60% 的人口[①]。G20 在全球治理机制改革中有着重要的话语权。另一个自变量是与日本的 FTA 是否生效，生效设为 1，未生效设为 0。建立 FTA 的主要目的是促进国际自由贸易，因此在 FTA 生效后双方的贸易量会有所增加，本章节用贸易引力模型具体考察日本 FTA 与农产品贸易之间的关系，因此将 FTA 是否生效作为一个自变量。考虑到统计数据的滞后性及生效时间对当年贸易总额的影响程度，本书将上半年生效的 FTA 在当年设为 1，下半年生效的 FTA 当年设为 0，滞后一年设为 1。

前文多次述及关税对进口量的影响，但实际上关税对贸易额这一指标的影响是比较复杂的。日本农产品关税设置非常烦琐，为了便于分析，本

---

① 资料来源：G20 官网。

书采用 WTO 发布的历年农产品简单平均关税作为自变量。当然，数据易于获取也是一个考虑因素。如果采用各个农产品贸易品种的关税考察该品种的进口额会更加准确一些，但对本书来讲工作量非常浩大且意义不大。另外需要作出说明的是，作为国家联盟，东盟与欧盟的不同之一在于它不是统一关税区，因此东盟的本项数据使用了日本对最惠国平均关税来代替。与之类似的是，东盟的汇率、物价增长率也是空白项，未参与回归。

### 4. 控制变量的选择

传统的贸易引力模型最主要的变量是 GDP。绝大多数学者已经验证了这一结论，两个经济体之间的 GDP 大小对包括农产品在内的国际贸易都有正向的促进作用。但本书主要考察的是农产品贸易，因此选择了农业生产总额作为替代 GDP 的控制变量。此外，国际贸易作为 GDP 的主要支柱之一，林玲和王炎（2004）研究发现人均 GDP 的影响不显著，盛斌和廖明中（2004）、吴丹（2008）、王可（2008）也曾得出类似结论，但本书认为在理论上人均 GDP 增长使收入增加，应该有利于进口增加，因此依然将人均 GDP 和实际 GDP 增长率作为控制变量，考察是否与 GDP 一样具有正向的促进作用。

人口规模将会影响农产品贸易额。一般来说，双方人口越多，对农产品的市场需求就越大。

汇率是国际经济活动重要的价格指标，汇率的上下波动对贸易的影响是复杂的。一般来说，一国汇率的下降（本币贬值）会使本国出口增加、进口减少；汇率的上升会使本国出口减少，进口增加。弗兰克尔和魏（Frankel and Wei，1993）的研究发现，当一国汇率大幅变动时会阻碍农产品出口。麦肯齐（Mckenzie，1999）认为汇率变动影响十分显著，但对不同的国家有不同的影响。

### 5. 贸易双方的距离

传统贸易引力模型认为双方贸易额与距离成反比。多数文献采用的是双方首都的直线距离或球面距离来作为距离的数据，也有文献采用双方主要港口间的直线距离或球面距离。本书使用双方主要港口的航线距离来计算。目前来看，绝大多数国际贸易仍通过海运进行，因此本书不选用首都而选用主要港口，港口之间的点对点距离要考虑航线因素而不是直线或球面距离。对于日本，选用的是横滨港作为代表。横滨港是日本最大的海港，是对美国、中国和东南亚贸易的重要港口，出口额占日本贸易额的2/3 以上，主要是机器、汽车、钢铁；进口货物主要有粮食、原油、铁矿石。虽然横滨港货物吞吐量低于神户港和千叶港，但港口贸易额却排名全国第一位，成为日本最大的国际贸易港。出于类似的考虑，本书选取了洛杉矶、温哥华、鹿特丹、悉尼、奥克兰、上海、釜山、新加坡、曼谷、雅加达、孟买和曼萨尼约分别作为美国、加拿大、欧盟、澳大利亚、新西兰、中国、韩国、东盟、泰国、印度尼西亚、印度和墨西哥的代表，其中欧盟和东盟分别用鹿特丹和新加坡作为代表，这是考虑了两个港口的国际地位和在区位上的作用因素。港口之间的海运航线距离采用在世界船舶界享有盛名的英国劳氏船级社航线资料，其中鹿特丹是按照马六甲海峡、苏伊士运河航线设计，美国、加拿大和墨西哥采用美西航线。具体里程如表 6 – 3 所示。

表 6 – 3　　　　　　　　　　距离日本横滨的里程　　　　　　　　　单位：海里

| 洛杉矶 | 温哥华 | 鹿特丹 | 悉尼 | 奥克兰 | 上海 |
|---|---|---|---|---|---|
| 4588 | 4319 | 11297 | 4368 | 4618 | 1051 |
| 釜山 | 新加坡 | 曼谷 | 雅加达 | 孟买 | 曼萨尼约 |
| 681 | 2921 | 3270 | 3433 | 5380 | 4790 |

资料来源：Lloyd's Maritime Atlas of World Ports and Shipping Places. 29th，2016.

### 6.2.3　实证分析过程

#### 1. 描述性分析

从描述统计量看，除了汇率和物价增长率存在部分缺失外（缺失的数据主要来自东盟），其他变量的样本数量均为 120 个，数据样本基本完整。从日本对各国的农产品进出口额看最大值与最小值之间差距较大，从 0.02 亿美元到 212.4 亿美元不等；其他的变量如各贸易国人口（pop）、日本与其他贸易国的距离（dis）、贸易国人均 GDP（pgdp）及各国与日本的实际汇率（exr）等存在较大的波动，对应标准差相对较大（见表 6 – 4）。

表 6 – 4　　　　　　　　　　各变量的描述统计量

| 变量 | 样本数量 | 均值 | 标准差 | 最小值 | 最大值 |
|---|---|---|---|---|---|
| ttr | 120 | 55.41 | 50.45 | 0.0200 | 212.4 |
| imp | 115 | 49.93 | 48.15 | 0 | 203.4 |
| aat | 120 | 20.12 | 4.714 | 9 | 33.90 |
| dis | 120 | 4226 | 2558 | 681 | 11297 |
| dum1 | 120 | 0.750 | 0.435 | 0 | 1 |
| dum2 | 120 | 0.300 | 0.460 | 0 | 1 |
| pop | 120 | 37962 | 45446 | 418 | 139703 |
| tpa | 120 | 1568 | 1942 | 79 | 10103 |
| rgr | 120 | 4.008 | 3.408 | − 4.600 | 14.70 |
| pgdp | 120 | 21718 | 19520 | 689.2 | 67575 |
| exr | 110 | 46.76 | 49.10 | 0.00850 | 161.2 |
| cpi | 110 | 3.253 | 2.588 | − 1 | 13 |
| lnimp | 114 | 3.462 | 0.989 | 1.717 | 5.315 |
| lnttr | 120 | 3.522 | 1.198 | − 3.912 | 5.359 |
| lnpop | 120 | 9.538 | 1.681 | 6.035 | 11.85 |
| lntpa | 120 | 6.655 | 1.237 | 4.369 | 9.221 |
| lnpgdp | 120 | 9.342 | 1.303 | 6.535 | 11.12 |
| lndis | 120 | 8.143 | 0.714 | 6.524 | 9.332 |

## 2. 混合回归

本书使用 Stata 软件 12.0 版本进行计算。在面板数据中，每一个体有多个观测值，在每个时间周期内个体误差项都会有同样的组分，并给予个体样本聚类的不同而存在内部相关性。因此在进行混合回归时需要进行聚类处理。作为参照系，首先对面板数据集进行以国别为聚类的混合回归，然后依次采用固定效应、随机效应进行回归分析，混合回归得到如下回归结果如表6-5所示。

表6-5 混合回归结果

| 自变量 | 被解释变量：lnttr | | | | |
|---|---|---|---|---|---|
| | 方程（1） | 方程（2） | 方程（3） | 方程（4） | 方程（5） |
| aat | 0.0661<br>(1.08) | 0.0784<br>(1.43) | 0.0464<br>(0.99) | 0.0854*<br>(1.86) | 0.0900**<br>(2.55) |
| dum1 | -0.191<br>(-0.28) | -0.580<br>(-1.63) | -0.567<br>(-1.49) | -1.464***<br>(-7.01) | -1.359***<br>(-3.30) |
| dum2 | -0.264<br>(-0.54) | -0.466<br>(-1.13) | -0.456<br>(-1.32) | 0.392<br>(1.24) | 1.079<br>(1.73) |
| lnpop | | 0.292*<br>(1.86) | -0.376<br>(-1.05) | 0.846***<br>(4.31) | 0.872***<br>(3.39) |
| lntpa | | | 1.066**<br>(2.78) | -0.0789<br>(-0.35) | -0.325<br>(-1.41) |
| rgr | | | -0.110**<br>(-2.83) | 0.0237<br>(1.17) | 0.00290<br>(0.13) |
| lnpgdp | | | | 1.029***<br>(12.44) | 0.416<br>(1.61) |
| lndis | | | | -0.490**<br>(-2.32) | -1.249**<br>(-2.96) |
| exr | | | | | 0.0232**<br>(2.30) |
| cpi | | | | | 0.0144<br>(0.38) |
| 常数项 | 2.414<br>(1.54) | -0.270<br>(-0.12) | 0.0760<br>(0.04) | -10.47***<br>(-6.29) | 1.477<br>(0.32) |
| N | 120 | 120 | 120 | 120 | 110 |

注：括号中的数值为对应变量估计系数的标准误差，***、**、*分别代表在1%、5%和10%的显著水平。

表 6-5 以国别为聚类变量进行了聚类稳健标准误差的混合回归，并采用了逐步增加控制变量的方式。从估计系数的显著性方面可以看出，在 1% 的显著性水平下，日本与贸易国的同盟关系（dunm1）、贸易国的人口规模（lnpop）均通过了显著性检验；而在 5% 的显著性水平下，变量农产品平均关税（aat）、日本与贸易国的距离（lndis）及贸易国的实际汇率（exr）通过了显著性检验，且得出了部分符合贸易理论的结论，如两国的距离与贸易额成反比，符合贸易引力模型的结论；贸易国人口规模与农产品贸易额成正比。

### 3. 固定效应

固定效应模型允许每个个体可以有不同的截距参数，能够较好地解释自变量对因变量的总体影响程度。固定效应回归结果如表 6-6 所示。

表 6-6                                      固定效应回归

| 自变量 | 被解释变量：lnttr | | | | |
|---|---|---|---|---|---|
| | 方程（1） | 方程（2） | 方程（3） | 方程（4） | 方程（5） |
| aat | 0.0477<br>(1.50) | 0.0466<br>(1.49) | 0.0466<br>(1.45) | 0.0449<br>(1.50) | 0.0463<br>(1.40) |
| dum1 | 0<br>(0.00) | 0<br>(0.00) | 0<br>(0.00) | 0<br>(0.00) | 0<br>(0.00) |
| dum2 | 0.878<br>(1.37) | 0.700<br>(1.19) | 0.723<br>(1.06) | 0.663<br>(1.04) | 0.760<br>(0.99) |
| lnpop | | 2.896<br>(1.53) | 3.484<br>(1.01) | 4.736<br>(1.21) | 4.653<br>(1.16) |
| lntpa | | | -0.135<br>(-0.30) | 0.348<br>(1.11) | 0.224<br>(0.56) |
| rgr | | | -0.00411<br>(-0.44) | -0.00990<br>(-0.76) | -0.0133<br>(-1.09) |
| lnpgdp | | | | -0.682<br>(-1.01) | -0.560<br>(-0.78) |
| lndis | | | | 0<br>(0.00) | 0<br>(0.00) |

| 自变量 | 被解释变量：lnttr | | | | |
|---|---|---|---|---|---|
| | 方程（1） | 方程（2） | 方程（3） | 方程（4） | 方程（5） |
| exr | | | | | -0.000258<br>（-0.06） |
| cpi | | | | | 0.0297<br>（1.06） |
| 常数项 | 2.299 **<br>（2.79） | -25.24<br>（-1.36） | -29.95<br>（-0.97） | -38.67<br>（-1.17） | -37.68<br>（-1.12） |
| N | 120 | 120 | 120 | 120 | 110 |

注：括号中的数值为对应变量估计系数的标准误差，\*\*\*、\*\*、\*分别代表在1%、5%和10%的显著水平。

通过表6-6的回归结果可以看出，固定效应估计并没有得到通过显著性检验的估计参数，也就是说使用固定效应回归方法并不理想。

### 4. 随机效应

随机效应模型将个体间的异质性作为一个随机成分，允许个体（组）间存在异方差或总误差跨期中存在序列相关性，更符合日本对不同贸易国采取不同农产品进口关税的实际（见表6-7）。

表6-7　　　　　　　　　　随机效应回归结果

| 自变量 | 被解释变量：lnttr | | | | |
|---|---|---|---|---|---|
| | 方程（1） | 方程（2） | 方程（3） | 方程（4） | 方程（5） |
| aat | 0.0492<br>（1.43） | 0.0503<br>（1.43） | 0.0477<br>（1.31） | 0.0526<br>（1.34） | 0.0900 **<br>（2.55） |
| dum1 | 0.0747<br>（0.13） | -0.191<br>（-0.49） | -0.216<br>（-0.56） | -1.104 ***<br>（-3.48） | -1.359 ***<br>（-3.30） |
| dum2 | 0.821<br>（1.35） | 0.777<br>（1.31） | 0.645<br>（0.95） | 0.612<br>（0.96） | 1.079 *<br>（1.73） |

| 自变量 | 被解释变量：lnttr | | | | |
|---|---|---|---|---|---|
| | 方程（1） | 方程（2） | 方程（3） | 方程（4） | 方程（5） |
| lnpop | | 0.212<br>(1.37) | 0.0495<br>(0.21) | 0.844 ***<br>(2.78) | 0.872 ***<br>(3.39) |
| lntpa | | | 0.248<br>(1.34) | −0.325<br>(−1.35) | −0.325<br>(−1.41) |
| rgr | | | −0.0127 *<br>(−1.67) | −0.00217<br>(−0.22) | 0.00290<br>(0.13) |
| lnpgdp | | | | 0.737 ***<br>(4.13) | 0.416<br>(1.61) |
| lndis | | | | −0.395<br>(−1.45) | −1.249 ***<br>(−2.96) |
| exr | | | | | 0.0232 **<br>(2.30) |
| cpi | | | | | 0.0144<br>(0.38) |
| 常数项 | 2.230 **<br>(2.04) | 0.399<br>(0.22) | 0.461<br>(0.25) | −6.440 **<br>(−2.11) | 1.477<br>(0.32) |
| N | 120 | 120 | 120 | 120 | 110 |

注：括号中的数值为对应变量估计系数的标准误差，***、**、*分别代表在1%、5%和10%的显著水平。

从表6-7可以看出，随机效应回归方程（5）与混合回归方程（5）得到的结果基本相同。在1%的显著性水平下，是否是同盟国关系（dum1）、贸易国的人口规模（lnpop）和贸易国的距离（lndis）均通过了显著性检验；在5%的显著性水平下，农产品平均关税（aat）、实际汇率（exr）通过了显著检验；而在10%的显著性水平下，FTA协定的生效与否通过了显著性检验。总体而言，得到的较为有益的估计参数为：FTA生效后、贸易国的人口规模和实际汇率变动与日本农产品贸易总额呈正相关；而日本与贸易国的距离、是否是同盟国同农产品贸易额呈负相关。

进一步地，利用LM检验判断采用随机效应估计和混合回归哪一个更符合计量经济学有效估计，得到如表 6 - 8 所示的结果。

表 6 - 8　　　　　　　　　　LM 检验结果

| 变量 | 方差 | 标准差 |
|---|---|---|
| lnttr | 1.446418 | 1.202671 |
| 残差项 | 0.29199407 | 0.5403154 |
| 随机误差项 | 0 | 0 |
| Chibar2(01) = 0 | | |
| Prob > chibar2 = 1.000 | | |

通过表 6 - 8 的 LM 检验结果可以看出，chibar2 的值为 0，伴随概率为 1，不能拒绝"不存在个体随机效应"的原假设，也就是说在随机效应与混合回归之间应该选择混合回归。

因此，从混合回归的结果看，以日本农产品进出口总额作为因变量，以农产品对不同贸易国的平均关税（aat）、是否为同盟国（dum1）、FTA 协议是否生效（dum2）、贸易国的人口规模（pop）、与贸易国的距离（dis）、实际汇率（exr）等因素为自变量，估计结果显示：日本农产品贸易总额与农产品的平均关税、贸易国人口规模、直接标价法下外汇贬值呈正相关，与贸易国的距离和属于同盟国关系呈负相关。

然而，以上的实证分析是以日本对应各个贸易国的农产品进出口总额作为因变量，存在一定的局限性。因为根据国际贸易相关理论，进出口商品的关税为到岸价征收，属于进口国的进项税，直接影响农产品的进口规模；而是否属于同盟国及 FTA 协议是否生效都将对农产品关税产生一定影响且存在交互效应。因此，下面将以日本的农产品进口额为因变量，考察农产品平均关税、是否为同盟国、FTA 是否生效及汇率变化等因素的影响。

### 5. 影响日本农产品进口额的主要因素实证分析

本章节将从混合回归、固定效应、随机效应三种估计方法出发，通过逐步添加控制变量的方式进行实证分析，得到如下结果（见表6-9）：

表6-9　　　　　　　　日本农产品进口额影响因素实证结果

| 自变量 | 被解释变量：lnimp | | | | | | | | |
|---|---|---|---|---|---|---|---|---|---|
| | 混合回归 | | | 固定效应 | | | 随机效应 | | |
| | 方程（1） | 方程（2） | 方程（3） | 方程（1） | 方程（2） | 方程（3） | 方程（1） | 方程（2） | 方程（3） |
| aat | -0.026** (-1.53) | -0.021*** (-2.45) | -0.025*** (-3.37) | 0.031 (0.43) | 0.033 (0.47) | 0.036 (0.41) | -0.025* (-1.45) | -0.020** (-2.34) | -0.026*** (-3.36) |
| dum1 | -0.430 (-1.46) | -0.439*** (-2.44) | -0.339*** (-3.20) | 0 (0.00) | 0 (0.00) | 0 (0.00) | -0.429*** (-3.33) | -0.435* (-1.33) | -0.339*** (-3.15) |
| dum2 | -0.116 (-0.10) | 0.064* (1.05) | 0.038*** (3.02) | 0.948 (0.71) | 1.124 (0.80) | 1.645 (1.10) | -0.115 (-0.42) | 0.065*** (2.06) | 0.038*** (2.03) |
| jh1 | 0.019 (0.49) | 0.020 (0.45) | 0.025** (1.46) | -0.033 (-0.44) | -0.034 (-0.45) | -0.05 (-0.53) | 0.019 (0.32) | 0.024*** (3.33) | 0.027** (1.54) |
| jh2 | 0.008 (0.12) | -0.001 (-0.01) | -0.010 (-0.12) | -0.050 (-0.71) | -0.054 (-0.75) | -0.095 (-1.20) | 0.008 (0.14) | -0.011 (-0.01) | -0.010 (-0.46) |
| lntpa | | -0.006 (-0.87) | -0.032 (-0.33) | | -0.218 (-0.48) | -0.346 (-0.73) | | -0.007 (-0.07) | -0.034 (-0.34) |
| lndis | | -0.091*** (-0.83) | -0.101** (-1.40) | | 0 (0.00) | 0 (0.00) | | -0.093** (-1.62) | -0.099*** (-2.41) |
| exr | | | -0.004*** (-4.93) | | | -0.013 (-1.00) | | | -0.007*** (-2.90) |
| cpi | | | -0.064* (-1.30) | | | -0.077* (-1.24) | | | -0.059** (-1.80) |
| 常数项 | 4.009*** (4.00) | 4.670*** (3.52) | 3.645 (1.41) | 3.304*** (4.40) | 4.687 (1.56) | 6.646** (2.11) | 4.009*** (3.13) | 4.670*** (2.67) | 3.645** (1.51) |
| N | 114 | 114 | 105 | 114 | 114 | 105 | 114 | 114 | 105 |

注：括号中的数值为对应变量估计系数的标准误差，***、**、*分别代表在1%、5%和10%的显著水平。

进一步地，应用LM检验判断混合回归和随机效应的估计方法哪一个更有效，得到如表6-10所示结果。从中可以看出，chibar2的值为0，伴随概率为1，不能拒绝"不存在个体随机效应"的原假设，因此在随机效应与混合回归之间应该选择混合回归。

表6-9中，jh1为二值变量同盟国关系与农产品平均关税的交互项；jh2为FTA协议是否生效与农产品平均关税的交互项，两者用来反映同盟国关系及FTA协议对农产品平均关税的影响。从表6-9可以看出，混合回归和随机效应回归的结果表明了较多变量通过了显著性检验，而且两者回归方法下对应各个变量的估计系数变化并不大。因此，日本农产品进口总额受到来自农产品平均关税、是否同盟国、FTA是否生效及其交互项以及与贸易国距离、汇率及贸易国国内物价水平的影响。

表6-10　　　　　　　　　日本农产品进口规模的LM检验结果

| 变量 | 方差 | 标准差 |
| --- | --- | --- |
| lnimp | 0.972067 | 0.9859346 |
| 残差项 | 1.061241 | 1.030166 |
| 随机误差项 | 0 | 0 |
| chibar2(01) = 0 | | |
| Prob > chibar2 = 1.000 | | |

具体而言：

第一，日本农产品进口额与农产品关税呈反比，即关税的提高降低了农产品进口额，符合关税保护的一般性结论。

第二，回归结果显示属于同盟国关系不利于日本农产品进口贸易额的增长，这是由于本书选择了是否属于G20成员作为赋值依据，G20集团作为世界经济论坛偏重于全球宏观经济属性的探讨，更多的关注点在于全球金融稳定及经济增长，集团成员方之间并无相互承诺或比非成员更紧密的贸易往来，因此对日本农产品进出口贸易并无实质影响，但本书在考察了同盟国与农产品关税的交互项之后发现与日本农产品进口额呈正相关，说明在同盟国内更容易通过关税洽谈和有效磋商促进农产品进口额的增长。

第三，FTA生效后能够增加日本农产品进口额，两者呈正相关关系，但把FTA是否生效与关税的交互项作为考察对象之后发现与日本农产品进口额关系并不显著，可能的原因是 FTA 生效后通过关税与农产品进口发生联系，但它们叠加之后由于赋值的问题使得影响力互相抵消。

第四，日本与贸易对象国的距离，与日本农产品进口额呈负相关关系，符合贸易引力模型的一般性结论，即两国相距越远进口商品的贸易额越低。

第五，汇率与日本农产品进口额负相关，由于本书采用的是直接标价法，因此汇率的上升代表着日本本国货币的贬值，不利于农产品的进口，造成农产品进口额下降。

第六，在贸易对象国的国内物价水平方面，对象国国内物价水平上升表示出口商品的原材料及成品价格也上升，不利于本国商品出口，即日本对应的减少农产品进口，因此他国国内物价水平与日本农产品进口呈负相关。

## 6.2.4　主要结论

上述实证分析过程围绕两个因变量展开，即日本农产品贸易总额和日本农产品进口额，前者在回归估计时考察的是整个农产品进出口贸易的影响因素，但关税主要是影响到日本农产品进口贸易额，由于缺少关税对进口农产品的直接影响分析，所以用后者具体考察了日本农产品关税税率浮动的影响，弥补了这方面的缺陷。通过上述两个层面的分析，得到的主要结论如下。

第一，日本农产品贸易额受关税的影响是复杂的。这是因为，农产品关税影响农产品进口额的效果是明显的、直接的，较高的关税税率虽然限制了农产品的进口数量，但也相应增加了进口农产品的价格，用单价乘以数量得到的进口贸易额既可能会提高也可能下降，这要受到进口数量和进口价格的双重影响。此外从出口方面看，关税对贸易双方而言是相互的，日本对贸易对象国农产品征收高额关税，贸易对象国也会采取相应措施对日本农产品征收较高的关税税率，特别是农产品具有低附加值和高替代性的特点，更容易受到关税的影响。如果对象国没有采取提高农产品关税的策略，那么对日本而言农产品出口并未受到影响，进出口贸易额可能还会增长。实际上，由于日本农业的弱质性，出口数量非常有限，出口对象也是以中国香港地区为主，香港是零关税地区，因此综合考虑进口和出口贸易，农产品关税的提高有可能增加总的贸易额，这与本实证分析混合回归结果一致。但建立 FTA 之后势必要下调农产品进口关税，会增加进口量同时可能会减少农产品进口额，因此日本出于保护本国农业的考虑会继续维持一个较高的关税，在未来的 FTA 谈判中将会增加难度，中日韩 FTA 谈判将不得不面对这个问题。

第二，FTA 的建立将直接促进双边贸易关系。按照本实证分析显示的回归结果，FTA 是否生效对日本农产品进口额显著的正相关，在农产品进出口贸易总额的随机效应里得出同样的结论。历史数据也表明了这一点，如表 6 – 11 所示。该数据显示出在 FTA 生效后无论是日本农产品进口额还是双边贸易总额都有所增长，表明 FTA 生效后将促进本国农产品对日出口，同时进一步扩大双边贸易总额。根据这一趋势，日本农业议题将是 FTA 谈判国的重点关注对象，这个结论与前面几章分析一致。因此尽早签订 RCEP 和中日韩 FTA 将符合各方利益。

表 6 – 11　　　　　　　日本部分 FTA 生效前后贸易总额
及农产品进口额的对比　　　　　　　　单位：亿美元

| 国别 | 对日本农产品出口额 | | 对日本总贸易额 | |
|---|---|---|---|---|
| | 生效前 | 生效后 | 生效前 | 生效后 |
| 墨西哥 | 5.6 | 7.2 | 121 | 138 |
| 马来西亚 | 5.3 | 9.4 | 287 | 397 |
| 泰国 | 26.0 | 36.4 | 398 | 503 |
| 印度尼西亚 | 11.2 | 13.5 | 355 | 453 |
| 菲律宾 | 11.2 | 13.1 | 182 | 146 |
| 越南 | 9.4 | 10.7 | 169 | 163 |
| 印度 | 10.1 | 14.0 | 147 | 176 |
| 秘鲁 | 2.7 | 3.1 | 325 | 356 |

资料来源：根据中国商务部及日本统计局数字计算得出。

第三，实证分析表明 FTA 生效后，贸易国的人口规模、日本与贸易国的距离、是否是同盟国都是显著变量，这一点与日本政府确定的 FTA 谈判对象选择标准、优先顺序等一致，与本书第 3 章总结的日本建立 FTA 的特点，如立足东亚精选谈判对象、迅速扩张由双边 EPA 向巨型 FTA 转变等一致。在 2017 年 12 月与欧盟 FTA 谈判达成一致后，日本明显加快了 RCEP 及中日韩 FTA 的步伐，如 2017 年全年进行过 4 轮次 RCEP 谈判，而 2018 年进行了 4 轮谈判、3 次部长级会议，2019 年进行了 2 轮谈判、2 次部长级会议和 1 次领导人会议，2020 年已经进行了 1 次谈判会议、4 次部长级会议，并将于 11 月进行 1 次领导人会议，由此可见谈判各方重视程度。

总之，通过日本与美国、加拿大、欧盟、澳大利亚、新西兰、中国、韩国、东盟、泰国、印度尼西亚、印度、墨西哥 12 个国家或地区在 2006 ~ 2015 年十年间的农产品贸易相关数据实证分析了关税、人口规模、贸易距离、人均 GDP、实际 GDP 增长率、农产品生产总额、汇率、物价增长率、是否同盟国、FTA 是否生效的影响，实证分析发现关税、是否为同盟国、FTA 是否生效、人口规模、贸易距离、实际汇率与日本农产品贸易额显著相关；日本农产品进口额与关税、FTA 是否生效、是否同盟国及其与关税的交互项、贸易距离、实际汇率、贸易国国内物价水平显著相关，并基本服从假设。在分析中本书发现关税税率的影响是非常复杂的，既对进口价格、数量产生影响，又对进口、出口产生影响，尤其是与 FTA 是否生效交互发生影响。

因此本书认为日本 FTA 战略方针得当，农业议题尤其是关税谈判在 FTA 进程中起着重大的决定性作用，日本灵活运用关税手段，通过复杂的关税减免模式既保护了本国农业又推进了 FTA，取得了良好效果，同时在二十年的农业议题谈判中也积累了比较丰富的经验。

## 6.3　FTA 进程中日本农业议题谈判的主要经验

前面几章分别论述了 FTA 进程中日本农业议题谈判的五种模式及其复

制推广的过程、谈判模式产生的历史根源和经济、外交、政治等方面的现实根源。本章进行了谈判效果和实证分析，发现在短短 20 年的时间里，日本已经完成了 19 个 FTA 的签订，正在进行中的 FTA 有 7 个，其中包括美国、欧盟、RCEP 等大型经济体。在推进 FTA 的进程中，日本在农业议题谈判方面也积累了一些经验。

### 1. 指导原则和政策措施得当

为了顺利推进 FTA 并保护本国利益，日本外务省、经产省和农林水产省制定了专门的指导性文件，农林水产省还就如何最大限度地在 FTA 农业议题谈判中保护日本农业的最核心利益，出台了《FTA（EPA）交涉之际磋商农产品问题的基本方针》。该文件清晰地指出了农业议题谈判的总原则，而且提供了 8 条具有可行性的措施。正是因为日本有了足够充分的事前预判，使谈判人员可以根据实际情况掌握谈判，在坚持原则的条件下能灵活、巧妙地处置政策，从而实现保护农业核心利益的目标，达到了国家利益最大化，最大限度地摆脱了日本 FTA 的被动局面。

### 2. 坚守农业核心利益

在世界贸易史上农业一直是受保护的对象，即使在 WTO 框架下也允许各国存在农业保护政策。但随着国际贸易的发展，自由化的呼声越来越高，WTO 规定了区域贸易协定的自由化水平必须超过 90%。因此，类似日本—新加坡 FTA 这样将农产品贸易完全排除在关税减让范围之外的情况少之又少。日本出于特殊国情必须大力保护农业贸易，在这种情况下，日本为了破解这一矛盾设想了三种能让国内利益集团接受的情况，这三种情况像三道防线一样层次递进：第一层是如果无法实现农产品完全排除在外，就尽量争取将部分具有核心利益的农产品排除在外；第二层是如果不能将核心利益农产品排除在外，就尽量争取设置保护期逐步地减让关税，且保护期尽量长；第三层是如果前两道"防线"都"失守"，至少要争取到实施紧急进口限制措施的权利，即在农产品进口激增威胁本国农业时，有权恢复关税、削减配额、禁止进口。这三个层次配合日本 FTA 在工业品、投资等其他领域想要达到的目标上构成了谈判的"底线"。如果无法实现，日本宁愿退出谈判。这种策略在前文均有叙述，如日本—印度 FTA 坚持把猪肉、牛肉、大米和小麦排除在外；日本—墨西哥 FTA 坚持将大米、小麦和部分乳制品排除在外；日本—秘鲁 FTA 坚持把水产品排除在外；日本—澳大利亚 FTA 坚持将大米排除在外；在 TPP 中日本为大米、小麦、砂糖、乳制品和猪牛肉争取到了紧急进口限制权。虽然日本坚守了"底线"但无疑也增加了谈判的难度，在面对农业出口大国时日本迟迟打不开局面，比如日本最大的农产品进口来源地美国、中国，至今没有启动双边 FTA 谈判，在区域性多边的 CPTPP、中日韩 FTA 等的结果为美国退出或者未达成一致。

### 3. 全面考虑国家利益

日本在进行 FTA 农业议题谈判前都会成立一个专门性的研究团队，既分析对方农业议题的要价也分析本方的利益损失，还会设想谈判中临时出现的变化，并做出多种预案应对。日本谈判人员在纲领性文件指导下，面对农业议题谈判情况的变化时手段灵活多样，可以运用的策略较多。如在被广泛使用的利益交换方式中，日本会充分发挥其雄厚的技术、资金等优势，用技术援助、海外投资等交换农产品利益；以国内政治压力为掩护博取对方认同，并挥舞自己创造出的"农业多功能性"理论强加给对方。他们不仅要考虑农业领域的利益，还要全面考虑其他领域的利益情况，也包括日本国内外政治、经济、外交、军事、安全等方面的战略利益，有时会让步一些农业利益来实现国家利益最大化。这一点在日本与澳大利亚的 FTA 谈判及 TPP 日美谈判时尤其明显。

### 4. 谈判手段灵活高超

日本在国际谈判时具有的高超手段也令世人赞叹，他们谈判前会做足功课认真准备，在谈判中协调一致意见统一，不会临场做出更改，如果发生变化则需要每一位成员再次讨论，内部重新达成一致，任何人都不能对谈判全程负责，也无权擅自同意或否决对方提议。在谈判时他们也会边谈判边计算，且经常在谈判最后阶段用拖延的办法给对方施加心理压力，不给自身设定结束期限，逼迫对方失去耐心，即使最后一刻也不惜退出谈判。在结束后还全面、深入地总结谈判得失，对谈判效果做出评估和反思，以便在未来谈判中复制推广成功的经验，并及时吸取教训。

相信在未来中日韩FTA谈判中，日本的农业议题谈判模式将会继续推广或复制。因此，本书认真研究并作出应对方案，同时也值得中国在同其他国家或地区进行FTA谈判时加以借鉴。

# 第 7 章

# FTA 进程中日本农业
# 议题谈判模式对中国的启示

2020 年 10 月 12 日，中国、柬埔寨两国政府通过视频正式签署《中华人民共和国政府和柬埔寨王国政府自由贸易协定》，这是我国对外签定的第 18 个 FTA。协定签署是落实党的十九大提出的"促进自由贸易区建设，推动建设开放型世界经济"的最新举措，是构建以国内大循环为主体、国内国际双循环相互促进的新发展格局的具体实践。

2020 年 11 月 15 日，第四次 RCEP 领导人会议正式签署了区域全面经济伙伴关系协定。在 2020 新型冠状病毒肺炎（COVID - 19）疫情全球大流行给世界带来前所未有的挑战的背景下，彰显了签署国坚定支持经济复苏、包容性发展、增加就业、增强区域供应链的承诺，同时也表明各国支持达成一个开放的、包容的、基于规则的贸易投资安排。区域全面经济伙伴关系（RCEP）协定具有突出的重要性，并将对推动新冠肺炎疫情后复苏、维持区域和全球经济发展稳定发挥重要作用。

另一个大型 FTA——中日韩 FTA，覆盖总人口超过 15 亿人，GDP 总量占亚洲的 70%、全球的 20%，三国进出口总额占全球贸易总量的 35%[①]，规模远超 CPTPP。虽然日本对中日韩 FTA 存有诸多疑虑，但从推进区域一体化合作、应对美国"逆全球化"举动、重新塑造日本在亚洲的经济大国地位等维度考虑，其对推动中日韩 FTA 既有客观需要也有主观考虑。在中日韩领导人会议以及可能进行的中日首脑互访等重大机遇条件下，中日韩

---

① 商务部国际司. 中日韩自贸区第一轮谈判在韩国举行［EB/OL］. 中国自由贸易区服务网，2013 - 03 - 28.

FTA 谈判迎来重大突破的可能性也随之大增。对中国来说，既要明确自身的 FTA 现状，也要了解各方态度，充分借鉴日本的经验，积极主动推进中日韩 FTA。

## 7.1 中国 FTA 战略进展情况

1997 年，党的十五大明确指出要积极参与区域经济合作，2007 年党的十七大将自由贸易区建设提升到战略高度。五年后，党的十八大提出要加快实施自由贸易区战略，党的十八届三中全会明确指出要以周边国家和地区为基础，加快实施自由贸易区战略，形成面向全球的高标准自由贸易区网络。按照这个方针，从 2002 年初，中国与东盟签订《全面经济合作框架协议》开始，截至 2020 年 11 月，中国已签署 21 个自由贸易协定，涉及 27 个国家和地区，并有 11 个谈判正在进行中，另有 8 个处于可行性研究阶段①。总体来看，中国正在编织一张立足周边国家或地区，辐射"一带一路"国家，最终将形成面向全球的网状 FTA。不过，目前的协定签署方在 GDP、贸易、投资规模上普遍体量较小，与经济总量位居世界前十的国家尚未签署任何自由贸易协定，需要进一步加强覆盖面。

### 7.1.1 中国 FTA 战略现状

中国已经签署的协定中不仅包括近邻的韩国、巴基斯坦，还包括遥远的智利、哥斯达黎加；不仅包括发展中国家的东盟、秘鲁，还包括发达国家瑞士、澳大利亚；不仅包括经济体量较小的冰岛、马尔代夫，还包括东盟 10 国这样的大型地区性联盟，这说明中国 FTA 实行以周边为依托逐渐向全球扩展的策略。从时间上看，出现了 2008～2009 年和 2015～2017 年两个高峰期，体现了稳扎稳打的态度（见表 7-1）。

---

① 资料来源：中国自由贸易区服务网站。

表 7 - 1                          中国签订的 FTA 一览

| 序号 | 签约对象 | 签订时间 | 生效时间 |
|------|----------|----------|----------|
| 1 | 东盟 | 2002 年 11 月 | 2004 年 1 月 |
| 2 | 中国香港和澳门地区 | 2003 年 6 月和 10 月 | 2004 年 1 月 |
| 3 | 智利 | 2008 年 2 月 | 2010 年 8 月 |
| 4 | 新西兰 | 2008 年 4 月 | 2008 年 10 月 |
| 5 | 新加坡 | 2008 年 10 月 | 2009 年 1 月 |
| 6 | 巴基斯坦 | 2009 年 2 月 | 2009 年 10 月 |
| 7 | 秘鲁 | 2009 年 4 月 | 2010 年 3 月 |
| 8 | 哥斯达黎加 | 2010 年 4 月 | 2011 年 8 月 |
| 9 | 冰岛 | 2013 年 4 月 | 2014 年 7 月 |
| 10 | 瑞士 | 2013 年 7 月 | 2014 年 7 月 |
| 11 | 韩国 | 2015 年 6 月 | 2015 年 12 月 |
| 12 | 澳大利亚 | 2015 年 6 月 | 2015 年 12 月 |
| 13 | 东盟（升级） | 2015 年 11 月 | 2016 年 5 月 |
| 14 | 格鲁吉亚 | 2017 年 5 月 | 2018 年 1 月 |
| 15 | 智利（升级） | 2017 年 11 月 | 2019 年 3 月 |
| 16 | 马尔代夫 | 2017 年 12 月 | — |
| 17 | 新加坡（升级） | 2018 年 11 月 | 2019 年 10 月 |
| 18 | 巴基斯坦（第二阶段） | 2019 年 4 月 | 2019 年 12 月 |
| 19 | 毛里求斯 | 2019 年 10 月 | 2021 年 1 月 |
| 20 | 柬埔寨 | 2020 年 10 月 | 2022 年 1 月 |
| 21 | RCEP | 2020 年 11 月 | 2022 年 1 月 |
| 22 | 新西兰升级 | 2021 年 1 月 | 2022 年 4 月 |

资料来源：笔者根据中国自由贸易区服务网资料整理。

　　通过 FTA，中国与缔约方实现了比世界贸易组织框架下更高水平的自由贸易。根据商务部研究院发布的《2016 中国自由贸易试验发展报告》，中国货物贸易自由化率超过了 90%。其中，对中国香港和澳门地区全部实现零关税，对来自智利、新西兰、新加坡、哥斯达黎加、冰岛、澳大利亚等国进口商品的自由化水平均超过 95%。2017 年，中国与缔约方的货物贸易、服务贸易、双向投资分别占中国总数的 25%、51%、67%①。这些国家或地区已经成为中国重要的出口市场、进口来源地和投资对象（见表 7-1）。

中国实施 FTA 战略成绩显著，但也存在一些问题。

在数量上，与欧盟、韩国、墨西哥等经济体相比差距较大，覆盖面明显不足，在欧洲仅有冰岛、瑞士两个国家，在美洲仅有智利、秘鲁、哥斯达黎加三个国家，在非洲虽取得了重大突破，但仅与非洲大陆东南方印度洋上的岛国毛里求斯于 2019 年 10 月签署 FTA，该协定于 2021 年 1 月 1 日正式生效。

在质量上，中国 FTA 与韩国、日本相比也存在较大差距，中国尚未与经济总量位居世界前十的国家签署 FTA，在前 20 位的国家中仅有韩国、澳大利亚、印度尼西亚、瑞士等 4 个国家，尤其是与美国、欧盟、日本等大国尚未进入研究阶段，也未包含俄罗斯、巴西、南非、印度等具有较大贸易潜力的国家和地区；在货物贸易自由化水平上也存在差距，欧美等发达经济体往往自由化率在 99% 以上，而中国大部分 FTA 自由化水平为 90% ~ 95% 之间②。

此外在服务贸易领域，中国已经开始探索负面清单模式，国家商务部于 2021 年 7 月 26 日公布了《海南跨境服务贸易负面清单》，这是我国跨境服务贸易领域首张负面清单；在投资领域，中国也采取了准入前国民待遇和负面清单制度，并于 2020 年 1 月 1 日起施行。在其他领域上，中国逐渐拓展了知识产权、政府采购、环境保护、劳工权利、电子商务等议题，对较早签署的协定逐渐进行升级。增加了"21 世纪新议题"等新的规则。对于早些时候签署的 FTA，目前正在通过签署"补充协议"③ 或商谈升级的方式进行完善与提高。

---

① 夏旭田. 中国自贸区"朋友圈"扩围，正推进 14 个自贸谈判［EB/OL］. 经济网，2018 - 07 - 03.

② 资料来源：笔者依据 WTO 及国家商务部发布的 FTA 协定文本整理得出。

③ 此处补充协议不是某个具体文件，而是对现有 FTA 升级的两种形式之一，或者用补充协议的方式或者在原有 FTA 基础上重新谈判升级。

除了上述 22 个 FTA 外，中国还有 10 个协定正在进一步谈判中，如表 7 – 2 所示。

表 7 – 2　　　　　　　　中国正在谈判中的 FTA 一览

| 序号 | 谈判对象 | 开始时间 | 目前进展 |
|---|---|---|---|
| 1 | 日本、韩国 | 2013 年 3 月 | 2019 年 11 月，第 16 轮谈判，就货物贸易、服务贸易、投资和规则等重要议题深入交换了意见，取得积极进展。2019 年 12 月，第 12 次经贸部长会议，为即将举行的第八次领导人会议做了经贸领域准备，三方就区域经济一体化、地方合作、"中日韩 +"、电子商务、互联互通、能源等领域合作深入交换意见，达成广泛共识 |
| 2 | 海湾国家联合会（GCC） | 2005 年 4 月 | 2016 年 12 月，第 9 轮谈判，15 个议题中的 9 个结束谈判，并就技术性贸易壁垒、法律条款、电子商务等 3 个章节内容接近达成一致，在核心的货物、服务等领域取得积极进展 |
| 3 | 斯里兰卡 | 2014 年 9 月 | 2017 年 1 月，第 5 轮谈判，双方就货物贸易、服务贸易、投资、经济技术合作、原产地规则、海关程序和贸易便利化、技术性贸易壁垒和卫生与植物卫生措施、贸易救济等议题充分交换意见 |
| 4 | 以色列 | 2016 年 3 月 | 2019 年 11 月，第 7 轮谈判，双方就货物贸易、原产地规则、海关程序与贸易便利化、卫生与植物卫生措施、贸易救济、环境、知识产权、竞争政策、政府采购、法律与机制条款等议题展开磋商，取得积极进展 |
| 5 | 挪威 | 2008 年 9 月 | 2019 年 9 月，第 16 轮谈判，双方就货物贸易、服务贸易与投资、原产地规则、贸易救济、环境、法律议题、争端解决、竞争政策、政府采购、电子商务、机构条款等相关议题展开磋商，谈判取得积极进展。2020 年 10 月 7 日，首席谈判代表视频会议，双方就货物贸易、服务贸易、贸易救济、知识产权、环境与贸易、卫生与植物卫生措施、技术性贸易壁垒、法律、争端解决等议题展开深入磋商，取得诸多共识 |
| 6 | 摩尔多瓦 | 2017 年 12 月 | 2018 年 9 月，第 3 轮谈判，双方就包括货物贸易市场准入等各议题深入交换意见，展开磋商，取得积极进展 |
| 7 | 巴拿马 | 2018 年 6 月 | 2019 年 4 月，第 5 轮谈判，双方围绕货物贸易、服务贸易、金融服务、投资、原产地规则、海关程序和贸易便利化、贸易救济、贸易经济合作以及法律议题等展开深入磋商，谈判取得积极进展 |

| 序号 | 谈判对象 | 开始时间 | 目前进展 |
|---|---|---|---|
| 8 | 韩国（第二阶段） | 2017 年 12 月 | 2019 年 3 月，第 4 轮谈判，双方就服务贸易和投资展开进一步磋商，推动谈判取得稳步进展。2020 年 8 月，中韩经贸联委会第 24 次会议，双方就常态化疫情防控下推动中韩经贸关系发展及有关区域和多边经贸合作议题深入交换意见，达成广泛共识 |
| 9 | 巴勒斯坦 | 2018 年 10 月 | 2019 年 1 月，第 1 轮谈判，双方就谈判基本原则、协定领域范围、谈判推进方式及各自重点关注进行了深入磋商，并就谈判职责范围文件达成一致 |
| 10 | 秘鲁（升级） | 2018 年 11 月 | 2019 年 8 月，第 3 轮谈判，双方围绕服务贸易、投资、海关程序与贸易便利化、原产地规则、卫生与植物卫生措施、知识产权、电子商务、竞争政策和全球供应链等议题展开全面深入磋商。谈判取得积极进展 |

资料来源：笔者根据中国自由贸易区服务网资料整理。

由表 7-2 可以看出，正在进行的 10 个 FTA 中，既有中日韩、海合会这样的多边 FTA，也有巴拿马、以色列等双边 FTA，既有亚洲国家斯里兰卡、以色列，也有欧洲的挪威和美洲的巴拿马，既有新启动的第一轮谈判，也有既有协定的升级谈判。

正在进行的谈判中，中日韩 FTA 的谈判在快速推进，目前正在为第 8 次领导人会议做经贸领域的准备。自 2012 年 11 月启动以来，已经进行了 16 轮谈判，虽然中间经历了一年、9 个月、3 个月等时间不等的停顿，但三国领导人都确认了将进一步加快推进谈判，同时就多边自由贸易的重要性达成了共识。

中国与海合会（GCC）的谈判自 2004 年开始商讨。但由于海湾地区复杂的政治局势，加上美国对石油的控制不希望其他国家过多介入，于是在 2007 年 GCC 停止了所有 FTA 谈判。2009 年与中国恢复会谈并进行了第四轮谈判，此后再度中断。2016 年又恢复了与中国的谈判。海合会是中国进口石油的最大来源，中—海 FTA 将为中国提供稳定的石油资源，同时也为中国产品提供了巨大的出口市场和转口贸易市场。

除了上述已经签署和正在谈判的 FTA 外，中国目前还有 8 个 FTA 处于可行性研究阶段，分别是蒙古国、尼泊尔、加拿大、孟加拉国、哥伦比亚、斐济、巴布亚新几内亚及中国—瑞士FTA的升级版。

总体来看，中国高层非常重视FTA建设，在历年的《政府工作报告》中均提到积极、稳步推进自由贸易区建设。除此之外，在中国诸多的FTA中存在着这样的一些特点。

第一，在谈判对象选择上立足周边，全球兼顾。中国FTA战略布局是按照中国香港和澳门地区优先于国外，区域内优先于区域外，区域外具有地缘优势和市场潜力的国家优先。比如哥斯达黎加，哥斯达黎加与中美洲各国建立了共同市场，并与北美、南美众多国家签订了FTA，具有较强的贸易影响力和辐射力，区位优势十分明显，可以说是中国对北美洲进行转口贸易的最佳国家。同时，哥斯达黎加是中美洲地区第一个与中国建交的国家，政治关系良好且具有较好的投资和开放政策。因此中国—哥斯达黎加FTA具有重要意义。除了地理位置外还考虑了发展中国家优先于发达国家，同时注重对方的资源禀赋、市场情况、政治或外交等多重因素，有序地进行了全面布局。

第二，在谈判方式上采用了先易后难、渐次展开的策略。中国经济总量巨大，市场极具吸引力，且与发展中国家基本处于类似的发展阶段，具有较多的共同语言，对彼此的立场更容易沟通并得到理解，因此中国在初期选择经济体量较小的国家如新西兰、新加坡，选择发展中国家如巴基斯坦、秘鲁等国更容易建立FTA。另外，在具体的谈判中也是先谈最容易的货物贸易，再渐次进行服务贸易、投资、知识产权等敏感领域。

第三，在谈判模式上不拘一格。在与发展中国家谈判时，中国更多地展现了大国风范，从对方的发展水平和承受能力出发，在平等互惠基础上灵活运用"早期收获"的方式尽量向对方让利，如中国—东盟FTA、中国—巴基斯坦FTA都体现了"早期收获"计划，尽早享受贸易自由化的实惠。在面对发展中国家如越南、老挝、缅甸和柬埔寨时中国给予了更多的优惠，保护对方的民族经济，帮助对方发展经济。对其他发展中国家还运用货物、服务、投资总体谈判的方式提高自由化水平。在面对新西兰、澳大利亚、瑞士等发达国家时，充分考虑到各自的优势，不拘泥于某个领域或某个产业的利益计较，而是全面考虑国家整体利益，推动 FTA 建设。

第四，在谈判标准上充分考虑确保资源能源供应。中国发展离不开对资源和能源的需求，中国 FTA 战略充分考虑了资源和能源供应，切实保障中国经济持续稳定增长，尤其是东盟的石油、天然气、橡胶，澳大利亚的铁矿石和煤炭，智利和秘鲁的硝石、铜，海合会的石油。与这些国家的 FTA 既能获得稳定供应又能免受价格波动的影响。

第五，在谈判进展上循序渐进，先摸索后铺开。中国的 FTA 体现出非常明显的阶段性。在最初的阶段先进行摸索试验，积累了一定的经验后再分阶段逐步深化。比如中国—东盟 FTA 第一个阶段先签订了《中国与东盟全面经济合作框架协议》，实施"早期收获计划"；第二个阶段签订了《中国—东盟全面经济合作框架协议货物贸易协议》；第三个阶段签订了《中国—东盟全面经济合作框架协议服务贸易协议》；第四个阶段签订了《中国—东盟全面经济合作框架协议投资协议》，直到 2010 年才最终全面建成。中国—智利 FTA 第一个阶段仅涉及货物贸易；第二个阶段签署了《中国—智利自由贸易协定关于服务贸易的补充协定》；第三个阶段签署了《中国—智利自由贸易协定关于投资的补充协议》。积累了一些谈判经验后中国随后展开了与新西兰、新加坡的协定签署。新西兰是与中国签署 FTA 的第一个发达国家，中国和新西兰一次性完成货物、服务、投资、知识产权等领域的所有谈判，中—新 FTA 是中国第一个全面 FTA。此后，中国与新加坡、澳大利亚、挪威、冰岛都是按照这个模式进行，且已经完成中国—新西兰、中国—新加坡、中国—智利的升级谈判。但这还不是终点，目前中国—秘鲁的升级版正在谈判中。

总之，中国在贸易自由化进程中呈现出了"先行先试、由点及面、梯度开放、循序渐进"等特点，采取了"先发展中国家、后发达国家"的次序，同时优先开放了中国具有比较优势的产业，对较脆弱的行业给予适度保护，安排了一定的过渡期。

## 7.1.2 中国农业贸易保护现状

中国是一个拥有14.12亿人口的大国，乡村人口占5.10亿人，其中乡村就业人口为2.88亿人[①]，相当于俄罗斯、日本、德国、瑞士人口的总和。如此庞大规模人口的基本生存如果依赖国际市场将是不可想象的事情，因此发展农业、维护粮食安全至关重要。

当前，中国的农业发展仍存在着许多不尽如人意之处，农业增长速度较低，城乡收入差距较大，农产品国际贸易出现逆差。关于中国农业的现状，在第1章里已有较为详细的描述。中国与世界上几乎所有国家一样，普遍对农业贸易实施保护政策。加入WTO后，中国农产品平均关税由1992年的51%降至2001年的23.2%，在过渡期满之后降至2005年的15.35%[②]。目前已经进入全球农产品进口关税水平最低的国家行列（见图7-1）。

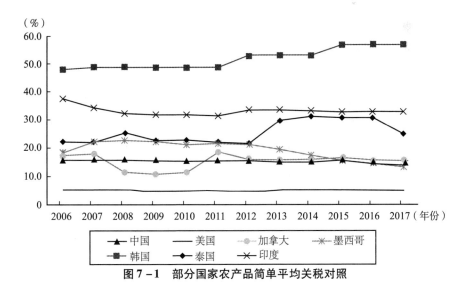

图7-1 部分国家农产品简单平均关税对照

资料来源：世界贸易组织数据库。

① 资料来源：《中国统计年鉴2021》和国家统计局网站，均未包括香港特别行政区、澳门特别行政区和台湾地区的人口数据。

② 齐洪华. 日本农产品贸易保护的政治经济学研究［D］. 辽宁大学学位论文，2013：111.

中国取消了小麦、玉米、大米、豆油等 10 类农产品的进口数量限制，实行关税配额管理，但当初制定的配额数量巨大使关税的保护作用大大削弱，直接导致中国农产品贸易处于弱势地位。仅以大豆为例，目前中国是世界上最大的进口国，每年的大豆进口量占到了世界各国总进口量的 1/3。据中国海关总署统计，2015 年中国大豆进口量 8174.03 万吨，创出历史新高，比 2014 年增加了 14.4%，2016 年进口了超过 8391 万吨，2017 年中国大豆全年进口量达到 9552.6 万吨，同比增长 13.9%，再创历史最高纪录。2019 年我国总计进口大豆 8851.1 万吨，较 2018 年的 8803.7 万吨增加 47.4 万吨，增幅为 0.5%[①]。

此外，我国在农业补贴与农业支持方面也做出了相应改革。2006 年取消了全部的农业税，农业补贴逐年增加，但与美国、欧盟、日本相比还有巨大差距，与 WTO 允许的补贴比例也有差距。目前也取消了一些大宗农产品的出口退税，加上金融危机影响和一些国家设置了较多的贸易壁垒等因素导致中国农产品出口面临诸多困难。

与日本相比，除了维护粮食安全、保障农民利益之外，还有一个类似之处是两国农产品都缺乏比较优势，国际竞争力比较低，过度开放农产品贸易市场将面临巨大冲击。日本是由于政府的巨额补贴和较高的价格支持造成本国农产品价格远远高于国际市场，失去了比较优势；中国农产品国际竞争力低下则由于农业生产规模化和专业化水平较低、农业技术比较落后、农业资金缺乏、缺少有实力的自主品牌。如果在 FTA 谈判中不提出对农业保护的要求，我国农产品势必要受到加入 WTO 之后的新一轮打击。

## 7.2 对中国继续推进 FTA 战略的启示与建议

尽管日本为贸易自由化做出了许多努力，但欲改变农业贸易保护的现状还要面对诸多坎坷，在短期内也不太现实。作为国民经济的最重要的基

---

① 资料来源：海关总署统计月报。

础性部门，农业具有特殊的地位这一点在世界上已是公认，中国和日本也不例外。在发达国家中，对农业贸易实施保护性政策也成为普遍的做法。但在农业保护中如何推进 FTA，在推进 FTA 进程中如何调整农业贸易保护政策，并促进国内农业供给侧结构性改革是摆在决策者和学者面前的一项重要课题。

在解决这一问题的过程中，日本 FTA 农业议题谈判的经验值得中国借鉴。中国在推进 FTA 建设过程中通过借鉴日本经验，避开日本面临的窘境，对中国在今后的 FTA 谈判中有着重要的启示意义，尤其是在面对中日韩 FTA 时能充分了解日本农业议题谈判的思路，做好充足准备利于应对。

## 7.2.1 在农业贸易保护及农业议题谈判方面的建议

新中国成立后，中国农业经过半个多世纪的发展已经取得了非常显著的成绩，特别是在改革开放之后取得了突飞猛进的进步，粮食总产量居世界第一位，跃居世界第一农业大国。2020 年粮食产量将再创历史新高，连续 6 年稳定在 1.3 万亿斤以上[1]。这也是连续第十六个丰收年。自 2004 年以来我国粮食生产已连续十一年增产，既增强了将饭碗牢牢掌握在自己手中的信心，也凸显了中国特色社会主义制度的独特优势。目前，我国水稻、小麦、玉米世界三大主粮的自给率始终保持在 98% 以上，人均占有粮食量达到 450 公斤，高于世界平均水平。肉类、禽蛋、蔬菜和水产品等产量稳居世界第一。我国用不足世界 9% 的耕地面积生产出世界 25% 的粮食产量，养活了全球将近 20% 的人口[2]。中国实现了由世界粮食援助接受者向粮食援助捐赠者的转变，对世界粮食安全作出了让世人称叹的重大贡献。

这些成就的取得并非易事。根本在于中国始终坚持把"三农"作为"重中之重"，国家连续出台了 20 个指导"三农"工作的一号文件。特别

---

① 农业农村部新闻办公室. 10 月份农业农村经济向好态势持续巩固：全年粮食产量将再创历史新高 [EB/OL]. 中华人民共和国农业农村部，2020 – 11 – 16.

② 韩长赋："十二五"我国农业农村发展成就辉煌 [EB/OL]. 人民网，2015 – 10 – 22.

是党的十八大以来，进一步明确了"三农"工作在经济社会发展大局中的定位。坚持加强农业宏观调控，持续增加对农业、农村和农民的投入，不断增加农业补贴，对促进农业增产、农民增收、农村稳定起到了重要作用。国家始终高度重视保护和调动农民的积极性，始终坚持以改革创新为根本动力，采取了引导农村土地经营权有序流转、发展农业适度规模经营、农民股份合作和农村集体资产股份权能改革、金融服务"三农"发展、开展农村承包土地的经营权和农民住房财产权抵押贷款试点等有效措施，继续稳定和提升粮食产能，确保国家粮食安全，确保农产品质量安全，推进农业转方式、调结构。加快农业现代化步伐，根据市场需求调整优化农业结构，大力发展农产品加工流通，积极拓展农业多种功能。促进粮经饲统筹、种养加结合、一二三产业融合发展，建立健全农业社会化服务体系。

尽管中国农业成就巨大，但也要看到存在的问题。中国是农业大国但还不是农业强国，尤其在农业科技、资金等方面与发达国家还存在一定的差距。在当今经济发展的新阶段，产业链构建应该是农业供给侧结构性改革的重要组成部分。产业链建设将带动农产品加工业发展、一二三产业融合、休闲农业发展。只有构建农业产业链，优化组合农业生产要素，才能实现优势互补，充分、有效地提高我国农业国际竞争力。

目前，在农业发达国家中，产业链是现代农业的核心产业组织形态，是按照现代化大生产的要求，在纵向上实行生产、加工、销售一体化发展，将农业生产资料供应、农产品生产、加工、储存、运输、销售等环节联结成有机整体，以获得农产品全过程增值。在横向上通过产业链把农业上下游各个生产经营环节、不同类型生产经营主体有机联结，使小规模农业与现代化大生产有效对接。中国农业总体竞争力不强，加工链较短，带动能力不够，服务链发展滞后，上中下游不均衡。尤其是上游产业比较分散，生产规模小，组织化程度低，应该鼓励龙头企业创建产业链品牌，贯通各个环节，提高终端产品的品牌溢价，培育出口产品品牌，提升国际竞争力。

从国际角度看，除了自身的大力发展外，适当的农业保护可以避免国外农业带来的巨大冲击。中国与日本有着类似之处，如人多地少、农业资源禀赋较差、农业国际竞争力较弱等。总体来说，日本始终坚持的农业贸易保护政策虽然影响了其国际贸易自由化的形象，但在保护本国农业生产、经营、农民收入等方面获得了成功，也没有实质性地影响到日本 FTA 的进程。从这一点来看，对中国实施农业保护政策有一定帮助。

中国作为 WTO 成员、区域内有着重大影响力的国家，充分发挥世界上负责任大国的作用，不以邻为壑，必须在 WTO 规则下实施必要的农业保护政策，肩负起国际贸易自由化排头兵的重任。

根据日本农业保护的实践来看，日本国内的利益集团围绕着农业市场的开放与保护纠缠不休，且牵扯到纷纭复杂的政治利益，因此不利于真正提高农业国际竞争力；此外，过高的贸易保护、政府补贴和价格支持也不利于农业改革。这是中国在制定保护措施时，需要予以矫正的方面。因此，中国应该基于基本国情并充分利用 WTO 制定的规则进一步强化中国农产品贸易保护边境政策，做到既履行承诺，又确保中国农业安全；充分利用 WTO 框架下的规则，进一步加强政府补贴和价格支持政策，增加农民收入，维护农民权益，提高农民积极性，创造公平、稳定的良好国内环境；通过提高中国农产品质量打造中国农产品品牌，增强中国农产品国际竞争力。

从这个原则出发，中国应采取积极主动的策略，与具有相同利益的国家一道，要求世界发达国家实质性削减农业保护，促进 WTO 多哈回合的目标实现，并以此为依据指导 FTA 谈判。

在具体的 FTA 农业议题谈判中，第一，要针对不同对象和不同的目标制定详细的方案。必要时要建立包含权威学者在内的多个专家小组分门别类地进行专项研究，为谈判过程提供专业支持，利于决策者参考。

第二，FTA 谈判主管部门要做好协调。既要考虑各个经济部门之间利益的协调，又要考虑经济与政治外交等方面的协调；既要保证经济利益，也要保证国家整体利益的实现，可以利用国际竞争力较强领域的利益来换取农业领域的保护来实现利益交换。

第三，要把规则研究透彻，充分利用规则允许的例外情况。既要限制发达国家使用例外，同时自己又要强化例外的保护作用。比如 WTO 规定可以对敏感产品保护、关税配额、特殊农业保障、发展中国家特殊产品待遇、发展中国家特殊保障机制等等措施，中国在 FTA 谈判中可以以此为依据向对方施压，从而避免或减小贸易自由化对中国农业的冲击。

第四，要不卑不亢、针锋相对。根据中国的现实国情敢于坚持自己的立场，实事求是，中国的农业领域在世界上处于弱势地位，因此关税减免会比较有限，在这个现实的基础上要争取对方的充分理解，也要灵活地在投资、服务等其他领域做出让步，用庞大的市场吸引对方。在无法达成一致的情况下要敢于暂停、搁置甚至退出谈判。

第五，在多边 FTA 谈判中可以采用寻找伙伴形成利益共同体协同作战的策略。从以往的多边 FTA 来看，经常是几个国家先行商定了一套谈判草案再交给全体国家讨论，如日本在加入了 TPP 谈判后在农业议题上遇到了重大挫折，这时日美先行协商达成了默契，在此基础上对其他国家做出让步才最终完成了 TPP 谈判。对中国来说首先要积极主动争取加入先行谈判，争取到谈判主导权，再和利益共同体伙伴国在后续谈判中充分表达立场。多边 FTA 谈判往往成员复杂利益交错，如 RCEP 中既有澳大利亚、新加坡等发达国家，也有中国、印度等新兴经济体，也有老挝、缅甸、柬埔寨等发展中国家；既有农业出口大国，也有农业进口大国；在诸多的利益纠缠中，尤其是涉及国计民生的农业议题上，发达国家与发展中国家、发达国家之间、发展中国家之间都会有不同的立场，形成多个利益集团。如果中国只采取单一的谈判策略，将会无所适从，这时中国要善于发现和利用矛盾，避免单兵作战，结成多种利益共同体才能实现谈判目标。

无论未来是否会与日本直接建立中—日 FTA，中日之间的谈判在中日韩 FTA 上已经开始了。对于涉及日本的农业议题谈判，中国还要注意到以下几个方面：

首先，要高度重视日本的影响力。日本是区域内十分重要的国家，在亚太尤其是东南亚地区有着重要的影响力，日本除了与东盟 10 国整体签订了 FTA 外，还与东盟成员中除了缅甸、老挝和柬埔寨之外的 7 个国家分别签订了双边 FTA，而中国只与新加坡和柬埔寨签订了 FTA（见图 7 - 2）。

因此，推进 RCEP 谈判必须重视与日本的谈判，在坚持东盟主导的同时也要警惕日本背后的力量。

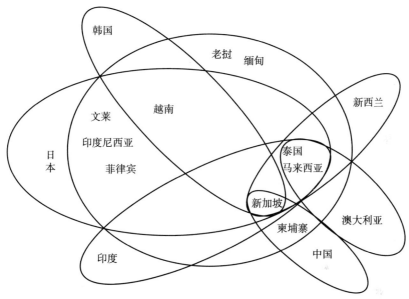

**图 7-2　RCEP 中"10"与"6"建立 FTA 的示意**

资料来源：笔者根据日本外务省网站资料绘制。

其次，中国与日本，一个是农业出口大国[①]，一个是农业进口大国，作为区域内最强大的两个国家，在农业议题上达成一致显然有利于推动区域贸易自由化，因此应该加强直接谈判，如果将中日农业议题的分歧置于多边谈判中只会使问题更加复杂，加大了谈判的难度。

再次，鉴于日本对历史问题的认识和现实中存在着领土争端，中日直接谈判具有相当大的难度。中国应该积极与其他国家进行 FTA 谈判，签订的 FTA 越多，在与日本直接交锋时就越有利，RCEP 和中日韩 FTA 才会水到渠成，尤其重要的是与中国和日本都有着紧密经济联系的东盟国家和韩国。日本与韩国经济结构十分类似，应充分利用中韩 FTA 强化韩国企业的

---

① 根据国家商务部对外贸易司世界主要进口国（地区）农产品贸易月度统计报告整理得出，中国农产品出口金额居世界第五位。

竞争优势。对于东盟，既要在共同出口日本时减少直接竞争，又要利用中国—东盟 FTA 的先发优势让东盟得到实惠，尽量削弱日本的影响。

最后，加强沟通建立政治互信。无论是已经签订的 22 个 FTA 还是正在谈判的 10 个 FTA，包括处于联合研究阶段的 8 个 FTA，论难度中日之间的谈判都是最大的。原因有经济方面，更多的是政治方面。20 世纪 90 年代以来，日本右翼势力不断抬头，严重阻碍了中日关系的发展，使中日经贸关系也由热变冷。随着中国经济的快速发展，美国担忧中国和平崛起会削弱其全球影响力，高调宣布"重返亚太""遏制中国"等战略，日本充当了"马前卒"的角色，迅速结束了与澳大利亚的 FTA 谈判，快速与印度、蒙古建立了 FTA，意图在于围堵中国。对此，中日两国应该从大局出发，建立政治互信。

### 7.2.2 继续推动 RCEP 进程的建议

RCEP 是东盟于 2011 年 2 月提出的，整合现有的东盟与中国、日本、韩国、印度和澳大利亚—新西兰的 5 个"10 + 1"FTA，形成涵盖 16 个国家的全面区域自由贸易协定。2012 年 8 月，16 个国家的经济部长会议原则上同意组建 RCEP，16 国领导人在 2012 年 11 月的东亚峰会上正式宣布启动，并于 2013 年 5 月举行了第一轮谈判。根据相关国际机构截至 2017 年底的数据，RCEP 涵盖超过 35 亿人的人口，占全球将近48%；合计 GDP 达 23.8 万亿美元，占世界超过 31% 以上；对外贸易总额 10.1 万亿美元，占全球总额接近 28%，当年吸引外国投资流量接近 0.8 万亿美元，占世界投资总额的 23.6%①。

2020 年 11 月，RCEP 经过了 31 轮谈判、8 次部长级会议和 4 次领导人会议，最终在印度暂时退出的情况下签署。各方发表联合声明称，作为世界最大的自由贸易安排，RCEP 协定是一项前所未有的、由域内发达国家、发展中国家和最不发达国家参与的大型区域贸易安排，代表着朝构建理想

---

① 资料来源：中国自由贸易区服务网。

全球贸易投资规则框架迈出了重要一步。RCEP作为一个现代、全面、高水平和互惠的协定，由20个章节组成，涵盖此前东盟与RCEP非东盟国家之间自贸协定所未涉及的领域和纪律。除涉及货物贸易、服务贸易以及投资的具体条款外，RCEP还包括知识产权、电子商务、竞争、中小企业、经济与技术合作和政府采购等章节。协定将在至少6个东盟成员方和3个非东盟签署国将它们的核准书、接受书或批准书交存协定保存人后生效。印度无法与RCEP签署方在2020年共同签署RCEP协定，但考虑到印度最终作为RCEP协定成员在区域内创造更深入、更广的价值链，造福区域内所有人，并对全球经济发展作出更多贡献的战略重要性，印度可以观察员身份参加RCEP会议和RCEP签署方举行的经济合作活动。

近几年来全球经济增长放缓，贸易保护主义抬头，反全球化情绪涌现，政策不确定性风险犹存，但东亚地区经济仍然保持了活力和高速增长。为此，域内各方应加倍努力，确保RCEP实现全面、平衡、高质量、高水平，实现域内各方互利共赢。RCEP协定所带来的机遇和潜力的充分发挥只有在协定生效后方可实现，为此，应加快各自的国内批准程序，持续努力推动RCEP进程，以使协定早日生效。

作为在东亚地区有着重大影响力的中国，应该从下列几点出发，发挥更重要的推进作用。

### 1. 清晰准确地了解各方态度

RCEP无疑是一个巨型的FTA，参与国家立场不一，因此各方的态度是RCEP能否顺利按期完成的关键。

东盟是RCEP的提出者，也是推进RCEP的主导力量，东盟10国均采取支持态度，他们希望通过RCEP将贸易自由化从东盟内部进一步扩展到周边的中国、日本、韩国、澳大利亚、新加坡、印度6国。此外，东盟通过RCEP能保护其在东亚地区的特殊地位和影响，尤其是部分成员参与到TPP谈判中，使东盟被一分为二，积极推动RCEP能使东盟再次团结到一起。不过，以东盟的政治经济影响力来协调中国、日本、韩国、澳大利亚、新加坡、印度6国之间的复杂关系，还需要付出更多的努力。

作为域内的经济大国，日本的态度十分关键。总体来看日本的态度是支持 RCEP 的，将"10+3"扩展到"10+6"也是日本的倡议。但日本对 RCEP 的态度一直阴晴不定，尤其是在加入 TPP 之后对 RCEP 的热情减退，将注意力更多地转向了 TPP；在美国退出 TPP 之后日本又开始重点关注 RCEP。RCEP 市场开放对日本的压力也很大，尤其是农产品让日本颇为头疼，目前日本对东盟的关税撤销比例为91.9%，如果达到95%则必须继续削减农产品关税①；日本在服务和投资领域的高标准令其他国家难以苟同。此外，日本加入 TPP 有着政治、外交等方面的考虑，而 RCEP 并不能给日本带来政治利益。日本一直主张将 RCEP 建成一个高标准的 FTA，并试图将 TPP 的规则引入 RCEP 中来，但这一举动引起了多数国家的反对，由此引出的主导权争夺使日本摇摆不定。日本为了避免中国主导，将澳大利亚、新西兰和印度拉到 RCEP 中来，而中国积极倡导东盟的主导地位也令日本无法反驳，特别是美国发动全球贸易战之后，让日本认识到美国市场并不绝对可靠，日本对 RCEP 的态度变得比较积极，日本迫切需要加强和亚太国家之间的合作。

尽管印度官方对 RCEP 的态度较为积极，但实际在谈判过程中并不积极，也未表现出十足的诚意，印度加入 RCEP 更多的是应日本平衡中国影响力的要求。在 2014 年印度提出"东进战略"后，为了巩固同东盟的贸易关系并拓展日本、韩国、澳大利亚和新西兰等国的巨大市场，逐渐对 RCEP 重视起来，在关税减让上采取逐渐缓慢开放，在服务和投资领域主张采取更高的标准。从传统上看，印度偏向于保护本国产业，既希望发挥规则制定者的作用，又希望在关税减让、原产地规则、农产品出口限制和配额及药品等知识产权领域得到特殊待遇。此外，由于对中国关系的反复及担心中国产品冲击印度市场等原因，印度对 RCEP 充满疑虑。因此，尽管自 RCEP 谈判启动以来印度一直是重要参与方，但却在最后一刻由于自身原因宣布退出。其他成员方对此呈开放态度，并强调欢迎其随时回归，但印度何时回归还很难说。

---

① 刘均胜. RCEP 谈判进程及挑战：从区域视角的评估 [J]. 国际经济合作，2017，8：37－44.

韩国、澳大利亚和新西兰总体上对 RCEP 持支持态度，他们为了获得更多的经济利益希望 RCEP 能体现更高水平的自由化，韩国一直是高水平 FTA 的拥护者，东盟—澳新 FTA 在五个"10＋1"中自由化水平最高。在美国宣布退出 TPP 后，澳大利亚和新西兰更加重视 RCEP 的谈判，均表示希望 RCEP 早日达成的愿望。此外，美国在亚太地区有着重要的利益，RCEP 必须要考虑到美国因素的影响。

### 2. 支持东盟的主导和核心地位

RCEP 历时 8 年迟迟难以签署的一个主要原因在于东盟与日本主导权的争夺。在此后的推进过程中，中国应该继续充分支持东盟的主导和核心地位，并发挥建设性作用，尊重东盟在 RCEP 的话语权，弥合各方分歧。

中国积极支持东盟主导权地位就要积极主动参与 RCEP 规则的制定，配合东盟引导 RECP 进程。尊重东盟在 RCEP 的话语权，就是要考虑到东盟 10 国经济发展水平差异较大，应该对落后国家给予一些特殊机制。尊重东盟在 RCEP 的话语权，还要考虑增强东盟内部的一致性，如果内部一致性不足将造成东盟作为整体共同意志的损失，不可避免地影响东盟的话语分量，将会影响东盟协调其他 5 个国家的能力进一步减弱。中国弥合各方分歧需要发挥外交优势，展现大国风采，维护东盟形象。同时东盟作为 RCEP 的主导力量也必须付出更多实质性的努力，在内部增强一致性，在外部担负起轴心的责任。

中国支持东盟的主导地位，一个重要举措是将中国—东盟 FTA 升级版效应最大化。这个最新的升级版于 2015 年 11 月签订，已经于 2016 年 6 月生效，涉及了货物贸易、服务贸易、投资、经济技术合作等众多领域。升级版是对原有协定的丰富、完善、补充和提升，体现了双方共同深化和拓展经贸合作关系的愿望，进一步满足了现实需要。升级版《中华人民共和国与东南亚国家联盟关于修订〈中国—东盟全面经济合作框架协议〉及项下部分协议的议定书》的签署，将为双方经济发展提供新的动力源泉，加速建设一个更为紧密的中国—东盟命运共同体，促进 2020 年双边贸易额达到 1 万亿美元目标的实现，并将推动 RCEP 和亚太自由贸易区的建设进程。

### 3. 早日生效更有利

RCEP 协定所带来的机遇和潜力的充分发挥只有在协定生效后方可实现，为此，应加快各国批准程序争取早日生效。

对于整个区域而言，RCEP 现有的 15 个成员方在 GDP 总和、出口总额以及吸引外资总流量方面均占全球总量的 30% 左右，而且由于其是在 "10 + 1" "10 + 3" 模式之上的 "升级优化"，RCEP 的达成不仅能够简化当前成员方之间各种错综复杂的经贸关系，也将能够 "与时俱进" 地处理新情况与新问题，从而显著提高区域经济的核心竞争力，进一步提升该区域的经济一体化程度。

对于各成员方而言，除了在经济上的明显益处，对主导国家东盟10国加强自身稳定和发展，以及整体提升在国际上的形象和地位也大有裨益。推动 RCEP 协定早日生效，也能在很大程度上加速中日韩 FTA 的谈判进程，从而为扩大中国的自贸区范围、缓和日韩摩擦、稳定东亚经济乃至全球经济做出有益贡献。中日韩作为亚洲最具活力的三大经济体，经济总量已超过欧盟，占 RCEP 现有 15 个国家总量的 80% 以上，占全球 GDP 的约20%[①]。

对于全球而言，在当前新冠肺炎疫情仍然四处蔓延的复杂形势下，作为一个全面、现代、高质量、互利互惠的自贸协定，RCEP 将会产生示范效应，对于消除疫情负面影响、提振投资者信心以及为全球经济增添活力产生积极效应。RCEP 也将秉承 WTO 自由、包容、可持续的基本特征，形成对全球多边贸易体系的强大支撑，有利于推动开放包容、合作共赢等积极理念重回全球国际合作的中心。此外，CPTPP 已先于 RCEP 签署成功，迄今为止已生效一年有余，且 CPTPP 的成员方家与 RCEP 多有重叠，两者的 "合作与竞争" 相辅相成，均有利于亚太自贸区建设，都将是通向亚太自贸区的必由之路。由此，RCEP 尽早生效，有助于全面推动亚洲区域一体化发展，对于早日建成一个和平、稳定、安全、繁荣的亚太经济圈具有

① 资料来源：国家商务部网站，中国自由贸易区服务网。

积极的影响。

　　客观地说，在东盟 10 国之外的 6 国之中，中国对 RCEP 的需要更为迫切一些。RCEP 作为"21 世纪海上丝绸之路"的重要前哨，对中国推进"一带一路"具有重大的意义，因此中国应尽快推动 RCEP 早日生效。中国应加强与东盟沟通、协调和合作，在货物贸易领域，努力减少竞争性、增加互补性，降低关税壁垒，促进贸易发展；服务贸易开放方面，中国整体服务业发展程度相对较低，开放水平尚低于日本、韩国、澳大利亚、新西兰等发达国家[①]，中国的服务贸易对东盟开放了 33 个子行业，而韩国、日本、澳大利亚、新西兰则分别承诺开放 85 个、164 个、85 个和 116 个子行业[②]，中国服务业开放所面临的压力可想而知，因此应该借助货物贸易谈判增加回旋余地。

### 4. 农业议题规则增加前瞻性

　　RCEP 域内 16 国是世界上重要的农产品贸易国，除新加坡等个别国家外农业都具有十分重要的地位，因此农业议题规则是 RCEP 的重点。站在中国的角度来看，日本、东盟和韩国是主要出口地，东盟、澳大利亚和新西兰是主要进口来源国。中国与其他各国的禀赋差异明显，具有较强的互补性。国际竞争力水平高于日韩和东盟，低于新西兰、印度和澳大利亚，要素投入和财政支持方面比较落后[③]。总体来看，关税削减力度越大受益幅度越大，但会损害竞争力低下农产品的利益，主要是谷物和大豆。而这些产品直接与国家安全、社会稳定相关。因此，中国必须提前做好评估和预判，明确农业议题开放贸易的底线。特别是关系到国计民生和国家安全的粮食作物，要做好预判影响的程度，如果过度贸易则会过于依赖美国进口，必将威胁到中国粮食安全。

─────────

　　① 郑学党，庄芮. RCEP 的动因、内容、挑战及中国对策［J］. 东南亚研究，2014，1：33 - 38.

　　② 袁波，王金波，王蕊. 东盟对外签订的自由贸易协定比较研究［M］. 北京：中国商务出版社，2011：241.

　　③ 薛坤. 加入 RCEP 对中国农产品贸易的影响［D］. 山东农业大学学位论文，2017：67.

总之，RCEP 不仅有利于 16 国的经济增长，而且有利于世界经济的增长，对世界贸易自由化具有极大的推动作用，不仅能够提振受贸易保护主义和新冠肺炎疫情冲击而重创的市场信心、提升受新冠肺炎疫情影响的区域经济以及全球经济颓废形势，更有利于早日消除新冠肺炎疫情影响、造福本地区的各国人民、推动区域经贸关系和世界贸易经济的持续稳定健康发展。

## 7.2.3 推动中日韩 FTA 进程的建议

中日韩 FTA 经过了 10 年的联合研究于 2012 年 11 月正式启动，于 2013 年 3 月举行了首轮谈判，到 2020 年 11 月共进行了 16 轮谈判，其间还举行了 12 次经贸部长会议。三方就区域经济一体化、地方合作、"中日韩 +"、电子商务、互联互通、能源等领域合作深入交换意见，达成广泛共识。

中日韩三国位于东北亚地区，地理位置邻近，文化差异小，各方面的合作不断加深。三国都是全球重要经济体，根据国际货币基金组织（IMF）的统计，中日韩三国 GDP 总量超过全球 20%，三国进出口总额超过全球贸易总额的 35%[①]，东亚地区已成为世界上最具发展活力和潜力的地区之一，2017 年对世界经济增长的贡献率达到 44%。根据中国驻日本大使馆的统计数据，中国目前是日本和韩国最大的贸易伙伴，日本和韩国分别为中国第二和第三大贸易伙伴。2017 年日本和韩国分别是中国第一大和第四大外资来源国。

在当今世界经济版图中，中日韩三国发挥着全球经济稳定增长极的作用。在贸易领域，2017 年三国间贸易总额近 6700 亿美元，年均增长 8.4%，高于全球 2.3 个百分点；但三国的贸易依存度只有 20%，与欧盟的 64% 和北美自由贸易区的 40% 相比尚有不小的差距[②]，进一步合作的空

---

① 宣善文，赵晓霞. 中日韩自由贸易区研究 [M]. 北京：中国商业出版社，2016：51.
② 宣善文，赵晓霞. 中日韩自由贸易区研究 [M]. 北京：中国商业出版社，2016：1.

间巨大。2018 年 5 月第七次中日韩领导人会议上，三国首脑确认将推进中日韩自由贸易区谈判，李克强总理强调"加快中日韩自贸区谈判进程，引领推动制定东亚经济共同体蓝图"①。

### 1. 从战略高度认清日韩态度

中日韩三国于 2002 年启动联合研究时，中国态度积极，日本态度冷淡，韩国态度慎重。到目前，三国的立场和态度也有所不同。总体而言，中国一直保持积极态度，日本的态度由之前的暧昧向积极的方向转变，而韩国的兴趣有所降低。

首先，中国保持着积极的态度。近一些年来，中国深度融合到经济全球化和区域一体化浪潮中，积极推动世界贸易自由化，特别是与东盟 FTA 取得了成功之后，中国在东亚地区经济一体化进程中获得了比较有利的地位。中日韩 FTA 则对地区经济贸易发展及引领起着巨大的作用，具体到日韩，中国已连续多年成为日本、韩国最大的贸易国，而日本和韩国也分别是中国极为重要的贸易伙伴。因此中国积极推动中日韩 FTA。

其次，日本态度发生了积极的转变。在中日韩 FTA 提出的初期，日本第一个 FTA 尚未生效，对中日韩 FTA 处于举棋不定状态，既希望从中获益，又将中国视为贸易对手，对中国崛起怀有警惕和戒心。它与东盟的 FTA 在很大程度上也因为受到了中国的"刺激"，日本 FTA 战略的方针中对主导权的争夺也指向中国。直到东亚地区 FTA 掀起热潮，尤其是 2007 年韩美 FTA 签订之后日本压力大增，加快了同其主要贸易对象之间的 FTA 谈判，纷纷与东盟各国及印度、智利、澳大利亚等国签订 FTA。对中日韩 FTA 态度的转变压力来自中韩 FTA 的生效。尽管日本政府表示中韩 FTA 效果有限，但日本贸易振兴会却受到极大影响，据其估算中韩 FTA 使韩国每年对中国出口增加 278 亿美元，日本将有 53 亿美元的市场被韩国取代②。由此日本在结束了 TPP（CPTPP）谈判之后立即对中日韩 FTA 持积极推进

---

① 中国政府网. 李克强出席第七次中日韩领导人会议 ［EB/OL］. 中华人民共和国中央人民政府网，2018 – 05 – 09.

② 徐长文. 建立中日韩自贸区促进亚洲一体化进程 ［J］. 国际贸易，2013，4：35 – 39.

态度。从日本整体 FTA 战略来看，日本在完成了 TPP（CPTPP）、欧盟 EPA 之后，通过协调和努力，先是恢复了中断两年半的中日韩领导人会议，再将有限的谈判资源转向了 RCEP 和中日韩 FTA，实现 FTA 覆盖率的目标。

最后，韩国的态度有所减弱。最初韩国对中日韩 FTA 也保持着慎重态度，但因为其国内市场规模有限，资源比较匮乏，虽然对农产品市场关税减免等方面存在顾虑，但总体上态度比较积极。从产业链角度看，韩国处于中日之间，因此日韩贸易逆差可以通过中韩的顺差来平衡，此外还能实现扩大出口市场、吸引外资、优化产业结构等好处，加上日韩双边 FTA 一直处于暂停状态，因此韩国是欢迎中日韩 FTA 的。但自 2015 年 6 月中韩签订 FTA 并迅速生效之后，尤其是目前正在进行的中韩 FTA 升级谈判，使韩国对中日韩 FTA 的兴趣有所减弱。

综上所述，虽然三国态度有所不同，但应该看到中日韩 FTA 对促进经济发展、提高国民福利，提升贸易的地位，甚至改变世界贸易格局都有着重要意义，是"共赢"的选择。在当前形势下，中日韩 FTA 建设面临的有利条件和机遇也明显增加。从政治关系来看，在经历了多年来的不稳定甚至低迷之后，目前已经得到了比较明显的改善。从国际贸易关系来看，美国在单边主义和贸易保护主义政策指向下，挑起全球经贸摩擦，中日韩三国都是受害方，因此通过深化相互之间合作关系，维护正常国际贸易环境和秩序、推动区域贸易自由化的意愿较为强烈。对于中国而言，还应看到中日韩 FTA 地缘政治意义。能否实现中日韩 FTA 关键在日本，日本的非经济因素变数较多，日本的暧昧态度也来源于此。面对纷繁复杂的东亚局势，中国应以更加开放和自信的姿态积极推进中日韩 FTA。

### 2. 权衡敏感领域利弊，做出最佳方案

中日韩 FTA 里日本是发达国家，韩国是新兴工业化国家，两国都以资本和技术密集型产品出口为主，中国是发展中国家，优势在于巨大的市场和廉价劳动力。这样的经济结构决定了三国互补性比较强，但在具体行业上存在着竞争，尤其是日韩经济结构类似，竞争性更强。因此，在谈判中

中日韩在农产品贸易领域、制造业领域、服务贸易领域存在着分歧。

农产品贸易是三国货物领域谈判的重点和难点，农业议题能否达成共识将直接决定中日韩 FTA 的成败。中国在农业领域具有相对的比较优势，日本和韩国是中国第一和第四大农产品出口国；日本和中国分别是韩国第一和第二大农产品出口国；中国和韩国分别是日本农产品第四和第五大出口国。据中国商务部外贸司的统计数据，2019 年中国对日本农产品出口为 103.52 亿美元，同比下降 3.7%；对韩国农产品出口为 49.48 亿美元，同比下降 5.5%；自日本进口农产品为 12.87 亿美元，同比增加 10.5%；自韩国进口农产品为 11.65 亿美元，同比增加 13.3%[①]；日本对韩国出口 5.39 亿美元，同比增加 9.4%；日本自韩国进口 24.92 亿美元，同比增加 3.2%[②]。截至 2020 年，中国农产品简单平均关税水平为 15.7%，最高约束关税 65%；日本简单平均关税为 19.1%，最高为 716%，韩国平均关税为 58.0%，最高为 887%[③]，同日韩相比优势明显。

因此，如果日韩农产品市场开放意愿不强则会增加谈判难度。农业在日韩是非常敏感的产业，在世界自由贸易中一直受到高度保护，在日韩既往的 FTA 中农产品一般都设置了 10~15 年的过渡期。日本的农业资源禀赋差，生产经营规模小，劳动生产率低下，缺乏国际竞争力，实行高额的财政补贴和价格支持，且农民具有相当高的政治地位。因此在 FTA 战略受到高度保护，采取了高筑关税壁垒、延长保护期和严格的非关税壁垒等措施。前面几章已有详细论述，此处不再赘言。

韩国农业与日本有很多相似之处。首先，农业资源禀赋差，韩国地域狭小多山，可耕种土地面积稀少；其次，韩国战后优先发展工业，劳动力短缺且农业劳动人口年龄偏大，劳动生产率低下，农业对 GDP 的贡献已经从 1960 年的 40% 直线下降为 2010 年的 4%；再次，实行高度的农业保护政策，对内发放高额补贴对外收取较高的关税；最后，农民政治地位较高。因此，在贸易自由化进程中日韩两国都不愿开放农产品市场，农业议

---

① 资料来源：中国商务部对外贸易司网站 2019 年数据。
② 资料来源：中国商务部对外贸易司网站 2018 年数据。
③ 资料来源：世界贸易组织网站数据。

题谈判的阻力巨大。但同时日韩却希望对中国扩大其优势农产品出口，这种不对等的矛盾将是中日韩FTA谈判中非常大的难题。

另外一个难题在工业制造业领域，日韩两国化工、汽车、信息技术等资本技术密集型产业具有比较优势，这些行业恰是中国的敏感产业，同日韩相比竞争力劣势非常明显。中日韩FTA谈判中，日韩必然要求中国开放这些产业，但如果中国过度或过快开放，将对这些领域造成非常严重的打击。因此，是否开放、如何开放这些敏感产业成为又一个难题。

还有一个难题是服务贸易领域。服务贸易中日韩三国各具优势，当然也就更难达成一致。而服务贸易是每个FTA除了货物贸易之外的重点领域，也是谈判各方要确保自身利益的争夺焦点。如果中日韩三国不相互做出利益让步，那么中日韩FTA将会比较困难。

总之，三国各自具有敏感领域，不同的领域也都具有各自的利益需求，都从自身利益出发保护本国弱势产业、扩大强势产业出口本无可厚非，但如何权衡利弊制定出一种三方都能接受的最优方案，充分保持规则的舒适度和灵活性，既维护自身利益又避免损害他国利益，考验着各国政治家的智慧。

### 3. 清除区域外部因素阻碍

除了中日韩三国本身的利益之争外，还存在着区域外部的因素阻碍FTA谈判，对此必须保持清醒的认识。

任何一个区域性的FTA都会给区域外国家带来不利影响。美国在东亚地区有着巨大的利益和影响力，也是影响中日韩FTA的最重要外部因素。美国出于维护世界霸权的需要从未放弃过插手东亚地区事务，其不愿意失去在东亚的利益和影响力，更不愿意看到东亚团结在中国的周围，因此无论是中日韩FTA还是RCEP，美国用拉拢、分化、设障等手段阻碍东亚自由化进程。但东亚地区依然成为世界经济增长的重要一极，一个繁荣兴盛的东亚市场会给美国出口带来极大的利益。综合这两方面来看，美国的如意算盘是在限制的基础上扶持中日韩FTA，使之按照美国的方式发展，达到控制的目的。这显然与中日韩FTA建设的初衷相违背，必然会影响中日韩 FTA 的进程。

东盟对中日韩 FTA 的态度是域外另一个重要的影响因素。21 世纪以来，东盟逐渐走上世界舞台，在区域经济一体化进程中发挥着重要的"轮轴国"作用。东盟对待中日韩 FTA 表现出模棱两可的态度，一方面东盟为了保持其区域经济一体化的主导地位，不希望出现中日韩这样大型的 FTA 与 RCEP "分羹"，也不希望美国介入中日韩 FTA；另一方面东盟又希望中日韩早日达成一致，共同推动 RCEP 早日生效。日本是同时参加了 TPP（CPTPP）、RCEP 和中日韩 FTA 的唯一国家，而日本与美国的同盟关系十分紧密。因此，日本的态度将在很大程度上决定着 RCEP 和中日韩 FTA 谈判的走向和进展。

在美国退出 TPP 之后，日本事实上承担着 CPTPP 的领导责任。在 RCEP 中日本与东盟争夺着主导国地位。对于中日韩 FTA 日本以倡导"高标准"为名实质上仍是争夺规则的主导权。从经济上看，日本综合国力、开放程度、市场规模、对外投资、技术创新等方面实力高于中国和韩国，但经济总量下滑再加上对历史问题认识不足，中韩都反对由日本主导。韩国的经济实力和政治影响力落后于中国和日本，也无法承担主导国责任。中国虽然经济总量升至全球第二位，但人均 GDP 只有日本的 1/10 左右，开放程度不高，因而日韩出于建设高度自由化 FTA 的需要也不赞同由中国主导。主导国的缺位对于中日韩这样的大型 FTA 来说是一个不利因素，也为美国等域外因素提供了干扰之机。对此，应提倡一种共同主导的合作方式并作为规则予以确定下来，彼此慎重考虑各方诉求，采取开放对等协商态度，不能强行要求别国放弃重要利益。

对于来自区域外部的阻碍因素，中国除了保持清醒的认识之外，还需要在更多的领域展开沟通与合作，消弭彼此意见分歧，发挥在东亚地区一贯的影响力优势，特别是要强化处理"亚洲金融危机"时树立的负责任大国的良好形象，突出强调本地区发展和稳定的重要意义，排除域外干扰，推进贸易自由化。

### 4. 加强磋商，建立政治互信

中国、日本、韩国是三个非常特殊的国家，历史上中国和日本至少发生过五次大规模战争。朝鲜半岛处于中日之间，每次都卷入其中，最近一些年日本与中国、韩国有岛屿领土之争、中日韩在黄海和东海的海洋权益之争沸沸扬扬，日本对历史问题错误的认识极大地伤害了中韩两国人民的感情，严重地影响到日本与中韩两国的政治互信，进而对中日韩之间的合作产生了重大的负面影响。此外中韩之间"萨德"事件、日韩之间"慰安妇"问题都曾引发过巨大波澜。因此中日韩 FTA 不仅仅是经济问题，更是牵扯到政治问题，且政治因素成为了影响谈判进程的一个主要障碍。

中日韩 FTA 谈判持续时间超过了 8 年多才进行了 16 轮谈判，而同期开始的 RCEP 有 16 国参加，已经进行了 31 轮谈判，并签署了协定。中日韩 FTA 谈判的难度更主要是在政治层面上，虽然在农业议题、服务领域等存在较大分歧但不过是技术性问题，而更主要的是历史问题、主导权问题、区域外因素、地区安全问题等交织在一起使三国缺乏政治互信，使谈判更加复杂。

因此，推动中日韩 FTA 尽快完成需要建立基本的政治互信，政治互信既是中日韩 FTA 的基础也是必备的前提条件。世界上任何国家之间的经济关系从来是与政治关系密不可分的。中日韩之间良好、稳定的政治关系是中日韩 FTA 顺利推进的基本保障。只有本着互信互利的原则，求大同存小异，用战略眼光、发展眼光看问题，当政治互信达到一定高度时，中日韩 FTA 才有可能坐到一张谈判桌上进行下去。

政治互信的建立离不开高层会晤，因此中日韩之间应首先建立一套固定的三国领导人磋商机制。尽管目前中日韩三国领导人每年都会利用 APEC、东亚峰会等平台进行会晤，但为了避免"擦肩而过"，有必要在框架外单独设置一个三方领导人会晤机制。实际上自 2008 年 12 月起，中日韩本来已经建立起了领导人会晤机制，但近年因种种原因中日韩领导人会议一度停滞，在 2018 年 5 月第七次会议之前是 2015 年 11 月的第六次会议，时隔两年半之久，再之前的一次则要追溯到 2012 年 5 月的第五次会议，间隔了三年半之久。当时，日本的野田政权强行推动钓鱼岛所谓"国有化"，致使中日关系急剧恶化。同年 8 月，韩国当时的总统李明博登上独岛（日本称"竹岛"），导致日本韩国之间的尖锐对立。此外，由于安倍政府就职后在历史认识问题上不断出现错误言行，致使中日、日韩关系对立更加剧烈，导致这一定期会议机制中断。当然，不能指望一个会议机制就解决中日韩之间的所有问题，但恢复领导人对话机制，将为三国提供最直接接触和交流的机会。除了领导人会议外，中日韩之间成立了中日韩合作秘书处，还有21个部长级会议和70多个工作层磋商为支撑的全方位合作体系。但由于缺乏统一的协调机制，各部门的磋商效果还比较有限。因此，应该建立一个多部门联席参加的共同磋商会议，统一安排协调各领域问题。

总之，中日韩应秉承以史为鉴、面向未来的精神，弥合分歧，妥善处理历史相关问题，担负起维护地区和平稳定的重要责任，为地区安全与发展创造良好氛围。在建设中日韩FTA时，三国更应相互尊重，坚持平等互利、搁置争议和政经分离的原则，脚踏实地，以务实的态度推进中日韩自贸区的谈判和建设。

对于中国来说，最主要的还是立足改革，扩大开放，推动"一带一路"建设和RCEP大平台，并与中日韩FTA形成互相促进局面，加快构建以周边国家和地区为基础，面向世界的高标准自贸区网络。

综合上述几点建议，建立政治互信是基础，敏感领域谈判是重点，了解各方态度是关键，清除外部干扰是保证。但如前文所述，中日韩FTA面临的问题依然较多，在关税削减幅度和服务领域等方面分歧依然较大，短期内达成协议还需要更多努力。

无论如何，建立一个全面、高水平、互惠且具有自身价值的中日韩FTA符合当今世界发展潮流，是着眼于未来的重大战略举措，也是促进区域经济一体化并引领国际贸易自由化的重要一步，尤其是在当前逆全球化的严峻形势正在迅速升级，全球性贸易摩擦快速蔓延，严重影响了经济全球化长期趋势的背景下，必要性和紧迫性日益凸显。因此，包括域外相关各方都应该共同努力创造有利环境，坚定维护以世贸组织规则为基础的多边贸易体系，反对保护主义和单边主义，不打地缘博弈的小算盘，不搞封闭排他的小圈子，加快推动贸易、投资自由化和区域经济一体化持续发展，才是正确轨道。

# 参 考 文 献

［1］安江，王厚双．日本的东亚合作战略调整及其对中日经贸合作的影响［J］．日本研究，2010（3）：7 – 12.

［2］［奥］维克托·克里蒙克著．国际谈判——分析、方法和问题［M］．屈李坤，等译．北京：华夏出版社，2004：38.

［3］［美］保罗·克鲁格曼著．战略性贸易政策与新国际经济学［M］．北京：中国人民大学出版社，2000.

［4］［英］伯纳德·霍克曼，迈克尔·考斯泰基著．世界贸易体制的政治经济学［M］．刘平等译．北京：法律出版社，1999：21 – 22.

［5］蔡亮．试析农业利益集团对日本政治的影响——兼论"农协"在反 TPP 活动中的政治影响力［J］．日本学刊，2012（5）：81 – 94.

［6］蔡鹏鸿．亚太次区域经济合作及上海参与的若干问题探讨［J］．社会科学，2003（1）：31 – 36.

［7］曹亮．区域经济一体化的政治经济学分析［M］．北京：中国财政经济出版社，2006：15 – 33.

［8］陈仁安．日本农协改革新动向观察［J］．世界农业，2018（1）：53 – 59.

［9］陈时波．日本区域经济合作战略研究——TPP 和中日韩 FTA 的对比分析［D］．厦门大学学位论文，2014：32.

［10］陈友骏．日本亚太区域经济合作战略研究［J］．日本学刊，2017（2）：82 – 101.

［11］程伟．经济全球化与经济转轨互动研究［M］．北京：商务印书馆，2005：355.

［12］程伟. 弱质农业对日本参与区域经济合作的影响［J］. 现代日本经济，2008（3）：42.

［13］段力宇. 新型贸易保护主义的博弈论分析及对策研究［J］. 黑龙江对外经贸，2010（7）：25 - 27，41.

［14］樊永明. 西方国际政治经济学［M］. 上海：上海人民出版社，2006.

［15］范如国. 博弈论［M］. 武汉：武汉大学出版社，2011：4.

［16］范思聪. 日本"自由贸易协定战略"的无奈转变：过程与战略动机分析［J］. 现代国际关系，2016（6）：21 - 27.

［17］［美］弗雷德里克·皮尔逊等著. 国际政治经济学：全球体系中的冲突与合作［M］. 杨毅等译. 北京：北京大学出版社，2006.

［18］傅剑华，牟薇. 澳大利亚汽车市场及准入要求［J］. 汽车与配件，2011（50）：36.

［19］富景筠. 日本自贸区政策的演变：基于利益集团动态博弈的视角［J］. 国际经济评论，2011（4）：149 - 160.

［20］高兰. 日本TPP战略的发展特征及其影响［J］. 世界经济研究，2011（6）：75 - 80.

［21］高兰. 多边安全合作视野下日本"印太战略"的内涵、动因与影响［J］. 日本问题研究，2018（4）：8 - 16.

［22］高兴伟. 当代中国国家利益观研究［D］. 辽宁大学学位论文，2012.

［23］［美］格罗斯曼，赫尔普曼著. 利益集团与贸易政策［M］. 李增刚译. 北京：中国人民大学出版社，2005：132 - 152.

［24］古小松. 东亚合作：从"10 + 1"到"10 + 3"——中国与东亚自由贸易区［J］. 东南亚纵横，2005（7）：1 - 11.

［25］［日］关泽洋一著. 日本的FTA政策：政治过程分析［M］. 东京：东京大学社会科学研究所，2008.

［26］国务院新闻办公室. 中国与世界贸易组织白皮书［EB/OL］. 国际在线，2018 - 06 - 28.

参
考
文
献

［27］［韩］韩升洙著.21 世纪的东北亚与韩中关系［J］.韩国研究论丛，2015（1）：3－11.

［28］韩喜平，李二柱.日本农业保护政策的演变及启示［J］.现代日本经济，2005（4）：55－59.

［29］贺平.贸易政治学研究［M］.上海：上海人民出版社，2013：464－465.

［30］贺平，沈陈.RCEP 与中国的亚太 FTA 战略［J］.国际问题研究，2013（3）：44－57.

［31］黄河.国际政治经济学视野中的国际贸易［J］.中共天津市委党校学报，2011（3）：45－52.

［32］黄宁，鄞佩.经济区域化与全球化发展及其关系分析［J］.经济问题探索，2015（9）：133－138.

［33］［美］贾格迪什·巴格沃蒂著.今日自由贸易［M］.海闻译.北京：中国人民大学出版社，2004：108－115.

［34］姜跃春.日本参加"跨太平洋战略经济伙伴协定"谈判的主要考虑及其影响［J］.国际展望，2012（1）：26－33，47.

［35］姜跃春.日本东亚经济合作政策新变化及其前景［J］.国际问题研究，2007（5）：65.

［36］［韩］金浩燮著.亚洲金融危机后日本的地区主义：韩日自由贸易协定的视角［J］.韩国政治学会报，2001（1）：253－267.

［37］金明善，王厚双.日本对亚太区域经济合作的基本政策［J］.太平洋学报，1997（1）：90－96.

［38］金泰相.东北亚区域经济合作前景与中日关系刍议［J］.现代日本经济，1990（3）：35－38.

［39］孔庆峰，杨亚男.多边贸易体制中农业谈判的政治经济学分析——基于双层互动进化博弈模型［J］.国际贸易问题，2011（6）：21－34.

［40］匡增杰.中日韩自贸区的贸易效应研究［D］.上海社会科学院学位论文，2014：136－137.

［41］邝梅.东亚 FTA 格局与中国的战略选择［J］.东北亚论坛，

2015（1）：21 – 29.

　[42] 李波. 澳大利亚和日本双边自由贸易（FTA）谈判中的农业问题 [J]. 世界农业, 2008（10）：44 – 48.

　[43] 李俊久. 日本 FTA 战略论析 [J]. 当代亚太, 2009（2）：110 – 128.

　[44] 李勤昌. 农产品贸易保护制度的政治经济学分析 [D]. 东北财经大学学位论文, 2009：84.

　[45] 李勤昌, 石雪. 日本强化农业保护的经济与政治原因 [J]. 现代日本经济, 2014（2）：48 – 58.

　[46] 李明权. 安倍政府的农业改革评析——基于 TPP 框架的视角 [J]. 日本学刊, 2018（1）：46 – 65.

　[47] 李明权. 日本 FTA 进程落后于韩国的原因探析——基于农业保护的政治经济学视角 [J]. 日本学刊, 2015（4）：117 – 137.

　[48] 李明权, 韩春花. 日本关于 FTA 与农业问题的立场与措施 [J]. 现代日本经济, 2006（4）：39 – 43.

　[49] 李明权, 韩春花. 日本已生效 EPA 中农产品开放度分析 [J]. 日本学刊, 2009（6）：70 – 81.

　[50] 李明权, 韩春花. 韩国已签署 FTA 中的农产品贸易规则分析 [J]. 东北亚论坛, 2010, 19（4）：53 – 60.

　[51] [德] 李斯特著. 政治经济学的国民体系 [M]. 北京：华夏出版社, 2013.

　[52] 李艳丽. 日本的 FTA 战略与能源安全分析 [J]. 中国经贸导刊, 2015（10）：4 – 8.

　[53] 李燕妮, 王东杰和李哲敏. 日本农业保护政策及其实施效果分析 [J]. 农业展望, 2015（10）：29 – 32.

　[54] 李益波. 海合会国家的粮食安全问题及其应对措施 [J]. 世界农业, 2013（6）：103 – 106.

　[55] 廉晓梅. 论区域经济一体化对经济全球化的促进作用 [J]. 东北亚论坛, 2003（5）：17 – 21.

参
考
文
献

［56］刘冰．博弈论视野下的贸易保护主义——以中美贸易关系为例 ［J］．九江学院学报（哲学社会科学版），2010，29（3）：73-76.

［57］刘昌黎．日本 FTA/EPA 的新进展、问题及其对策 ［J］．日本学刊，2009（4）：56-68.

［58］刘昌黎．日本积极推进 FTA/EPA 的政策措施 ［J］．现代日本经济，2008（3）：36.

［59］刘昌黎．日本与东盟自由贸易的进展评析 ［J］．当代亚太，2003（4）：30-38.

［60］刘昌黎．东亚双边自由贸易研究 ［M］．大连：东北财经大学出版社，2007.

［61］刘晨阳．日本参与 TPP 的政治经济分析 ［J］．亚太经济，2012（4）：22-26.

［62］刘光溪．共赢性博弈论——多边贸易体制的国际政治经济学分析 ［D］．复旦大学学位论文，2006.

［63］刘静烨．相对收益与国家间博弈：政治竞争关系与东亚区域贸易协定 ［D］．外交学院学位论文，2015：110.

［64］刘军，王晴．中日自由贸易区战略博弈 ［M］．北京：中国广播电视出版社，2009：8.

［65］刘凌旗，刘海潮．日本 TPP 决策动因及日美谈判现状评估 ［J］．现代国际关系，2015（3）：46-55.

［66］刘向丽，王厚双．中日韩的三大经济瓶颈及发展趋势探讨 ［J］．亚太经济，2013（1）：8-12.

［67］刘洋．基于经济视角的澳大利亚 FTA 战略 ［J］．国际经济合作，2015（5）：34-38.

［68］刘洋，李燕玉．日本 TPP 谈判中的农业问题研究 ［J］．世界农业，2016（3）：76-81.

［69］刘重力，盛玮．中日韩 FTA 战略比较研究 ［J］．东北亚论坛，2008，1（17）：54-60.

［70］鲁毅，等．外交学概论 ［M］．北京：世界知识出版社，2000：173.

[71] 陆利香. 包容性增长视域下的中国—东盟区域经济一体化 [J]. 学术论坛，2012，35（8）：183 - 188.

[72] [美] 罗伯特·基欧汉著. 霸权之后——世界政治经济中的合作与纷争 [M]. 苏长和等译. 上海：上海人民出版社，2006.

[73] [德] 马克思著. 资本论（第一卷）[M]. 北京：人民出版社，1975：第一版序言.

[74] [日] 牛岛俊一郎，阿部一知著. 受益三国——中日韩之间经济一体化与直接投资 [J]. 国际贸易，2003（1）：20 - 23.

[75] 平立群. 日本调整 FTA 战略的动因——基于保护与支持产业发展的视角 [J]. 现代日本经济，2014（3）：41 - 51.

[76] 朴英爱，金香兰. 日本 FTA 政策变化及评价 [J]. 现代日本经济，2014（5）：23 - 33.

[77] 朴英爱，金香兰. 美国退出 TPP 对日本 FTA 战略的影响及其走势分析 [J]. 现代日本经济，2017（4）：32 - 45.

[78] [日] 浦田秀次郎著. 日本的 FTA 战略 [J]. 海外事情，2011，59（9）：16 - 30.

[79] 齐洪华. 日本农产品贸易保护的政治经济学研究 [D]. 辽宁大学学位论文，2013：111.

[80] 人民日报评论员. 美国贸易霸凌主义贻害全球 [N]. 人民日报，2018 - 07 - 07.

[81] 任婷. 日本农业保护与东亚贸易自由化 [D]. 东北财经大学学位论文，2011：24 - 25.

[82] [日] 神门善久著. 日本现代农业新论 [M]. 董光哲等译. 上海：文汇出版社，2013：72 - 75.

[83] 沈铭辉. 经济收益与政治博弈：跨太平洋伙伴关系协定的广谱视角 [J]. 中国社会科学院研究生院学报，2014（6）：126 - 136.

[84] 沈铭辉. 亚洲经济一体化：基于多国 FTA 战略角度 [J]. 当代亚太，2010（4）：45 - 71.

[85] 施锦芳，郭舸韬. 日美 TPP 谈判的政治经济博弈及启示 [J].

东北财经大学学报，2015（6）：3-9.

[86] 司伟. FTA背景下中国与潜在自由贸易伙伴国家间农产品贸易关系 [R]. 博士后出站报告，中国农业科学研究院，2012：38-39.

[87] 苏杭，李智星. 日本"进攻型农业"政策的实施及启示 [J]. 现代日本经济，2017（2）：12-20.

[88] [英] 苏珊·斯特兰奇著. 国家与市场（第二版）[M]. 杨宇光等译. 上海：上海人民出版社，2012.

[89] [日] 速水佑次郎. 日本农业保护政策探 [M]. 朱钢，蔡昉，译. 北京：中国物价出版社，1993：15.

[90] 孙德刚. 结盟外交与国际安全竞争中的"三层博弈"模式 [J]. 国际论坛，2008，10（6）：41-46.

[91] 孙平. 经济全球化与区域经济一体化 [J]. 经济评论，2001（4）：118-121.

[92] 孙玥. TPP到CPTPP：背景、影响及中国的对策 [J]. 商业文化，2017（33）：29-33.

[93] [日] 田代洋一著. 日本的形象与农业 [M]. 杨秀平等译. 北京：中国农业出版社，2010：39.

[94] 王国华. 日澳EPA对日本敏感农产品保护政策的影响研究 [J]. 日本研究，2015（2）：30-35.

[95] 王皓，许佳. 中日韩FTA建设与东北亚区域合作——基于中日韩三国自贸区战略的分析 [J]. 亚太经济，2016（4）：3-8.

[96] 王厚双. 日本FTA农业议题谈判模式研究 [J]. 日本学刊，2016（1）：112-133.

[97] 王厚双，齐朝顺. 中韩FTA的经济政治影响分析 [J]. 东北亚研究论丛，2015（1）：43-64.

[98] 王厚双，孙丽. 战后日本参与全球经济治理的经验研究 [J]. 日本学刊，2017（1）：92-118.

[99] 王华巍. 世界主要发达国家农业政策的比较研究 [D]. 吉林大学学位论文，2005：184.

[100] 王琳. 东亚各方的自贸区战略与中国的选择 [J]. 国际经济合作, 2014 (10): 24 - 29.

[101] 王泺. 日本 EPA 战略评估及对中国的影响 [J]. 国际贸易, 2010 (2): 38.

[102] 王琦, 田志宏. 农业利益集团对农产品关税政策的影响——基于美国、欧盟、印度和日本的案例分析 [J]. 经济研究参考, 2013 (65): 71 - 74.

[103] 王应贵. 当代日本农业发展困境、政策扶持与效果评析 [J]. 现代日本经济, 2015 (3): 51 - 60.

[104] 魏建. 谈判理论: 法经济学的核心理论 [J]. 兰州大学学报 (社会科学版), 1999, 27 (4): 42 - 49.

[105] 文婕. 国际谈判过程理论初探 [J]. 贵州师范大学学报 (社会科学版), 2004 (5): 63 - 68.

[106] 吴太行. 日本跨太平洋经济伙伴关系战略研究 [D]. 外交学院学位论文, 2014.

[107] 吴章勋. 日本强化农业保护的原因透视——兼论我国农业保护的逻辑起点 [J]. 农村经济与科技, 2015, 26 (9): 230 - 233.

[108] 谢识予. 经济博弈论 [M]. 上海: 复旦大学出版社, 2002: 21.

[109] 徐梅. 中日韩 FTA 的进展、影响及前景探析 [J]. 日本学刊, 2012 (5): 109 - 124.

[110] 宣善文, 赵晓霞. 中日韩自由贸易区研究 [M]. 北京: 中国商业出版社, 2016: 51.

[111] [美] 亚当·斯密著. 国民财富的性质和原因的研究 (汉译名著本) [M]. 郭大力, 王亚南译. 北京: 商务印书馆, 1974.

[112] 闫墨. 日本的 FTA 及农业问题研究 [D]. 对外经济贸易大学学位论文, 2009: 27.

[113] 杨源源, 于津平. 中日韩 FTA 战略差异比较与区域经济合作前景 [J]. 亚太经济, 2018 (1): 34 - 42.

[114] 于津平. 国际贸易新格局与全球贸易治理 [J]. 南开学报 (哲

参考文献

学社会科学版），2012（1）：70－76.

［115］于玲玲，白福生．利益诉求整合是推进中日韩 FTA 进程的关键 ［J］．东北亚学刊，2016（4）：18－23.

［116］于潇．从日本 FTA 战略看东北亚地区经济一体化的发展趋势 ［J］．现代日本经济，2007（5）：15－19.

［117］袁波，王金波，王蕊．东盟对外签订的自由贸易协定比较研究 ［M］．北京：中国商务出版社，2011：241.

［118］曾霞．日本 FTA 战略研究 ［D］．南开大学学位论文，2014：103－133.

［119］张凡，董明智．中国贸易报 ［N］．2018－07－05.

［120］张敬伟．从 TPP 到 CPTPP，日本变烂摊子为经贸利器？ ［J］．中国外资，2018（4）：37.

［121］张维迎．博弈论与信息经济学 ［M］．上海：上海人民出版社，1997：46.

［122］张晓桐．日本 TPP 谈判对农业的影响及对策 ［J］．中外企业家，2015（3）：265.

［123］张学斌．经济外交 ［M］．北京：北京大学出版社，2003：13－16.

［124］张宇燕，李增刚．国际政治经济学 ［M］．上海：上海人民出版社，2008.

［125］张蕴岭．日本的亚太与东亚区域经济战略解析 ［J］．日本学刊，2017（3）：1－11.

［126］张祖国．日本积极推进 FTA 战略的若干问题 ［J］．日本学刊，2004（3）：69.

［127］章志萍，贡献．日本的 FTA/EPA 战略对实现其农业利益的有效性分析 ［J］．亚太经济，2010（4）：35－41.

［128］赵放．日本 FTA 战略的困惑 ［J］．当代亚太，2010（1）：46－56.

［129］赵军华．韩国农产品关税情况及中韩自贸区谈判对农产品贸易的影响分析 ［J］．世界农业，2013（7）：26－29.

［130］赵西英，张艳霞．金融危机下我国面临的贸易保护博弈及对策

［J］.中国商贸，2010（6）：170－172.

［131］郑学党，华晓红，庄芮.亚太区域经济一体化与两岸共同参与策略选择［J］.宁夏社会科学，2017（2）：122－126.

［132］郑学党，庄芮.RCEP的动因、内容、挑战及中国对策［J］.东南亚研究，2014（1）：33－38.

［133］郑昭阳，孟猛.亚太自由贸易区的经济效应分析［J］.国际经济合作，2017（7）：28－33.

［134］宋志勇，李伟.论中国自贸区发展战略中的日本因素［J］.国际经济合作，2017（12）：24－28.

［135］周跃雪.WTO多边贸易体制下成员谈判集团制度与中国的策略［M］.社会科学研究，2014（5）：86－90.

［136］周喆，王孝松.大国间经济冲突的政治动因探究——基于美日、美中贸易摩擦的比较分析［J］.政治经济学评论，2013，4（1）：142－160.

［137］周舟.国际谈判中的议题联系［J］.东南亚研究，2010（1）：64－69.

［138］朱艳丽.20世纪90年代中期以来日本农业改革研究［D］.吉林大学学位论文，2009.

［139］竺彩华，冯兴艳.世界经济体系演进与巨型FTA谈判［J］.外交评论，2015（3）：46－71.

［140］邹建业.日本与东南亚国家EPA取得突破进展的原因——从农业保护的角度［D］.北京大学学位论文，2009：38.

［141］Anderson Kym and Strutt Anna. Agriculture and Food Security in Asia by 2030［J］. ADBI Working Paper Series，2012（368）：49－63.

［142］Ando M. hnpacts of. Japanese FTAs/EPAs：Preliminary Post Evaluation［J］. The International Economy，2007（11）：57－83.

［143］Ando Mitsuyo and Urata Shujiro. Impacts of the Japan－Mexico EPA on Bilateral Trade［R］. Discussion Paper Series 1E－020，2011.

［144］Arvind Panagariya. The Regionalism Debate：An Overview［J］. The World Economy，1999，22（4）：455－476.

［145］Bagwell K. and Staiger R. W. Multilateral Tariff Cooperation During the Formation of Customs Unions ［J］. Journal of International Economics, 1997, 42 (1): 91 – 123.

［146］Bagwell K. and Staiger R. W. Multilateral Tariff Cooperation During the Formation of Free Trade Areas ［J］. International Economic Review, 1997: 291 – 319.

［147］Baldwin R. E. The Causes of Regionalism ［J］. The World Economy, 1997, 20 (7): 865 – 888.

［148］Baldwin R. E. The Political Economy of Trade Policy: Integrating the Perspectives of Economics and Political Science, in R. C. Feenstra, G. M. Grossman, and D. A. Irwin, eds. The Political Economy of Trade Policy ［M］. Cambridge: MIT Press, 1996.

［149］Baldwin R. E. The Political Economy of U. S. Import Policy ［M］. Cambridge: MIT Press, 1985.

［150］Bean D. KOREA: China – Japan – Korea Free Trade Agreement. Journal of East Asia and International Law, 2013, 6 (2): 597 – 599.

［151］Bergstrand Jeffery H. The Generalized Gravity Equation, Monopolistic Competition, and the Factor Proportions Theory in International Trade ［J］. The Review of Economics and Statistics, 1989: 143 – 153.

［152］Bhagwati J. Regionalism and Multilateralism: An Overview. New dimensions in regional integration ［M］. Cambridge University Press, 1993.

［153］Briones, Roehlano M. Regional Cooperation for Food Security: The Case of Emergency Rice Reserves in the ASEAN plus Three ［J］. ADB Sustainable Development Working Paper Series, 2011 (18): 14 – 15.

［154］C. Fred Bergsten. Asia – Pacific Perspectives on the Future of the World Trade System ［M］. Washington D. C. 2011.

［155］Cheong I. An Analysis of the Effect of the China – Korea FTA with the Consideration of FTA Sequence and FTA Hub Gains ［J］. Journal of KOREA Trade, 2014, 18 (1): 63 – 81.

[156] C. L. Lim, Deborah Kay Elms, The Trans – Pacific Partnership: A Quest for a Twenty-first Century Trade Agreement [M]. Cambridge University Press, 2012.

[157] Ellis S. Krauss. The US, Japan and Trade Liberalization: From Bilateral to Regional Multilateralism to Regionalism [J]. The Pacific Review, 2003 (16): 307 – 329.

[158] Emanuel Ornelas. Endogenous Free Trade Agreements and the Multilateral Trading System [J]. Journal of International Economics, 2005, 67 (2): 471 – 497.

[159] Evans Peter B. , Harold K. Jacobson and Robert D Putnam, Double-edged Diplomacy: International Bargaining and Domestic Politics [M]. Berkley: University of California Press, 1993.

[160] Freedman Amy. Rice Security in Southeast Asia: Beggar thy Neighbor or Cooperation? [J]. The Pacific Review, 2013 (5): 433 – 454.

[161] Galiakberov A. , Abdullin A. Theory and practice of regional integration based on the EurAsEC model (Russian point of view) [J]. Journal of Eurasian Studies, 2014, 5 (2): 116 – 121.

[162] Grossman and Helpman. The Politics of Free Trade Agreements [J]. American Economic Review, 1995 (85): 667 – 690.

[163] Hertel T. W. Global Trade Analysis: Modelling and Applications [M]. Cambridge University Press, 1997.

[164] Hidetaka Yoshimatsu. Japanese Keidanren and Free Trade Agreements; Societal Interests and Trade Policy [J]. Asian Survey, 2005, 2 (45): 258 – 278.

[165] Hur J. and C. Park. Do Free Trade Agreements Increase Economic Growth of the Member Countries? [J]. World Development, 2012, 40 (7): 1283 – 1294.

[166] John Kennan, Raymond Riezman. Optimal Tariff Equilibria with Customs Unions [J]. The Canadian Journal of Economics, 1990, 23 (1): 70 – 83.

参
考
文
献

[167] Johnston, Alastair Iain and Robert S. Ross, eds. New Directions in the Study of China's Foreign Policy [M]. Stanford University Press, 2006.

[168] Kawasaki Kenichi. The Impact of Free Trade Agreements in Asia [R]. Discussion Paper Series 03 - E - OI 8, 2003.

[169] Kawasaki Kenichi. The Relative Significance of EPAs in Asia - Pacific [R]. Discussion Paper Seriesl4 - E - 009, 2014 (24): 279 - 301.

[170] Krishna P. Regionalism and Multilateralism: A Political Economy Approach [J]. The Quarterly Journal of Economics, 1998, 113 (1): 227 - 251.

[171] Lewis M. K. The TPP and the RCEP (ASEAN + 6) as Potential Paths toward Deeper Asian Economic Integration [J]. Asian Journal of WTO & International Health and Policy, 2013, 8 (2): 359 - 378.

[172] Marc Busch and Helen Milner. The Future of the International Trading System anternational Firms, Regionalism, and Domestic Politics. in Richard Stubbsand Geoffrey R. D. Underhill, eds. [M]. Political Economy and the Changing Global Order, Toronto: McClell and Stewart, 1994.

[173] Mireya Solis and Saori N. Katada. The Japan - Mexico FTA: A Cross - Regional Step in the Path Towards Asian Regionalism [J]. Pacific Affairs, 2007, 2 (80).

[174] Paul Krugman. Regionalism Versus Multilateralism: Analytical Notes [A]//Jaime de Melo, Arvind Panagariya. New Dimensions in Regional Integration [C]. Cambridge: Cambridge University Press, 1996: 58 - 79.

[175] Pekkanen, Saadia M. Bilateralism, Multilateralism, or Regionalism? Japanese Trade Forum Choices [J]. Journal of East Asian Studies, 2005 (5): 77 - 103.

[176] Peter A. Petri, Michael G. Plummer and Fan zhai. The Trans - Pacific Partners hip and Asia - Pacific Integration: A Quantitative Assessment [N]. East - West Center Working Papers, 2011, 119.

[177] P. L. Iapadre L. Tajoli. Emerging countries and trade regionaliza-

tion. A network analysis [J]. Journal of Policy Modeling, 2014 (36): S89 – S110.

[178] Richard E. Baldwin. A Domino Theory of Regionalism [J]. NBER Working Paper, 1993: 4465.

[179] Shujiro Urata and Misa Okabe. The Impacts of Free Trade Agreements on Trade Flows: An Application of the Gravity Model Approach [R]. RIETI Discussion Paper Series 07 – E –052 Revised, July, 2007.

[180] Shujiro Urata and Misa Okahe. Trade Creation and Diversion Effects of Regional Trade Agreements on Commodity Trade [R]. RIETI Discussion Paper Series. 10 – E –007 January 2010.

参
考
文
献

# 后　记

　　本书是在我博士学位论文基础上形成的，几经修改，终于付梓。面对书稿，回首往事，感恩之情不断涌现。我将论文致谢部分略作修改，权做后记，聊表寸心。

　　在攻读博士学位的六年里，毕业论文就像是一块巨石压在心头，那时我有过退缩，甚至以为没有机会能写到这里。当我看见父母、妻儿的笑容，当我面对导师的关怀和鼓励，我知道我必须前行。他们给了我太多的温暖、感动和爱。正是他们的大力支持、亲切鼓励和无私帮助使我完成了博士论文，并出版本书。因此，我必须深深地向他们道一声"谢谢"！即使这样，也不足以表达我内心的感受，哪怕是万分之一。

　　感谢我的导师王厚双教授。王老师亲切宽厚、踏实坚定，正是王老师的教诲，我才能得以完成学业。从选题开始，王老师精心地领我上路；前行道路上每一次微小的进步，都能获得王老师的赞许，我知道那是对我的鼓励；每一个成果的背后，都是王老师对我的提携与鞭策。在王老师身上，我看到了一位老师的智慧与严谨，他对我的每一次指点都令我豁然开朗，每一稿修改都令我醍醐灌顶；在王老师身上，我还看到了一名知识分子的责任与担当，每一次交流都令我受益匪浅，不至迷失方向，每一封邮件都饱含着对社会进步的期待。本书的出版也得益于王老师的大力支持和无私帮助。

　　感谢崔日明教授和刘钧霆教授。他们对我的教育使我受益颇丰，从专业课到开题、从论文写作到预答辩，我从他们身上学到了很多。他们渊博的学识、深厚的造诣、严谨的态度、求实的精神使我能够不断地提高和完善。

特别感谢我温婉贤惠的妻子高慧教授。她学有所成并一直走在我的前面。作为一名教师、自然科学工作者，她离不开教室和实验室，这些年来她为了我能继续学习，承担了大量的家务和教育孩子的重任。她付出了太多的辛苦，承受了太多的压力，给了我太多的支持和理解。

感谢我的父母。他们从艰苦的时代走过，用自己的言行时刻教我做人、教我刻苦，叮嘱我时刻努力向前，告诫我"求人不如靠自己"。感谢我的岳父母，他们放弃舒适的退休生活，一直为我们操劳，替我们解除后顾之忧，从博士备考到毕业，从未间断。

感谢我博士期间的同学们，尤其是姚明明同学，他在毕业后还能不厌其烦地辅导我。

感谢辽宁中医药大学的同事们，他们对我的担待、督促都化作了我前行的力量。

最后，要特别感谢黄嘉城小朋友给我带来的快乐，这份快乐缓解了我写作的疲惫。在我博士毕业那一年他刚好 10 岁，祝福他有所成就，成为一个有益于人民的人，拥有一个更加美好的未来。

黄金宇
二〇二二年八月